La Terre inhabitable

David Wallace-Wells

La Terre inhabitable

Vivre avec 4 °C de plus

Traduit de l'anglais (États-Unis) par Cécile Leclère

Robert Laffont

Titre original : THE UNINHABITABLE EARTH. LIFE AFTER WARMING

ISBN 978-2-221-24561-3
(édition originale : ISBN 978-0-525-57670-9 Tim Duggan Books, imprint de Crown Publishing Group, division de Penguin Random House LLC, New York)
Dépôt légal : novembre 2019

Pour Risa et Rocca,
Ma mère et mon père

I

Réactions

La situation est pire, bien pire que vous ne l'imaginez. La progression lente du changement climatique est une fable, y croire est presque aussi dangereux que de penser qu'il n'existe pas. Elle s'accompagne de plusieurs autres, véritable anthologie d'illusions rassurantes : le réchauffement est une lointaine saga des terres arctiques ; il concerne exclusivement le niveau de la mer et les zones côtières, il ne s'agit pas d'un bouleversement profond affectant la planète tout entière et toute forme de vie ; cette urgence touche la « Nature » et non l'Homme, qui sont deux univers distincts ; d'une certaine manière, nous évoluons en dehors ou au-delà, ou tout au moins protégés de la Nature, nous ne sommes pas intrinsèquement liés à elle, ni littéralement dominés par elle ; la richesse sert de bouclier contre les ravages du réchauffement ; la combustion des énergies fossiles est le prix à payer pour la croissance économique qui, par la technologie qu'elle produit, nous fournira un moyen d'échapper au désastre environnemental ; au cours de sa longue histoire, l'humanité a déjà été confrontée à des menaces d'une ampleur équivalente, nous pouvons donc les affronter en toute confiance.

Aucune de ces affirmations n'est vraie. Mais commençons par la vitesse du changement. La Terre a connu cinq extinctions de masse[1] avant celle que nous traversons aujourd'hui, chacune provoquant un effacement si complet du registre fossile qu'elles fonctionnèrent comme des remises à zéro de l'évolution – l'arbre phylogénétique de la planète s'est déployé, puis effondré, par intervalles, comme un poumon : 86 % de l'ensemble des espèces[2] ont disparu il y a 450 millions d'années ; 70 millions d'années plus tard, 75 % ; 125 millions d'années après ça, 96 % ; 50 millions d'années encore après, 80 % ; pour terminer, 135 millions d'années plus tard, à nouveau 75 %. On a pu lire dans de vieux manuels de lycée que ces extinctions étaient la conséquence de chutes d'astéroïdes. En réalité, toutes, à l'exception de celle des dinosaures, sont liées à un bouleversement climatique produit par l'effet de serre[3]. La plus célèbre remonte à 250 millions d'années ; elle débuta[4] par une hausse des températures de 5 °C due au gaz carbonique, s'accéléra lorsque ce réchauffement déclencha la libération de méthane, autre gaz à effet de serre (GES), et se termina par une éradication quasi générale de toute forme de vie sur terre. Nos émissions de CO_2 sont beaucoup plus rapides ; selon la plupart des estimations, au moins dix fois plus[5]. Ce rythme est aujourd'hui cent fois supérieur[6] à celui de n'importe quelle période de l'Histoire préindustrielle de l'humanité. La concentration en gaz carbonique de l'atmosphère est actuellement un tiers au-dessus de ce qu'elle a été durant les 800 000 années précédentes[7] – peut-être même les 15 millions d'années précédentes[8]. Il n'y avait pas d'humains à l'époque. Les océans étaient plus hauts de trente mètres[9].

Beaucoup perçoivent le réchauffement climatique comme une sorte de dette économique et morale accumulée depuis le début de la révolution industrielle dont le paiement arrive à échéance, quelques centaines d'années plus tard. En réalité, plus de la moitié du CO_2[10] rejeté dans l'atmosphère par la combustion des énergies fossiles l'a été au cours de ces trois dernières décennies. Autrement dit, nous avons infligé autant de dégâts à notre planète et à sa capacité à accueillir la vie et la civilisation humaine depuis 1992 que durant tous les siècles – les millénaires, même – précédents. Cette année-là, les Nations unies établissaient une convention-cadre sur le changement climatique, attirant l'attention du monde entier sur le consensus scientifique, désormais impossible à ignorer ; cela signifie que nous avons engendré autant de destructions en connaissance de cause que nous n'en avions provoquées en toute inconscience. Le réchauffement climatique serait une sorte de conte moral étiré sur plusieurs siècles, assénant une punition digne de l'Ancien Testament aux arrière-arrière-petits-enfants des responsables, puisque la combustion du charbon dans l'Angleterre du XVIIIe fut l'étincelle qui déclencha tout ce qui suivit. Cette fiction reposant sur des méfaits historiques acquitterait, à tort, tous ceux qui, comme nous, vivent à ce jour. Car voilà, la majorité des rejets de CO_2 s'est produite depuis la première diffusion des *Simpson* à la télévision. Si l'on remonte à la fin de la Seconde Guerre mondiale, le chiffre atteint même les 85 %[11]. Le suicide du monde industriel aura duré le temps d'une vie – en quelques décennies, celles qui séparent un baptême ou une bar-mitsvah et un enterrement, la planète est passée d'une apparente stabilité à une catastrophe imminente.

Ce sont des périodes que nous connaissons tous. À la naissance de mon père, en 1938 – parmi ses premiers souvenirs : Pearl Harbor, la mythique force aérienne américaine et les films de propagande industrielle qui suivirent –, la plupart des observateurs jugeaient le système climatique constant. Depuis trois quarts de siècle, les scientifiques avaient non seulement compris l'effet de serre[12], mais aussi qu'il était dû au CO_2 produit par la combustion du bois, du charbon et du pétrole et qu'il risquait de rompre l'équilibre de tout ce qui existait sur la planète. Mais ils n'en avaient pas vu l'impact, pas vraiment, pas encore ; le réchauffement était alors moins un fait constaté qu'une sombre prophétie amenée à se réaliser dans un lointain futur – ou jamais, peut-être. À la mort de mon père, en 2016, quelques semaines après la signature de l'accord de Paris, le système climatique basculait vers la dévastation, franchissant le seuil de concentration de gaz carbonique[13] qui, depuis des années, constituait la ligne rouge que les spécialistes environnementaux avaient tracée sous le nez des saccageurs industriels modernes, une ligne qui disait *Ne pas dépasser*, soit un taux de 400 parties par million (ppm), pour user des termes sinistrement banals de la climatologie. Bien sûr, nous avons poursuivi sur notre lancée : à peine deux ans plus tard, nous atteignions la moyenne mensuelle de 411 ppm[14]. L'air est presque aussi saturé de culpabilité que de CO_2, nous choisissons de croire cependant que nous n'y sommes pour rien.

Cette durée de vie fut également celle de ma mère : née en 1945 dans une famille de Juifs allemands ayant fui les fours crématoires où avaient péri leurs proches, elle savoure sa soixante-treizième année au paradis matérialiste américain. Ce paradis repose sur les usines de pays en développement qui ont, eux aussi, en l'espace d'une vie, à force de produire, réussi à accéder à la classe moyenne mondialisée. Avec cette progression sur l'échelle sociale sont venus tous les attraits de la consommation et les privilèges liés à l'énergie fossile : électricité, voiture personnelle, voyages en avion, viande rouge… Ma mère fume depuis cinquante-huit ans des cigarettes sans filtre qu'elle commande désormais par cartouches directement en Chine.

Durant ce même laps de temps – une vie –, de nombreux scientifiques ont tiré la sonnette d'alarme à propos du changement climatique, dont certains sont encore actifs dans leur domaine, aussi incroyable que cela puisse paraître – c'est dire la rapidité à laquelle nous avons atteint ce promontoire. Les recherches de certains scientifiques ont même été financées par Exxon, une société aujourd'hui cible de procès en série visant à déterminer sa responsabilité dans l'émission de CO_2 qui menace de rendre certaines régions plus ou moins invivables pour les humains d'ici à la fin de siècle, à moins d'un changement de doctrine sur les énergies fossiles. Voilà la voie sur laquelle nous sommes allègrement engagés à tombeau ouvert – vers une augmentation de plus de 4 °C d'ici à 2100[15]. Selon certaines estimations, des zones entières d'Afrique, d'Australie et des États-Unis, ainsi qu'une partie de l'Amérique du Sud, au nord de la Patagonie et de l'Asie, au sud de la Sibérie, deviendraient inhabitables[16] à cause de la chaleur directe, de la désertification et des inondations. Des conditions pour le moins inhospitalières, qui ne se limiteraient pas uniquement à ces régions. Le voilà, notre itinéraire, notre horizon. En d'autres termes, si la Terre a atteint le point de bascule vers le cataclysme climatique en une génération, la responsabilité pour l'éviter repose maintenant sur les épaules d'une seule autre. L'espace d'une vie, que nous connaissons bien : la nôtre.

Je ne suis pas un écologiste. Je ne me considère même pas comme quelqu'un qui aime la nature. J'ai toujours vécu en ville, je profite des gadgets produits par les fournisseurs industriels sans vraiment me poser de questions. Je n'ai jamais pratiqué le camping, pas de mon plein gré en tout cas et, s'il me paraît plutôt une bonne idée de garder propres les cours d'eau et l'air que nous respirons, je pars du principe qu'un compromis doit être trouvé entre la croissance économique d'une part et le prix à payer par la nature de l'autre – pour arriver à la conclusion que, dans la plupart des cas, eh bien, j'opterais probablement pour la croissance. Je ne compte pas personnellement abattre une vache pour manger un hamburger, mais je n'ai pas pour autant envie de devenir végan. J'ai tendance à penser que lorsqu'on domine la chaîne alimentaire, il n'y a pas de mal à en profiter : je n'ai aucun problème à tracer une barrière morale entre nous et les autres animaux. Je trouve d'ailleurs assez offensant vis-à-vis des femmes et des personnes racisées que, tout à coup, on envisage d'étendre des protections légales de type droits humains aux chimpanzés, grands singes et pieuvres, à peine une ou deux générations après que nous avons enfin réussi à mettre un terme au monopole du mâle blanc sur la personne légale. Sur ces points – nombre d'entre eux en tous cas –, je suis comme beaucoup d'Américains, irrémédiablement satisfait, obstinément bercé d'illusions concernant le changement climatique. Pourtant, non seulement il s'agit là de la plus grosse menace à l'encontre des humains à laquelle la planète ait jamais été confrontée, mais, en plus, elle relève d'une catégorie tout à fait nouvelle, à une échelle tout aussi exceptionnelle : celle de la vie humaine elle-même.

Il y a quelques années, j'ai commencé à collecter des histoires concernant le changement climatique, pour la plupart terrifiantes, poignantes, troublantes. Même les récits à toute petite échelle pouvaient prendre des airs de parabole : un groupe de scientifiques spécialistes de l'Arctique[17] pris au piège suite à la fonte de glaces qui avait isolé leur station de recherche sur une île également peuplée d'ours polaires ; un jeune Russe décédé à cause des émanations d'anthrax[18] qui accompagnent le dégel d'une carcasse de renne prisonnière du permafrost depuis plusieurs dizaines d'années. Au début, j'ai eu l'impression que l'actualité inventait des allégories d'un nouveau genre. Mais, bien sûr, le changement climatique n'a rien d'une allégorie.

Depuis 2011, environ un million de réfugiés syriens[19] ont pris la route de l'Europe, poussés par une guerre civile attisée par le changement climatique et la sécheresse – et de manière très concrète, la « crise populiste » que traverse l'Occident dans son ensemble en ce moment est le résultat de la panique produite par le choc ressenti face à ces migrants. La probable submersion du Bangladesh[20] menace d'en créer dix fois plus, au minimum, qui seront reçus par un monde encore plus déstabilisé par le chaos climatique – et, on le soupçonne, d'autant moins accueillant que la couleur de peau de ceux dans le besoin sera foncée. Il faut aussi compter tous ceux en provenance d'Afrique subsaharienne, d'Amérique latine et du reste de l'Asie du Sud-Est – ils pourraient être 140 millions d'ici à 2050[21], selon les estimations de la Banque mondiale, soit cent fois plus nombreux que la « crise » syrienne en Europe[22].

Les projections des Nations unies s'avèrent plus sombres encore[23] : 200 millions de réfugiés climatiques d'ici à 2050.

Ce chiffre[24] correspond à l'ensemble de la population mondiale à l'apogée de l'Empire romain, imaginez chacune des personnes vivant sur cette planète à l'époque dépossédée de sa maison et contrainte de partir sur les routes à travers des territoires hostiles en quête d'un nouveau foyer. Les estimations hautes de ce qui est possible dans les trente années à venir, selon l'ONU, seraient largement pires : « Un milliard ou davantage de personnes pauvres[25] n'ayant d'autre choix que de se battre ou de fuir. » Un milliard ou plus. En 1820, cela équivalait à la totalité de la population mondiale, alors que la révolution industrielle était déjà lancée. Autrement dit, plutôt que concevoir l'histoire comme une inéluctable procession d'années progressant sur la ligne du temps, nous devrions la voir comme un ballon de baudruche en pleine expansion qui représenterait la croissance de population, l'humanité se dilatant sur la planète au point d'atteindre quasiment l'éclatement complet. C'est une des raisons de l'accélération des émissions de CO_2 durant la dernière génération, c'est aussi ce qui explique que l'Histoire semble s'emballer, les événements se multiplier partout, chaque année, chaque jour même : voilà ce qui arrive quand les humains sont beaucoup plus nombreux, tout simplement. Quinze pour cent de toute l'expérience humaine[26] à travers l'Histoire, dit-on, est l'œuvre des personnes en vie en cet instant précis, dont chacun parcourt la terre, y laissant son empreinte carbone.

Ce sont des estimations hautes élaborées il y a des années par des groupes de recherche conçus pour attirer l'attention sur une cause ou une croisade particulière ; les chiffres véritables seront presque certainement inférieurs, les scientifiques tablent sur des projections de plusieurs dizaines de millions, plutôt que des centaines. Mais le fait que ces évaluations hautes soient aux limites de ce qui est possible ne doit pas nous rassurer ; dès que nous écartons les scénarios du pire, notre perception des issues plus probables s'en trouve déformée, car nous avons tendance à les considérer comme extrêmes, donc à juger qu'il est superflu d'anticiper si consciencieusement. Les estimations hautes établissent les frontières du possible, entre lesquelles nous parvenons mieux à concevoir ce qui est probable. Et peut-être se révéleront-elles de meilleurs guides encore ; les optimistes, dans ce demi-siècle d'éco-anxiété que nous avons déjà subi, eux, ne l'ont jamais été.

Ma compilation de faits divers s'enrichissait au quotidien, mais même parmi ceux extraits de recherches récentes publiées dans les parutions scientifiques les plus renommées, rares étaient ceux que le pays pouvait voir mentionnés à la télévision ou dans la presse. Bien entendu, les reportages sur le changement climatique existaient, et certains se révélaient parfois assez alarmistes. Mais de manière assez trompeuse, la discussion sur les effets possibles était étroite, presque invariablement limitée à une affaire de niveau de la mer. Autre fait inquiétant, la couverture médiatique s'avérait finalement assez optimiste. Lors de la signature historique, en 1997, du protocole de Kyoto, une augmentation des températures mondiales de 2 °C était considérée comme le début de la catastrophe : villes inondées, sécheresses et canicules écrasantes, notre planète subissant au quotidien ouragans et moussons traditionnellement classées parmi les « catastrophes naturelles » qui bientôt seraient normalisées sous la simple appellation « mauvais temps ». Plus récemment, le ministre des Affaires étrangères des îles Marshall a suggéré un autre nom pour ce niveau de réchauffement[27] : « génocide ».

Il n'existe presque aucune chance pour que cela soit évité. Le protocole de Kyoto n'a pour ainsi dire servi à rien : vingt ans se sont écoulés et, malgré tous nos plaidoyers, notre législation en faveur du climat et nos progrès en matière d'énergie verte, nous avons rejeté plus de dioxyde de carbone que durant les vingt années précédentes. En 2016, l'accord de Paris établissait les 2 °C de hausse comme un but global et, à en croire nos journaux, ce niveau de réchauffement était le scénario le plus effrayant que l'on pouvait envisager en restant responsable. À peine quelques années plus tard, alors qu'aucune des grandes nations industrielles n'est prête à respecter ses engagements de Paris, les 2 °C semblent davantage une issue optimiste, à présent difficile à atteindre, et, au-delà, une courbe tout entière de possibilités plus effroyables[28], pourtant pudiquement escamotée aux yeux du public.

Pour ceux qui parlent du climat, il est devenu d'une certaine manière inconvenant d'envisager les hypothèses les plus atroces – et de mentionner le fait que nous avons laissé filer notre chance d'atterrir du bon côté de la courbe. Les raisons sont trop nombreuses pour être énumérées et si peu abouties qu'elles relèvent quasiment de l'inconscient. Nous avons choisi de ne pas évoquer un monde aux températures de plus de 2 °C par décence, peut-être, ou par simple peur ; ou par peur de susciter la peur ; par foi en la technocratie qui, en réalité, se résume à une foi dans le marché ; par déférence aux débats partisans, voire aux priorités partisanes ; par scepticisme envers la gauche environnementale, du genre de celui que j'ai toujours éprouvé ; par désintérêt pour le destin de lointains écosystèmes, qui eux non plus ne m'ont jamais passionné. Nous ressentons une certaine confusion vis-à-vis de la science et de ses nombreux termes techniques, ses chiffres difficiles à interpréter ou, tout du moins, il nous semble, intuitivement, que *les autres* ressentiraient facilement une certaine confusion vis-à-vis de la science, de ses nombreux termes techniques et de ses chiffres difficiles à interpréter. Avons-nous été lents à appréhender la vitesse du changement ? Ou bien d'une confiance de quasi-conspirateurs dans la responsabilité des élites mondiales et de leurs institutions ? Ou trop obéissants, quelle que soit notre opinion à leur sujet ? Si nous n'avons pas été capables de croire les projections les plus effrayantes, c'est peut-être parce que nous avions l'impression que le réchauffement climatique était un thème nouveau. Et comment les choses auraient-elles pu s'aggraver à ce point depuis la sortie du documentaire *Une vérité qui dérange* de Davis Guggenheim ? Si nous avons préféré ne pas trop y réfléchir, c'est peut-être parce que nous aimons tellement rouler en voiture, manger du bœuf et profiter de notre mode de vie tel qu'il est. Ou alors, bercés de l'illusion d'appartenir à une ère post-industrielle, sommes-nous incapables de croire que nous continuons de puiser notre souffle matériel aux fourneaux de l'énergie fossile. Serions-nous doués d'un talent de sociopathe pour nous persuader, dans une évolution sémantique révoltante, que ces mauvaises nouvelles sont juste « normales » ? Ou, tout simplement, nous nous sommes fiés à nos yeux : nous avons regardé dehors et tout semblait aller pour le mieux. Nous en avions assez d'écrire, de lire, cette même histoire, encore et toujours. Le climat étant une affaire mondiale, donc par définition non tribale, il suscite des réponses politiques particulièrement convenues. Nous n'avons pas compris à quel point il ravagerait notre vie et, très égoïstement, cela ne nous dérangeait pas de détruire la planète pour ceux qui y vivent aussi, mais ailleurs, ou ceux qui ne sont pas encore nés et qui en hériteront, révoltés. Nous avons trop cru en une théologie de l'Histoire et au sens du progrès humain pour admettre l'idée selon laquelle l'arc de l'Histoire pourrait ne pas tendre vers une justice également environnementale. Cependant, si nous voulons être tout à fait honnêtes, nous considérions déjà le monde comme une compétition pour les ressources à somme nulle dont, quoi qu'il arrive, nous sortirions probablement toujours vainqueurs. Enfin, tout dépend – des avantages liés à notre classe sociale, de notre chance à la loterie de la naissance. Nous étions trop paniqués à propos de nos emplois, de notre industrie pour nous préoccuper de l'avenir de ces emplois, de cette industrie. Sommes-nous terrifiés par les robots ? Trop occupés à contempler notre téléphone dernier cri ? Ou alors, malgré le puissant réflexe d'apocalypse qui agite notre culture et le courant de panique qui traverse la politique, il resterait parmi nous trop d'authentiques optimistes en quête de bonnes nouvelles en matière de vision globale. En fait, qui sait pourquoi ? Il existe tant d'aspects au kaléidoscope climatique qui transforme nos intuitions sur la dévastation environnementale en inexplicable mollesse qu'on a du mal à tracer un tableau complet de la distorsion climatique. Quoi qu'il en soit, que nous ayons refusé ou que nous n'en ayons pas été capables, nous n'avons pas regardé en face ce que nous disait la science.

Ce livre n'est pas un livre scientifique, il aborde ce que change le réchauffement sur notre façon d'habiter la Terre.

Mais que dit la science ? Ce sont des recherches complexes car elles reposent sur deux strates d'incertitude : d'une part, que feront les humains, plus particulièrement en matière d'émission de gaz à effet de serre, et de l'autre, comment se comportera le climat, d'abord pour ce qui est de la chaleur directe puis pour ce qui est de ses réactions en chaîne obscures, parfois contradictoires ? Mais, même à l'ombre de ces incertitudes, les résultats obtenus par les chercheurs demeurent très clairs, clairs au point d'en être terrifiants, en fait. Le Groupe d'experts intergouvernemental sur l'évolution du climat (GIEC) publie des évaluations qui constituent l'étalon-or de l'état de la planète et de la trajectoire probable du changement climatique – étalon-or, en partie parce qu'elles restent conservatrices, ne prenant en compte que les conclusions considérées comme irréfutables. Un nouveau rapport est attendu pour 2022, mais le dernier en date affirme qu'en agissant sans tarder pour réduire nos émissions de gaz, si nous mettons en place immédiatement tous les engagements de l'accord de Paris (nulle part véritablement lancés), nous obtiendrons certainement un réchauffement d'environ 3,2 °C[29], soit une augmentation trois fois supérieure à celle que la Terre a connue depuis le début de l'industrialisation. Au point de placer l'impensable destruction de la banquise[30] non seulement dans le domaine du réel, mais aussi du présent. Ce qui finirait par provoquer la submersion[31] de Miami, Dhaka, Shanghai, Hong Kong et d'une centaine d'autres villes dans le monde. Le point de bascule tourne autour de 2 °C : à en croire plusieurs études récentes[32], même avec une cessation rapide des émissions de GES, nous atteindrions ce niveau d'ici la fin du siècle.

Les assauts du changement climatique ne s'arrêtent pas en 2100 ; simplement la plupart des modèles, par convention, s'interrompent là. C'est pourquoi certains climatologues ont surnommé la centaine d'années suivantes « le siècle de l'enfer[33] ». Le phénomène est rapide, beaucoup plus rapide apparemment que nous ne sommes capables de l'appréhender et de nous l'avouer, mais il dure aussi beaucoup plus longtemps que nous ne pouvons vraiment l'imaginer.

Si vous lisez des articles sur ce thème, vous croiserez souvent des analogies fondées sur les annales de la planète : *la dernière fois que la Terre a connu un tel réchauffement, le niveau de la mer était à telle hauteur*, logique. Ces conditions ne sont pas une coïncidence. Si la mer était aussi haute, c'est en grande partie parce que la Terre était à cette température et le registre géologique est le meilleur modèle que nous ayons pour comprendre un système climatique aussi complexe et apprécier l'ampleur des dégâts provoqués par une hausse de 2, 4 ou 6 °C. Des recherches approfondies sur l'histoire de notre planète laissent entendre que les modèles climatiques actuels pourraient sous-estimer de moitié le réchauffement[34] qui nous attend d'ici à 2100 – ce n'en est que plus inquiétant. Pour dire les choses clairement, l'augmentation des températures pourrait bien finir par être le double de ce que prédit le GIEC. Si nous atteignons nos objectifs de Paris concernant les émissions de gaz à effet de serre, les 4 °C de réchauffement sont encore possibles, et les forêts tropicales seraient transformées en savanes dominées par le feu[35]. Les auteurs d'un article récent suggéraient que le réchauffement pourrait être encore plus dramatique – une coupe nette dans nos émissions pourrait tout de même nous mener à 4 ou 5 °C supplémentaires, scénario, selon eux, qui mettrait gravement en péril l'habitabilité de la planète entière. « La Terre sous serre[36] », disent-ils.

Ces chiffres sont si bas que nous avons tendance à minimiser – 1, 2, 4, 5 °C, quelle différence ? L'expérience et la mémoire des Hommes n'offrent aucune bonne analogie quant à la meilleure manière d'envisager ces seuils, mais il en va de la hausse des degrés comme des guerres mondiales ou des récidives du cancer, mieux vaut éviter d'avoir à en subir ne serait-ce qu'une. À + 2 °C s'amorce le déclin de la banquise[37], 400 millions de personnes[38] souffriront du manque d'eau, les principales villes de la région équatoriale deviendront invivables et même les latitudes les plus au nord seront frappées par des vagues de chaleur responsables de milliers de morts chaque été. L'Inde subira trente-deux fois plus[39] de canicules extrêmes, chacune cinq fois plus longue qu'aujourd'hui, touchant quatre-vingt-treize fois plus de personnes. Nous avons affaire là au scénario le plus optimiste. À + 3 °C, l'Europe du Sud connaîtra une sécheresse permanente, la durée de sécheresse moyenne sera rallongée de dix-neuf mois en Amérique centrale, de vingt et un dans les Caraïbes. En Afrique du Nord, la durée en sera prolongée de soixante mois, soit cinq ans. La surface de terres dévastées par des incendies chaque année doublerait en Méditerranée et serait multipliée par six, au moins, aux États-Unis. À + 4 °C, ce sont huit millions de cas de dengue supplémentaires[40] chaque année pour la seule Amérique latine et quasiment une famine mondiale par an. Il pourrait y avoir une augmentation de 9 % des décès[41] liés à la chaleur. Les dégâts provoqués par les crues des rivières seraient multipliés par trente au Bangladesh, par vingt en Inde et par presque soixante au Royaume-Uni. Dans certains endroits, six catastrophes naturelles consécutives au climat pourraient frapper simultanément et, à l'échelle de la planète, le coût des dégradations pourrait dépasser les 600 000 milliards de dollars – plus de deux fois la richesse existante dans le monde aujourd'hui. Les conflits et les guerres pourraient être deux fois plus nombreux.

Même si nous parvenons à maintenir la Terre juste en dessous des + 2 °C, notre atmosphère contiendra alors 500 parties par million de dioxyde de carbone – davantage peut-être. La dernière fois que c'est arrivé[42], il y a seize millions d'années, les températures sur la planète n'étaient pas 2 °C au-dessus, mais entre 5 et 8, et le niveau de la mer environ quarante mètres plus haut, la ligne côtière américaine au niveau de l'I-95, à 200 km de la côte actuelle. Certains de ces processus se développent sur des milliers d'années, mais ils sont irréversibles, donc en réalité permanents. Vous espérez peut-être simplement inverser le changement climatique ? C'est impossible. Il se poursuivra après nous.

C'est en partie ce qui fait de ce phénomène ce que le théoricien Timothy Morton appelle un « hyperobjet[43] » – un fait conceptuel si vaste et complexe que, comme Internet, il ne peut jamais être tout à fait compris. De nombreuses caractéristiques du dérèglement climatique – sa taille, son rayon d'action, sa brutalité – satisfont à elles seules cette définition ; réunies, elles l'élèvent à un niveau supérieur, il devient une catégorie conceptuelle encore moins compréhensible. Mais l'aspect le plus hallucinant est peut-être temporel, les pires perspectives étant prévues à un horizon si lointain que, par réflexe, nous ne prenons pas leur réalité en compte.

Pourtant, ces perspectives promettent de nous ridiculiser en retour, nous et notre sens des réalités. Les drames écologiques que nous avons provoqués par notre usage de la terre, par la combustion des énergies fossiles – lentement pendant un siècle puis très rapidement en quelques décennies à peine – se joueront sur des millénaires, à vrai dire sur une longueur de temps bien supérieure à la présence des humains sur la planète. Ils auront pour acteurs et décors des créatures et des environnements que nous ne connaissons pas encore, débarqués dans le monde par la force du réchauffement. Ainsi, dans un arrangement cognitif assez pratique, nous avons choisi d'envisager le changement climatique exclusivement tel qu'il se présentera durant ce siècle. À en croire les Nations unies, si nous continuons sur cette voie, en 2100 nous atteindrons les + 4,5 °C[44] : plus du double de ce que prévoyait la voie tracée par l'accord de Paris.

Ainsi que l'a noté Naomi Oreskes[45], il existe beaucoup trop d'incertitudes dans nos modèles pour prendre leurs projections pour paroles d'Évangile. Le simple fait d'exécuter les modèles[46] plusieurs fois, comme Gernot Wagner et Martin Weitzman le font dans leur livre *Climate Shock* (« Choc climatique »), a permis d'établir un risque de 11 % de franchir les + 6 °C. De récents travaux effectués par le prix Nobel William Nordhaus[47] suggèrent qu'une croissance économique plus qu'anticipée équivaudrait à une chance sur trois que nos émissions dépassent le pire scénario imaginé par les Nations unies si rien ne changeait. C'est-à-dire, une hausse des températures de 5 °C, potentiellement plus.

Le haut de la courbe des probabilités mise en avant par l'ONU pour estimer le scénario « rien ne change » de la fin du siècle – soit la pire issue si nous empruntons la pire voie en matière d'émissions de gaz à effet de serre – nous place à + 8 °C. À cette température, les humains à l'équateur[48] et sous les tropiques risqueraient la mort simplement en sortant de chez eux.

Dans ce monde 8 °C plus chaud, le plus grave ne serait pas les effets de la chaleur directe : les océans seraient soixante mètres plus hauts[49], inondant les deux tiers des principales villes mondiales actuelles[50] ; il n'existerait quasiment plus sur cette planète de terrain susceptible[51] de produire efficacement la nourriture qui est la nôtre aujourd'hui, quelle qu'elle soit ; les forêts seraient ravagées par des tempêtes de feu, les côtes frappées par des ouragans de plus en plus violents ; la chape suffocante des maladies tropicales s'étendrait vers le nord[52], recouvrant des parties de ce que nous appelons aujourd'hui l'Arctique ; un tiers de la planète pourrait être invivable, à cause de la seule chaleur directe ; et ce qui de nos jours constitue des sécheresses, des canicules absolument sans précédent, intolérables, deviendrait le lot quotidien des humains qui auront été capables de supporter tout cela.

Il est presque certain que nous n'atteindrons pas les 8 °C de réchauffement ; en fait, plusieurs articles récents ont suggéré que le climat est moins sensible aux émissions de CO_2 que nous ne l'avions cru[53] – si nous continuons à avancer comme si de rien n'était, même le haut de la courbe nous placerait environ à 5 °C de hausse, plus probablement autour de 4. Mais 5 °C, c'est presque aussi inconcevable que 8. Et 4 °C ne valent pas mieux. Le monde serait en déficit de nourriture permanent[54], les Alpes aussi arides que le massif de l'Atlas.

Entre ce scénario et l'environnement qui est le nôtre actuellement, il ne reste que la question ouverte de la réaction humaine. Une certaine quantité de réchauffement supplémentaire est déjà acquise, au vu de la lenteur des processus par lesquels la planète s'adapte aux gaz à effet de serre. Mais toutes ces perspectives tracées à partir du présent – jusqu'à 2, 3, 4, 5, même 8 °C de hausse – seront très largement orientées par les choix qui sont les nôtres aujourd'hui. Rien ne nous empêche d'atteindre les 4 °C si ce n'est notre volonté de changer les choses, dont nous n'avons pas encore fait la preuve. Parce que notre planète est immense et si diverse écologiquement. Parce que l'espèce humaine a montré ses capacités d'adaptation et continuera certainement à s'adapter pour déjouer la menace fatale. Et parce que les effets dévastateurs du réchauffement seront bientôt trop extrêmes pour être ignorés, niés, si ce n'est pas déjà le cas. Grâce à tout cela, il est peu probable que la Terre devienne véritablement inhabitable suite au changement climatique. Mais si nous n'agissons pas sur les émissions de dioxyde de carbone, si les trente prochaines années d'activité industrielle suivent la même courbe de progression que les trente dernières, alors, dès la fin de ce siècle, des régions entières seront considérées comme invivables selon nos critères actuels.

Il y a quelques années, E. O. Wilson a proposé un terme, la « demi-Terre[55] », pour nous aider à envisager notre adaptation aux pressions du changement climatique – il faudrait laisser la nature suivre son cours sur la moitié de la Terre et séquestrer l'humanité sur l'autre moitié, habitable. Une partie qui pourrait bien être plus réduite, et largement, mais pas par choix ; le sous-titre de son livre était « *La lutte pour la vie de notre planète* ». Sur une plus longue échelle de temps, l'issue la plus obscure est aussi possible – la planète vivable devenant de plus en plus sombre à mesure qu'approche le crépuscule de l'humanité.

Il faudrait une coïncidence spectaculaire de mauvais choix et de manque de chance pour éradiquer de notre vivant la possibilité de la Terre. Mais le simple fait que nous ayons rendu envisageable cette éventualité cauchemardesque est sûrement la réalité culturelle et historique la plus incontournable de l'ère moderne – ce que les historiens du futur étudieront à notre sujet et ce sur quoi nous aurions espéré que les générations avant la nôtre aient eu la prescience de se concentrer. Quoi que nous fassions pour empêcher le réchauffement, quelle que soit l'agressivité des mesures que nous prenons pour nous protéger de ses ravages, nous avons réussi à avoir dans notre viseur la destruction de la vie humaine sur la Terre – et suffisamment près pour nous permettre de voir les résultats et de savoir, avec une certaine précision, quelles punitions subiront nos enfants et petits-enfants. Suffisamment près, même, pour que nous en ressentions déjà les effets, quand nous ne leur tournons pas le dos.

Il est presque difficile de croire tout ce qui s'est passé et à quelle vitesse. À la fin de l'été 2017, trois ouragans violents – Irma, Katia et Jose – sont apparus au même moment dans l'Atlantique, et ont emprunté au départ le même trajet, telle une armée en marche. L'ouragan Harvey, lorsqu'il s'est abattu sur Houston, s'est traduit par des pluies d'une quantité si effarante dans certaines zones qu'on a parlé d'un événement qui n'arrive qu'une fois tous les cinq cent mille ans[56].

Le consommateur averti des informations environnementales sait bien que de telles expressions n'ont désormais plus aucun sens. Cependant, les chiffres ne sont pas sans intérêt, ils aident à nous rappeler que le changement climatique nous a déjà éloignés des bases de référence de nos grands-parents en matière de catastrophe naturelle. Prenons cet ordre de grandeur plus fréquent, « une fois tous les cinq cents ans » : cela signifierait une seule tempête tout au long de l'histoire de l'Empire romain. Il y a cinq cents ans, les colons anglais n'avaient pas traversé l'Atlantique. Imaginez, c'est comme s'il n'y avait eu qu'une tempête depuis le moment où les Européens sont venus s'implanter sur le territoire américain. Entre-temps, les colons ont fait la révolution et les Américains la guerre de Sécession, plus deux guerres mondiales, tandis que leurs descendants ont établi un empire du coton sur le dos des esclaves, puis les ont libérés, avant de brutaliser les descendants de ces derniers, se sont industrialisés et postindustrialisés, ont triomphé de la guerre froide, basculé dans la « fin de l'histoire » pour finalement être témoins, à peine dix ans plus tard, de son retour dramatique. Durant tout ce temps, une seule tempête, voilà ce à quoi nous étions censés être confrontés, à en croire les registres météorologiques. Une seule. En réalité, Harvey était le troisième ouragan[57] à frapper Houston depuis 2015. Et, par endroits, avec une intensité censée être mille fois plus rare encore.

Cette même saison, un ouragan – l'ouragan Ophélia – en provenance de l'Atlantique s'est abattu sur l'Irlande. En Asie du Sud-Est 45 millions de personnes ont été chassées[58] de leurs maisons par les crues et des incendies sans précédent ont réduit en cendres une bonne partie de la Californie. Sans parler de cette nouvelle catégorie de cauchemars quotidiens résultant du changement climatique, des catastrophes naturelles obscures autrefois inimaginables – des crises si importantes qu'elles auraient par le passé été inscrites dans la tradition populaire pour des siècles, mais qui aujourd'hui traversent notre horizon, ignorées, négligées, voire oubliées. En 2016, une « crue du millénaire[59] » a englouti la petite ville d'Ellicott City, dans le Maryland, pour ne prendre qu'un exemple au hasard ; suivie deux ans plus tard par une autre, au même endroit. Durant une semaine, à l'été 2018, des dizaines de régions dans le monde ont connu des vagues de chaleur record[60], de Denver à Burlington ou Ottawa ; de Glasgow à Shannon en passant par Belfast ; mais aussi Tbilissi en Géorgie, Erevan en Arménie, ainsi que de vastes étendues dans le sud de la Russie. Le mois précédent, dans une ville d'Oman, la température avait atteint les 49 °C le jour et 42 la nuit. À Québec, au Canada, cinquante-quatre personnes sont décédées à cause de la chaleur[61]. Cette même semaine, une centaine de grands feux[62] de forêt ont ravagé l'ouest des États-Unis, dont un en Californie, qui a progressé sur plus de 1500 hectares en une journée[63] et un autre, dans le Colorado, qui a produit une éruption de flammes ressemblant à celle d'un volcan, haute de 90 mètres[64], dévorant un quartier tout entier – le phénomène a donné naissance à un néologisme : « tsunami de feu ». À l'autre bout de la planète, un déluge de proportions bibliques s'abattait sur le Japon, entraînant l'évacuation d'1,2 million de personnes[65]. Plus tard durant l'été, le typhon Mangkhut imposait le même destin à 2,45 millions de Chinois du continent[66], tandis que, la même semaine, l'ouragan Florence frappait les Caroline du Nord et du Sud, transformant brièvement la ville portuaire de Wilmington en île[67], et inondant de vastes parties de l'État de lisier de porc et de cendres de charbon[68]. Sur leur passage, les vents de Florence[69] produisaient des tornades par dizaines un peu partout dans la région. Le mois précédent, en Inde, l'État du Kerala[70] connaissait les pires crues depuis près d'un siècle. En octobre de la même année, un ouragan dans le Pacifique a totalement effacé de la carte l'île d'East Island, à Hawaii[71]. En novembre, qui marque traditionnellement le début de la saison pluvieuse en Californie, l'État a au contraire été frappé par l'incendie le plus destructeur de son histoire[72] – le Camp Fire qui a réduit en cendres plusieurs centaines de kilomètres carrés aux alentours de Chico, fait plusieurs dizaines de victimes et encore davantage de disparus dans une ville malencontreusement nommée Paradise. La dévastation était si totale qu'elle en a presque éclipsé le Woolsey Fire, qui se déroulait au même moment plus près de Los Angeles, forçant 170 000 personnes à évacuer leur domicile dans la précipitation.

Il est tentant, lorsqu'on contemple cette enfilade de désastres, de penser : *le changement climatique est déjà là.* Et en voyant advenir ces événements depuis si longtemps prédits, la première réaction pourrait être d'avoir le sentiment d'être entré dans une ère nouvelle, où tout est différent. Et d'ailleurs, c'est ainsi que l'a d'abord présenté Jerry Brown[73], gouverneur de Californie, alors que son État était en proie aux flammes : « une nouvelle normalité ».

La vérité est bien plus effrayante. C'est en réalité la fin de la normalité ; plus rien ne sera jamais normal. Nous avons déjà quitté l'état des conditions environnementales qui ont permis à l'animal humain d'évoluer pour basculer dans un pari aussi hasardeux et imprévu sur ce que cet animal peut endurer. Le système climatique qui a fait de nous ce que nous sommes, à l'origine de tout ce que nous appelons culture et civilisation de l'humanité, ce système climatique-là a succombé. Celui que nous observons depuis quelques années et qui frappe la planète sans relâche ne constitue pas la bande-annonce de notre triste avenir. Il s'agit plus précisément d'un produit de notre passé climatique récent, que nous avons déjà abandonné dans la poubelle de la nostalgie environnementale. Il n'existe plus aujourd'hui de « catastrophe naturelle ». Non seulement la situation va s'aggraver, mais pour être tout à fait exact, le mal est déjà fait. Même si, par miracle, les humains cessent immédiatement d'émettre du dioxyde de carbone, nous aurons droit à une dose de réchauffement supplémentaire, simplement du fait de ce que nous avons déjà produit. Et bien sûr, puisque les émissions continuent d'augmenter à l'échelle du monde, nous sommes très loin du bilan neutre, donc très loin de freiner le changement climatique. La dévastation à laquelle nous assistons autour de nous en ce moment est un scénario bien plus optimiste que l'avenir du réchauffement et toutes les catastrophes qu'il générera.

Cela signifie que nous n'avons pas, du tout, atteint un nouvel équilibre. À la place, nous avons fait un pas de plus sur la planche du bateau pirate. Est-ce dû à l'épuisant faux débat sur la « réalité » du changement climatique ? Quoi qu'il en soit, un trop grand nombre d'entre nous s'est persuadé à tort que ses effets sont binaires. Mais le réchauffement, ce n'est pas « oui » ou « non », ce n'est pas non plus « les conditions météo d'aujourd'hui à jamais » ou « la fin des temps est pour demain ». C'est une fonction qui empire tant que nous continuons à produire du gaz à effet de serre. Vivre dans un climat transformé par l'activité humaine n'est pas une expérience qui consiste à passer d'un écosystème stable à un autre, plus hostile, aussi dégradé ou destructeur ce nouveau climat serait-il. Les effets s'amplifieront à mesure que les températures augmenteront : + 1 °C, + 1,5 °C, certainement + 2 °C et plus encore. Les catastrophes climatiques de ces dernières années peuvent sembler le paroxysme de ce que pourrait supporter cette planète. En fait, nous venons simplement de faire notre entrée dans notre nouveau monde, celui qui s'effondre sous nos pieds à chacun de nos pas.

Nombre de ces catastrophes ont suscité le débat quant à leurs causes – afin de déterminer à quel point ce qu'elles nous ont infligé découle de ce que nous avons infligé à cette planète. Pour ceux qui espèrent mieux comprendre comment exactement un monstrueux ouragan s'élève d'un océan placide, ces questions ne manquent pas d'intérêt, mais en pratique, ce débat n'a à vrai dire aucun sens, aucune utilité. Un ouragan bien précis doit peut-être 40 % de sa force au réchauffement climatique anthropique, selon ce qu'établissent nos modèles, et une sécheresse peut se révéler 50 % plus grave qu'elle ne l'aurait été au XVIIe siècle. Mais le changement climatique n'est pas un discret indice que l'on peut repérer sur la scène d'un crime local – un ouragan, une canicule, une famine, une guerre… Le dérèglement climatique n'est pas un coupable ; c'est une conspiration. Nous vivons tous dans le climat, au sein de tous ces changements que nous avons provoqués, il nous englobe, chacun d'entre nous, chacun de nos gestes. Si les ouragans d'une certaine force sont aujourd'hui cinq fois plus fréquents que dans les

Caraïbes précolombiennes, il est assez futile, pour ne pas dire pitoyable, de débattre pour savoir si celui-ci ou celui-là est « causé par le climat ». De nos jours, tous les ouragans se produisent dans un système météorologique que nous avons préalablement détruit, leur ouvrant ainsi la voie, raison pour laquelle ils sont plus nombreux et plus violents. Il en va de même pour les feux de forêt : que celui-ci soit provoqué par un barbecue, celui-là par une ligne électrique qui aurait cédé, si les incendies sont plus furieux, plus énormes, plus longs, c'est bien à cause du réchauffement climatique, qui n'accorde aucun répit à la saison des feux. Le changement climatique n'est pas une chose qui se produit ici ou là, mais partout et en même temps. À moins que nous ne choisissions d'y mettre un terme, il ne cessera jamais.

Ces dernières décennies, l'appellation « anthropocène » est sortie du pur discours académique pour faire son entrée dans l'imagination populaire – on a baptisé ainsi l'ère géologique dans laquelle nous vivons, manière de signifier qu'il s'agit d'une ère nouvelle, définie, sur la frise du temps de la grande Histoire, par l'intervention humaine. Un des problèmes de ce terme est qu'il sous-entend la conquête de la nature, on croit même y percevoir un écho à la « domination » biblique. Il serait assez optimiste de penser que nous nous sommes contentés de ravager la nature, ce qui est tout à fait vrai au passage, mais on atteint une autre dimension si l'on commence à envisager que nous avons tout simplement déclenché quelque chose en elle, et ce en fabriquant, d'abord par ignorance, puis par déni, un système climatique qui nous a déclaré une guerre qui s'étirera sur des siècles, jusqu'à notre destruction peut-être. C'est ce que voulait dire Wallace Smith Broecker, océanographe qui a aidé à la popularisation de l'expression

« réchauffement climatique », lorsqu'il comparait la planète à une « bête affamée[74] ». On pourrait aussi parler de « machine de guerre ». Et nous l'armons un peu plus chaque jour.

Les assauts ne feront pas dans la dentelle – encore une illusion. Au lieu de ça, ils produiront des réactions en chaîne violentes d'un nouveau genre – sous les avalanches de catastrophes, les coups s'abattront en rafales sur la planète, d'une intensité grandissante, chacun s'appuyant sur le précédent, sapant notre capacité de réaction, mettant à terre la majeure partie du paysage que nous tenions pour acquis depuis des siècles. Ces fondations stables sur lesquelles nous marchons, bâtissons nos maisons et nos autoroutes, guidons nos enfants sur la voie de l'école puis de l'âge adulte sous promesse de sécurité. Cette guerre du climat ruinera notre espoir de voir ce monde que nous avons construit, conçu à partir de la nature, nous protéger contre elle, sans participer au désastre qui retombe sur ses créateurs.

Prenons ces incendies qui ont ravagé la Californie en 2018. En mars, le comté de Santa Barbara émettait des ordres d'évacuation pour les habitants de Montecito, Goleta, Santa Barbara, Summerland et Carpinteria – soit les villes les plus touchées par les feux de décembre 2017. Il s'agissait du quatrième ordre d'évacuation lié un événement climatique dans le comté en à peine trois mois – seul le premier concernait un risque d'incendie, pour le reste, ils étaient motivés par la crainte de glissements de terrain consécutifs à cet incendie. Imaginez, une des communautés les plus chics de l'un des États les plus glamour, du pays le plus puissant au monde, redoutant de voir ses mini-vignobles, ses écuries privées, ses plages de renommée internationale et ses richissimes écoles publiques submergés par des torrents de boue et sa communauté aussi irrémédiablement dévastée que ces immenses camps de baraquements temporaires[75] qui abritent au Bangladesh, dans des zones de moussons, les réfugiés Rohingya ayant fui le Myanmar. Eh bien ce qui devait arriver arriva. On a compté plus d'une dizaine de morts[76], dont un petit enfant emporté par la boue jusqu'à la mer ; les écoles ont fermé, les autoroutes ont été inondées, empêchant l'accès des véhicules de secours, transformant la ville en une île terrestre, comme sous blocus, étranglée par un nœud coulant de boue.

Certaines réactions en chaîne se dérouleront à l'échelle de la planète – des réactions si amples que leurs effets sembleront, par l'étrange légèreté du changement climatique, imperceptibles. Quand la planète se réchauffe, la glace arctique fond, donc la réverbération des rayons du soleil est moindre et leur chaleur est davantage absorbée par la planète. Conséquence, celle-ci se réchauffe encore plus vite, notamment les océans, qui deviennent ainsi moins capables d'absorber le dioxyde de carbone dans l'atmosphère, accroissant encore la hausse des températures. Le permafrost arctique finira par disparaître à son tour, or il contient 1800 milliards de tonnes de CO_2[77], plus de deux fois la quantité actuellement en suspension dans l'atmosphère terrestre. Une partie de ce permafrost, une fois dégelé et libéré, pourrait s'évaporer sous forme de méthane, trente-quatre fois plus puissant[78] que le CO_2, pour générer de l'effet de serre à l'échelle d'un siècle – soixante-six fois plus puissant sur deux décennies. Une planète plus chaude est, clairement, néfaste à la vie des plantes, entraînant ce qu'on appelle « un dépérissement des forêts » –, le déclin et la réduction de zones de jungle aussi vastes que des pays, de bois étendus sur des kilomètres et des kilomètres, source de tant de traditions populaires. En conséquence, la Terre se trouvera dramatiquement dépourvue de sa capacité naturelle à absorber puis à transformer en oxygène le dioxyde de carbone – ainsi les températures augmenteront davantage, ce qui accélérera forcément le dépérissement des forêts et ainsi de suite. Plus hautes sont les températures, plus fréquents sont les feux de forêt – or moins il y a d'arbres, moins il y a d'absorption de carbone, et plus il y a de CO_2 dans l'atmosphère, plus la Terre se réchauffe. Et ainsi de suite. Une planète plus chaude, c'est plus de vapeur d'eau dans l'atmosphère et puisque la vapeur d'eau est un gaz à effet de serre… les températures grimpent encore. Et ainsi de suite. Des océans plus chauds absorbent moins la chaleur, qui reste davantage dans l'air, ils contiennent aussi moins d'oxygène, ce qui est fatal au phytoplancton. Celui-ci agit pour les océans de la même manière que les plantes sur terre, il avale le dioxyde de carbone et produit de l'oxygène – et nous voilà avec un nouvel excès de CO_2 qui vient réchauffer la planète. Et ainsi de suite. Il s'agit là de ce que les climatologues appellent des « rétroactions[79] » ; il en existe d'autres. Certaines œuvrent en sens inverse, modérant le changement climatique. Mais elles sont beaucoup moins nombreuses. Et nous ignorons exactement comment interagiraient ces systèmes compensatoires complexes – quels effets seraient aggravés et lesquels seraient atténués par les rétroactions –, faisant planer un nuage noir d'incertitude sur tout effort de planification concernant le climat à venir. Nous connaissons la meilleure issue possible pour le dérèglement climatique, aussi peu réaliste soit-elle : elle ressemble au monde que nous habitons aujourd'hui. Mais nous n'avons pas encore commencé à étudier ces réactions en chaîne qui pourraient bien nous amener jusque dans la partie infernale de la courbe.

Certaines sont exclusivement régionales : une succession d'événements s'abat sur une communauté jusqu'à la terrasser complètement. Parfois on se trouve même terrassé au sens propre. En Suisse, le changement climatique a fait apparaître une réaction d'un nouveau genre[80], dont le point de départ est ce qu'on appelle un phénomène de « pluie sur neige », également la cause du débordement du barrage d'Oroville en Californie du Nord ainsi que de l'inondation d'Alberta, au Canada – pour des dégâts chiffrés à 5 milliards de dollars. Ces réactions en chaîne sont de tout type. Des pénuries d'eau ou la perte de récoltes poussent des réfugiés climatiques à migrer vers des régions proches déjà elles-mêmes en proie à une rareté des ressources. La hausse du niveau de la mer provoque de plus en plus fréquemment l'inondation des terres arables, l'eau salée transformant les zones agricoles en éponges saumâtres incapables de nourrir correctement ceux qui en vivent. Des usines de production électrique se trouvent submergées, interrompant la distribution dans des régions qui peut-être en auraient le plus besoin. Des usines chimiques ou nucléaires sont endommagées, leurs dysfonctionnements déclenchant le rejet de fumées toxiques. Les pluies qui ont suivi Camp Fire ont inondé les villes de toiles dressées à la hâte pour accueillir les réfugiés de l'incendie. Dans le cas des coulées de boue de Santa Barbara, elles se sont produites dans un État envahi, à cause de la sécheresse chronique, de broussailles arides, mûres pour une étincelle ; l'année précédente, les précipitations ayant été anormalement abondantes, cette végétation s'était développée. Le feu de forêt s'est propagé à travers tout le paysage, ne laissant derrière lui plus grand-chose en termes de plantations pour maintenir en place les millions de tonnes de terre meuble qui constituent les hauts massifs côtiers où les nuages ont tendance à s'accumuler et où tombent les premières pluies.

Ceux qui assistaient à tout ça de loin ont pu se demander, incrédules, comment une coulée de boue pouvait faire autant de morts. De la même manière que les ouragans ou les tornades laissent derrière eux des victimes – l'environnement, qu'il soit « créé par l'homme » ou « naturel », devient une arme par destination. Dans une tempête, ce n'est pas le vent qui tue, aussi brutal soit-il, mais les arbres déracinés transformés en massues, les lignes électriques rompues devenues des fouets ou des lassos électrifiés, les maisons effondrées sur les résidents recroquevillés, les voitures dévalant les pentes en tonneaux. Les tempêtes peuvent tuer lentement aussi, la livraison de nourriture et de médicaments est interrompue, tout comme les routes, impossibles à franchir même pour les premiers secours, ou les lignes et les relais téléphoniques, obligeant les malades et les personnes âgées à souffrir, et à espérer survivre, en silence et sans aide.

Le reste du monde n'est pas Santa Barbara, dont le décor de carte postale cache une opulence apparemment infinie et, durant les décennies à venir, les horreurs climatiques les plus dangereuses frapperont surtout les populations les moins à même de réagir et de s'en remettre. C'est ce que l'on appelle souvent le problème de la justice environnementale – pour reformuler ce concept en des termes plus clairs, moins vaporeux, un « système de castes climatique ». Ce problème est présent de façon très marquée au sein même de certains pays, y compris les plus riches ; les pauvres vivent dans les marais, les zones inondables, les lieux les moins bien irrigués, ceux aux infrastructures les plus vulnérables – somme toute dans un apartheid environnemental involontaire. Rien qu'au Texas, 500 000 Latinos[81] pauvres habitent des bidonvilles appelés « colonias » sans système d'évacuation des eaux pour gérer les inondations, qui se multiplient.

Le fossé se révèle encore plus marqué à l'échelle du monde – les pays pauvres souffriront davantage. D'ailleurs, à une exception près – l'Australie –, les pays dotés du PIB le plus bas[82] seront ceux qui connaîtront le pire réchauffement. Et pourtant, le Sud dans son ensemble n'a pour l'heure pas tellement sali l'atmosphère de notre planète. C'est une des nombreuses ironies historiques liées au changement climatique – on devrait plutôt parler de cruautés, tant les souffrances qui en résulteront seront impitoyables. Mais, aussi disproportionnées soient les conséquences sur les plus faibles, la dévastation provoquée par le réchauffement ne sera pas limitée aux pays en voie de développement, au grand regret, sûrement, de l'hémisphère Nord – ce qui ne nous honore pas. En effet, les catastrophes climatiques ne font pas de discrimination.

Il existe une autre illusion béate sur le climat : la croyance que celui-ci pourrait être raisonnablement gouverné, géré, par une quelconque institution, un dispositif humain existant. La planète a survécu durant des millénaires en l'absence de tout gouvernement mondial, elle a enduré des siècles de civilisation humaine organisée en tribus rivales, en fiefs, royaumes ou États-nations – on n'a commencé à bâtir une sorte de projet, très décousu, qu'après les meurtrières guerres mondiales, sous la forme de la Ligue des nations, des Nations unies ou encore de l'Union européenne. On peut même ajouter à cette liste la mondialisation des échanges, qui, malgré ses défauts, reste une vision de participation entre pays, imprégnée de la philosophie néolibérale considérant la vie sur Terre comme un jeu à somme positive. S'il avait fallu inventer une menace suffisamment grande, et globale, pour rendre plausible un authentique système de coopération internationale, le changement climatique aurait été l'exemple parfait – la menace est partout, écrasante, totale. Et pourtant, aujourd'hui, alors que le besoin pour ce type de coopération est primordial, véritablement nécessaire pour que survive le monde tel que nous le connaissons, nous en sommes à détricoter toutes ces alliances – à nous replier dans nos recoins nationalistes, à nous retirer de toute responsabilité collective, à nous éloigner les uns des autres. Cet effondrement de la confiance provoque encore de nouvelles réactions en chaîne.

Nous ne parvenons pas encore vraiment à déterminer à quel point le monde sous nos pieds nous deviendra inconnu ; ce que nous ferons de ces transformations reste une question ouverte. Héritage du credo environnementaliste qui a longtemps tenu la nature pour un refuge hors du monde, nous considérons sa dégradation comme une histoire à part, qui se déroulerait à l'écart de notre vie moderne – tant et si bien que cette dégradation finit par se doter dans notre esprit des contours confortables de la parabole, comme tirée d'Ésope, esthétisée alors même que la tragédie de ces pertes ne nous échappe pas.

À cause du changement climatique, à l'automne, les arbres deviendront peut-être simplement marron[83] et nous contemplerons d'un œil différent l'œuvre de tous ces peintres, des générations entières, qui ont mis leur talent au service des orange et des rouges que nous ne verrons plus par nous-mêmes, derrière les vitres de notre voiture, sur l'autoroute. Les caféiers d'Amérique latine[84] ne produiront plus de fruits, les maisons sur la plage seront érigées sur des pilotis de plus en plus hauts et quand même englouties. Dans de nombreux cas, il est plus exact de parler au présent. Ces quarante dernières années seulement, à en croire le Fonds mondial pour la nature (WWF), plus de la moitié des vertébrés[85] sont morts ; ces vingt-cinq dernières années, selon une étude sur les réserves naturelles allemandes, la population des insectes volants[86] a été aux trois quarts décimée. La danse délicate des fleurs et de leurs pollinisateurs[87] a été perturbée, tout comme le rythme de migration de la morue[88], qui a quitté la côte est des États-Unis pour rallier l'Arctique, fuyant les communautés de pêcheurs qu'elle avait nourries pendant des siècles ; perturbée également, l'horloge interne de l'ours noir dont beaucoup n'hibernent plus[89], mais restent éveillés tout l'hiver. Des espèces individualisées au fil de millions d'années d'évolution ont été forcées par le changement climatique à se reproduire entre elles pour la première fois, produisant une toute nouvelle classe d'hybrides[90] : le grolar (hybridation entre un ours blanc et un grizzli), le coyloup (croisement d'un coyote et d'un loup). Les zoos sont déjà des muséums d'histoire naturelle et les livres pour enfants, dépassés.

D'anciens récits mythiques connaîtront une nouvelle jeunesse. À l'histoire de l'Atlantide, qui a perduré et séduit depuis des millénaires, on pourra ajouter les sagas en temps réel des îles Marshall et de Miami Beach, qui s'enfoncent peu à peu jusqu'à se transformer, un jour, en paradis de la plongée sous-marine. L'étrange légende du Père Noël, avec son atelier au pôle Nord, prendra un tour plus sinistre lorsque l'été en terre arctique sera tout à fait dépourvu de glace. On ne peut qu'éprouver une certaine émotion en imaginant à quel point la désertification de l'ensemble du bassin méditerranéen[91] changera notre lecture de *L'Odyssée* ; elle fera aussi perdre leurs couleurs aux éblouissantes îles grecques elles-mêmes lorsque la poussière venue du Sahara[92] recouvrira leur ciel en permanence ; elle modifiera la signification des pyramides lorsque le Nil sera drastiquement tari[93]. Nous envisagerons sûrement de façon différente la frontière qui sépare le Mexique des États-Unis lorsque le Rio Grande ne sera plus qu'une ligne tracée au travers d'un lit de rivière asséché – le Rio Ensablé[94], comme on l'appelle déjà. Depuis cinq cents ans, l'impérieux Occident regarde de haut ces populations qui ont le malheur de subir les maladies tropicales, cela changera-t-il quand les moustiques porteurs du paludisme et de la dengue seront aussi présents dans les rues de Copenhague et de Chicago ?

En fait, voilà si longtemps que nous considérons comme des allégories les histoires sur la nature que nous semblons incapables de prendre conscience que le changement climatique n'est pas affaire de parabole. Il nous englobe. Très concrètement, il nous gouverne – le rendement de nos cultures, les pandémies, les flux migratoires, les guerres civiles, les vagues de criminalité et les agressions domestiques, les ouragans et les canicules, les microrafales et les « méga-sécheresses », la courbe de notre croissance économique et tout ce qui en découle, autrement dit absolument tout, de nos jours. Rien qu'en Asie du Sud-Est, huit cents millions de personnes[95], selon la Banque mondiale, pourraient voir leurs conditions de vie régresser sévèrement d'ici à 2050 si le rythme des émissions de CO_2 continue sur sa lancée. Et un ralentissement du réchauffement permettra peut-être de révéler que les bienfaits du « capitalisme fossile[96] », pour reprendre l'expression d'Andreas Malm, n'étaient qu'une illusion alimentée durant une poignée de siècles à peine par l'arithmétique de l'ajout de valeur énergétique de la combustion des énergies fossiles à ce qui avait été (avant le bois, le charbon, le pétrole) un éternel piège malthusien. Auquel cas il nous faudrait revenir sur l'intuition selon laquelle l'Histoire, inévitablement, extraira de la planète son progrès matériel, du moins dans des conditions fiables ou mondiales. Il nous faudrait du même coup admettre, d'une certaine façon, combien cette envahissante intuition a pesé sur nos vies intérieures, jusqu'à la tyrannie.

L'adaptation au changement climatique est souvent envisagée en termes d'arbitrages commerciaux, mais dans les décennies à venir, l'arbitrage fonctionnera en sens inverse, une prospérité relative devenue le bénéfice d'une action plus agressive. Selon les estimations, chaque degré supplémentaire coûte à un pays tempéré comme les États-Unis environ 1 % de son PIB[97] et, à en croire un récent article, la différence entre une hausse de 1,5 °C et une de 2 °C s'élèverait à 20 000 milliards de dollars[98]. Ajoutez encore 1 ou 2 °C et les coûts s'envolent – les intérêts cumulés de la catastrophe environnementale. Un réchauffement à 3,7 °C produirait des dégâts chiffrés à 551 000 milliards[99] de dollars, selon une récente estimation ; or la richesse mondiale totale[100] s'élève aujourd'hui à environ 280 000 milliards de dollars. Si l'on reste sur notre trajectoire actuelle en matière d'émission de GES, nous dépasserons les + 4 °C d'ici à 2100 ; multipliez cela par 1 % de PIB et vous aurez presque entièrement effacé la simple éventualité de croissance économique, qui n'a jamais dépassé les 5 % annuels[101] à l'échelle du monde en plus de quarante ans. Une poignée d'universitaires affolés parle d'« une économie mondiale stationnaire[102] », mais en définitive cela suggère davantage un détachement complet de l'économie comme phare directeur et de la croissance comme l'alpha et l'oméga par lesquels la vie moderne transcrit toutes ses aspirations. « L'état stationnaire » permet aussi de nommer cette panique grandissante associée à l'idée de voir l'Histoire moins comme progressive (ainsi que nous avions réussi à nous en persuader ces derniers siècles) que comme cyclique (comme nous en étions convaincus les millénaires précédents). Et, surtout, dans la vision que projette l'économie stationnaire d'une ruée vers l'état de nature, tout, la politique, le commerce, la guerre, paraît brutalement à somme nulle.

Pendant des siècles nous avons contemplé la nature comme un miroir sur lequel nous projeter, puis nous observer. Mais quelle est la morale ? Il n'y a aucun enseignement à tirer du réchauffement climatique, nous n'avons ni le temps ni le recul nécessaires ; car, après tout, nous ne racontons pas seulement l'histoire, nous la vivons. Du moins, nous essayons ; la menace est immense. À quel point ? Un article de 2018 en trace l'équation avec une précision terrifiante. Dans le journal *Nature Climate Change*, une équipe dirigée par Drew Shindell a tenté de quantifier la souffrance qui nous serait épargnée si le réchauffement était limité à 1,5 °C (plutôt que 2) – en d'autres termes, à quel point la situation empirerait sous l'effet d'un simple + 0,5 °C.

Réponse : 150 millions de décès supplémentaires liés à la seule pollution de l'air[103]. Peu après, la même année, le GIEC faisait encore monter les enchères[104] : pour ce même demi-degré de différence, il prédisait que des centaines de millions de vies étaient en jeu.

Parce que des chiffres aussi importants peuvent être difficiles à se figurer, sachez que 150 millions de personnes représentent l'équivalent de vingt-cinq holocaustes. Ou trois fois le nombre de victimes du Grand Bond en avant – plus grave bilan non militaire jamais produit par l'humanité. Plus de deux fois supérieur au nombre de morts, de tout type, de la Seconde Guerre mondiale. Les chiffres ne s'affolent pas seulement lorsqu'on atteint + 1,5 °C, bien entendu. Vous ne serez pas étonnés d'apprendre qu'ils s'accumulent déjà, puisqu'on compte au moins sept millions de morts[105] chaque année à cause de la seule pollution aérienne – un holocauste par an mené au nom de quel genre de nihilisme ?

Voilà ce qu'on entend lorsqu'on parle de « crise existentielle » pour qualifier le changement climatique – un drame que nous improvisons au petit bonheur la chance entre deux pôles de l'enfer, d'une part notre meilleur scénario, qui se solde par la mort et la souffrance, équivalant à vingt-cinq holocaustes, et de l'autre, le pire, qui nous propulse au bord de l'extinction. Les mots nous manquent souvent pour évoquer le climat parce que les seuls qui soient réellement appropriés sont ceux que l'on nous a appris à écarter de manière catégorique et à considérer comme des exagérations – la faute à un optimisme forcené né d'une culture de l'utopisme béat.

Or les faits sont hystériques et les dimensions du drame qui se joueront entre ces deux issues, immenses jusqu'à l'incompréhension – assez vastes pour englober non seulement l'ensemble de l'humanité actuelle, mais aussi tous nos futurs potentiels. Le réchauffement a, de façon improbable, compressé en deux générations l'histoire tout entière de la civilisation humaine. La première a eu le projet de refaçonner la Terre pour la marquer de son sceau, un projet dont les échappements, le poison des émissions de GES, se faufilent désormais l'air de rien à travers des glaces millénaires à une vitesse telle que l'on peut les voir fondre à l'œil nu, détruisant les conditions environnementales qui avaient été stables durant toute l'histoire de l'humanité. C'est l'œuvre d'une seule génération. La seconde génération se trouve confrontée à une tâche bien différente : le projet de préserver son avenir collectif, d'anticiper la dévastation et de concevoir une voie alternative. Aucune analogie ne semble à la hauteur de la situation en dehors de la mythologie ou de la théologie – et de la guerre froide, peut-être, puisque ce qui nous guette, c'est une destruction mutuelle assurée.

On se sent rarement investi d'une puissance divine face au réchauffement, mais le fait que l'ensemble du dérèglement climatique nous rende aussi passifs est le fruit d'une autre de ses illusions. Dans la tradition populaire, les bandes dessinées, le cinéma et même les prêches à l'église, les récits concernant le destin de la Terre conseillent à leur public, de manière assez perverse, de faire preuve de passivité. Nous ne devrions donc pas nous étonner qu'il en soit de même vis-à-vis du changement climatique. Au sortir de la guerre froide, la perspective de l'hiver nucléaire avait assombri chaque recoin de notre pop culture, de notre psychologie. C'était un cauchemar envahissant dans lequel la fin de l'expérience humaine était suspendue à la joute opposant deux tacticiens rivaux orgueilleux, que cela démangeait d'appuyer sur les boutons de destruction de la planète. La menace du changement climatique est encore plus dramatique, et finalement plus démocratique puisque la responsabilité est partagée par chacun d'entre nous, entre les frissons de crainte qu'il nous arrache. Et encore, nous n'avons enregistré que partiellement cette menace, nous ne l'envisageons ni concrètement ni explicitement. Nos inquiétudes ne visent pas toujours juste, elles sont même parfois inventées ou bien nous choisissons d'ignorer les perspectives les plus sombres de notre avenir potentiel. Et, comme si nous souffrions de strabisme, notre fatalisme politique et notre foi en la technologie se confondent pour former un fantasme de consommateur bien connu : quelqu'un d'autre, sûrement, réglera le problème à notre place, et gratuitement. Les plus paniqués d'entre nous sous-estiment à peine moins le problème, faisant preuve d'un fatalisme climatique qu'ils prennent pour de l'optimisme.

Ces quelques dernières années, tandis que les rythmes environnementaux de la planète semblaient eux-mêmes gagnés par le fatalisme, les sceptiques en sont venus à clamer non que le changement climatique n'existe pas, puisque les conditions météorologiques extrêmes prouvaient le contraire, mais que ses causes ne sont pas claires – suggérant que les transformations auxquelles nous assistons sont le fruit de cycles naturels, non des activités et interventions humaines. L'argument est très étrange ; si la planète se réchauffe à un rythme terrifiant, à une échelle effroyable, nous devrions de toute évidence nous inquiéter davantage, et pas moins, si nous nous figurons que la situation est hors de tout contrôle et même tout à fait incompréhensible.

Nous devrions éprouver un certain réconfort, et non du désespoir, à savoir que le réchauffement est de notre fait, aussi démesurés et compliqués se révèlent les processus qui l'ont fait advenir. Nous devrions trouver gratifiant, et pas seulement de façon perverse, le fait de savoir que nous sommes, nous, responsables de ses terribles conséquences. Le dérèglement climatique est, après tout, une invention humaine. Côté face, la culpabilité, côté pile, nous restons aux commandes. Aussi incontrôlé soit le système climatique – ses typhons, ses famines sans précédent, ses canicules, ses crises des réfugiés, ses conflits liés au climat… –, nous en restons les auteurs. Et nous continuons de l'écrire.

Certains, comme les compagnies pétrolières et leurs parrains politiques, sont des auteurs plus prolifiques que d'autres. Mais le poids des responsabilités est trop lourd pour être porté par quelques-uns, même s'il serait rassurant de croire qu'il suffirait, pour régler le problème, qu'une poignée de salauds chutent. À chaque interrupteur actionné, à chaque billet d'avion acheté, à chaque abstention aux élections, chacun d'entre nous impose une souffrance à notre être futur. C'est à nous qu'il incombe, maintenant, d'écrire l'acte suivant. Nous avons trouvé le moyen de créer la dévastation, nous sommes capables de trouver le moyen de nous en sortir – ou disons, de nous mettre sur la voie d'un bourbier dégradé, certes, mais qui permettrait d'étendre la promesse aux générations futures de pouvoir trouver leur propre voie, vers un avenir plus heureux sur le plan environnemental.

Depuis que j'ai commencé à écrire sur le réchauffement climatique, on me demande souvent si je vois une raison d'être optimiste. Mais en fait, je *suis* optimiste. Étant donné que les humains ont réussi à se débrouiller pour obtenir potentiellement des températures à + 6 °C, voire + 8 °C dans les siècles à venir, qui rendraient invivables de grandes parties de la Terre, ce bourbier dégradé représente, pour moi, un avenir encourageant. À + 3 °C ou + 3,5 °C, les humains connaîtraient des souffrances jamais égalées durant des millénaires, avec leur lot de tensions, de conflits et de guerres totales. Mais ce n'est pas un scénario fataliste ; en fait, il est beaucoup plus enviable que ce vers quoi nous nous dirigeons actuellement. Et que ce soit sous la forme de technologie de captage du CO_2 dans l'air, de géo-ingénierie qui refroidirait la planète en dispersant du gaz dans l'atmosphère ou autres inventions énigmatiques, nous pourrions bien trouver des solutions innovantes qui nous permettraient d'atteindre, pour la Terre, un état que nous décririons aujourd'hui simplement comme peu enviable, mais pas apocalyptique.

On me demande aussi fréquemment s'il est moral de se reproduire dans ce climat, s'il est responsable d'avoir des enfants[106] – est-ce juste pour la planète ou, et c'est peut-être là l'essentiel, pour les enfants ? Il se trouve qu'au moment même où je rédigeais ce livre, j'ai eu une fille, Rocca. Ce choix s'explique en partie par l'éternelle illusion, cet aveuglement délibéré : je sais que des horreurs climatiques auront lieu, dont certaines, inévitablement, croiseront la route de mes enfants – car c'est bien de cela qu'il s'agit, le réchauffement étant une menace globale. Mais ces horreurs ne sont pas encore écrites. Nous les préparons par notre inaction, notre action peut les interrompre. Le changement climatique nous promet de sombres perspectives pour des décennies, mais je ne crois pas que la réaction appropriée à ce défi soit le retrait ou l'abandon. Je crois qu'il faut faire tout ce qui est en notre pouvoir pour que ce monde puisse accueillir une vie digne et florissante, et ne pas baisser les bras trop vite, avant même que le combat soit gagné ou perdu et que l'on soit forcé de s'habituer à un futur redoutable engendré par d'autres, moins concernés par les souffrances du climat. Le combat n'est absolument pas encore perdu – en réalité, il ne le sera jamais, tant que nous évitons l'extinction, car, quelle que soit la chaleur qui régnera sur la Terre, il restera toujours une décennie suivante susceptible d'être pire, ou meilleure. Et, je dois bien l'avouer, je suis également exalté par tout ce qui attend Rocca et ses frères et sœurs, ce qu'ils verront, ce dont ils seront témoins, les actions qu'ils entreprendront. Elle aura l'âge d'avoir des enfants vers 2050, à un moment où les réfugiés climatiques se compteront peut-être en dizaines de millions ; elle atteindra le troisième âge à la fin du siècle, soit la limite à laquelle nous arrêtons actuellement toutes nos projections sur le réchauffement. Entre-temps, elle regardera le monde lutter contre une menace véritablement existentielle et les gens de sa génération inventer l'avenir qui sera le leur, ainsi que celui des générations futures sur cette planète. Elle ne se contentera pas de le regarder, d'ailleurs, elle le vivra – la plus formidable histoire qu'on puisse raconter. Qui sait, peut-être se terminera-t-elle en happy end ?

Quelles raisons avons-nous d'espérer ? Le dioxyde de carbone demeure dans l'air pendant des décennies, les rétroactions les plus terrifiantes s'enchaînent sur un laps de temps plus long encore – et le réchauffement se pare des reflets sinistres de la menace éternelle. Mais le changement climatique n'est pas un crime du passé qu'il nous revient de résoudre ; nous détruisons notre planète au présent, chaque jour. Et souvent nous détruisons d'une main au moment même où nous réparons de l'autre. Ce qui signifie, ainsi que l'a illustré l'écologiste Paul Hawken[107] avec le plus grand calme, que, de la même manière, nous pouvons aussi mettre un terme aux destructions – qu'il s'agisse d'actions collectives, désordonnées ou quotidiennes, qui viendront s'ajouter à celles qui peuvent sembler plus spectaculaires. Il peut paraître intimidant de débrancher complètement l'ensemble du monde industriel des énergies fossiles et il ne faudrait pas tarder – avant 2040, d'après de nombreux scientifiques. Mais d'ici là, beaucoup d'avenues seront ouvertes – et grandes ouvertes, pour peu que nous ne soyons pas trop feignants, trop bornés, trop égoïstes pour nous lancer sur ces voies.

La moitié des émissions de CO_2 britanniques[108], a-t-on récemment calculé, est due au défaut d'efficacité des constructions, à la nourriture jetée et non utilisée, aux équipements électroniques, aux vêtements ; les deux tiers de l'énergie américaine sont gâchés[109] ; selon le FMI, à l'échelle de la planète, nous subventionnons l'industrie des combustibles fossiles à la hauteur de 5 000 milliards de dollars par an[110]. Nous ne sommes pas forcés de continuer. Une action à petits pas en faveur du climat, à en croire un autre article optimiste, coûterait au monde 26 000 milliards[111] de dollars d'ici à 2030. Nous ne sommes pas forcés de continuer. Les Américains jettent un quart de leur nourriture[112], l'empreinte carbone de leur repas moyen est donc quatre fois plus importante qu'elle ne devrait l'être. Il y a cinq ans, en dehors de quelques recoins sombres de l'Internet, à peu près personne n'avait entendu parler du Bitcoin ; en 2018, le minage a consommé davantage d'électricité[113] que celle générée par l'ensemble des panneaux solaires mondiaux combinés. En clair : en quelques années seulement, nous avons mis en place un programme capable d'effacer tous les bénéfices de plusieurs longues et pénibles générations d'innovations dans l'énergie verte – simplement par méfiance les uns des autres et vis-à-vis des nations qui émettent les « monnaies fiduciaires ». Ce n'est pas une fatalité. Un simple changement dans l'algorithme permettrait d'effacer complètement l'empreinte du Bitcoin.

Ce sont quelques-unes des raisons qui nous font croire que ce que l'activiste canadien Stuart Parker appelle « le nihilisme climatique » constitue une autre de nos multiples illusions. Ce qui arrive à partir de maintenant sera entièrement de notre fait. Certes, l'avenir de la planète sera en grande partie déterminé par la courbe de croissance du monde en voie de développement – c'est là que vivent la plupart des habitants de la Terre, en Chine, en Inde et, de plus en plus, en Afrique subsaharienne. Mais cela n'absout en rien l'Occident, où le citoyen moyen produit beaucoup plus d'émissions de GES à lui seul que presque n'importe qui en Asie, par simple habitude. Je gâche beaucoup de nourriture, je ne recycle presque jamais ; je laisse ma climatisation allumée ; j'ai investi dans le Bitcoin au pic du marché. Rien de tout cela n'était vraiment nécessaire non plus.

Mais il n'est pas davantage nécessaire pour les Occidentaux d'adopter le mode de vie des populations les plus pauvres. On estime que 70 % de l'énergie produite[114] par la planète est dilapidée comme chaleur perdue. Si l'Américain moyen limitait son empreinte carbone à celle de son homologue européen, les émissions de carbone des États-Unis[115] chuteraient de plus de moitié. Si les 10 % des plus riches du monde se voyaient imposer la même limite, les émissions mondiales reculeraient d'un tiers[116]. Et pourquoi ne le leur imposerions-nous pas ? À mesure que les informations scientifiques se révélaient de plus en plus sombres, les Occidentaux de gauche ont trouvé un moyen de lutter contre leur culpabilité climatique en transformant leur mode de consommation en performances de pureté morale ou environnementale – moins de bœuf, plus de Tesla, moins de voyages transatlantiques. Mais les choix de vie individuels n'ont que peu d'impact environnemental, à moins d'être pensés à l'échelle politique. Sans parler de la débauche climatique américaine, ce changement d'échelle ne devrait pas être impossible dès lors que nous avons compris les enjeux. Et, au vu des enjeux, il faut que cela soit possible.

L'annihilation n'est qu'une infime possibilité sur la très longue courbe du réchauffement et rien ne nous empêche de nous en tenir à l'écart. Mais ce qui nous sépare de l'extinction est déjà assez horrible et nous n'avons pas encore commencé à réfléchir à ce que signifie vivre dans ces conditions – quelles conséquences cela aura sur notre politique, notre culture, notre équilibre émotionnel, notre sens de l'histoire et la manière dont nous l'envisageons, notre sens de la nature et notre manière de l'appréhender, nous qui vivons dans un monde que nous avons nous-mêmes dégradé, avec pour horizon une possibilité humaine dramatiquement assombrie. L'intervention d'un deus ex machina climatique n'est pas à exclure – un de notre création, par exemple, sous la forme de technologie de captage du carbone, de géo-ingénierie, ou d'une révolution dans la production d'énergie, qu'elle soit électrique ou politique. Mais cette solution, si tant est qu'elle soit mise en place un jour, émergera sur fond d'horizon sinistre, assombri par nos émissions comme par un glaucome.

Certains (particulièrement ceux qui ont été abreuvés de plusieurs siècles de triomphalisme occidental) ont tendance à voir l'histoire de la civilisation humaine comme une inévitable conquête de la Terre, et non comme la saga d'une culture en insécurité qui, telle la moisissure, progresse au hasard et à tâtons sur toute la planète. Cette fragilité, désormais perceptible dans tout ce qu'entreprennent les humains sur cette planète, est l'idée existentielle derrière le réchauffement climatique – mais voilà seulement qu'elle vient écorner notre triomphalisme. Cela dit, si, il y a une génération de cela, nous avions pris le temps d'envisager les possibilités, nous serions certainement moins étonnés de voir émerger une nouvelle forme de nihilisme politique dans la région du monde déjà la plus durement touchée par le réchauffement, le Moyen-Orient, et qui s'exprime à cet endroit par des spasmes suicidaires de violence théologique. Cette région était baptisée, non sans solennité, « le berceau de la civilisation ». Aujourd'hui, son nihilisme politique se répand à peu près partout, à travers les nombreuses cultures nées des racines moyen-orientales. Nous avons déjà laissé derrière nous[117] la fenêtre étroite des conditions environnementales ayant permis l'apparition puis l'évolution de l'animal humain, et plus encore – car cette fenêtre comprenait également tout ce que nous considérons comme l'Histoire, estimons être le progrès, étudions comme étant la politique. Quelles seront les implications liées à la vie en dehors de cette fenêtre, et probablement très loin d'elle ? C'est là le sujet de ce livre.

Rien de neuf dans tout ça. La science qui sert de base aux douze chapitres qui suivent provient d'entretiens avec des dizaines de spécialistes, de centaines d'articles publiés dans les meilleures revues académiques ces dix dernières années environ. Puisqu'il s'agit de science, les conclusions sont indécises, en évolution permanente, et les projections ne se produiront certainement pas exactement de cette manière. Mais vous y découvrirez un portrait honnête et juste de l'état de notre compréhension collective des menaces toujours plus nombreuses que pose le réchauffement à nous tous qui vivons sur cette planète et espérons pouvoir continuer à le faire, indéfiniment et paisiblement.

Ces lignes ne concerneront que peu la « nature » en soi et en rien le destin des animaux, à propos duquel certains ont écrit avec tant d'élégance et de poésie. À l'instar de notre myopie sur le niveau de la mer, le péril qui guette les espèces animales menace de cacher le tableau de ce que signifie pour nous, animaux humains, le réchauffement. Jusqu'à présent, nous semblons avoir plus de facilité à éprouver de la compassion pour la situation critique des autres espèces plutôt que pour la nôtre, peut-être parce que nous avons beaucoup de mal à assumer ou à comprendre notre propre responsabilité, notre complicité dans les changements en cours ; le statut de victime pur est aussi moralement plus simple à envisager.

Les pages qui suivent composent une vision kaléidoscopique du prix que paieront les humains si ceux-ci continuent au rythme qui est le leur depuis une génération, un rythme qui permet un accroissement de population. Vous y découvrirez ce que nous réserve le changement climatique global concernant la santé publique, les conflits, la politique, la production de nourriture et de pop culture, la vie urbaine, la santé mentale et la façon dont nous imaginons notre avenir au moment où nous commençons à entrapercevoir, partout autour de nous, une accélération de l'Histoire et la diminution des possibilités que cela implique certainement. La force du châtiment nous sera assenée par la nature, mais le coût payé par celle-ci ne représente qu'une facette de l'histoire ; nous souffrirons tous. J'appartiens peut-être à une minorité, étant de ceux qui ne verraient pas de problème à tirer un trait sur une bonne partie de ce que nous considérons comme « la nature », tant que nous pouvons continuer à vivre sans rien changer dans le monde qui restera. Problème : c'est impossible.

II

Éléments du chaos

Morts de chaud

Les humains, comme tous les mammifères, sont des moteurs thermiques ; pour survivre, il leur faut continuellement se rafraîchir. Il suffit aux chiens de tirer la langue, mais pour les humains, la température doit être assez basse afin que l'air fasse en quelque sorte office de réfrigérant, qui écarte la chaleur de la peau et permet ainsi au moteur de continuer à pomper. À 7 °C de réchauffement[1], ce processus deviendrait impossible dans certaines régions à l'équateur, particulièrement aux tropiques, où l'humidité amplifie le problème. Les effets ne tarderaient pas à se faire sentir : après quelques heures[2], un corps humain serait mort par cuisson, à l'intérieur comme à l'extérieur.

11 °C ou 12 °C supplémentaires et plus de la moitié de la population mondiale, telle qu'elle est organisée aujourd'hui, décéderait sous l'effet de la chaleur directe. La situation ne s'aggravera pas à ce point de sitôt, bien que certains modèles d'émissions constantes évoquent ce type de résultats sur plusieurs siècles. Mais avec 5 °C seulement[3], selon certains calculs, des zones entières du globe deviendraient littéralement invivables pour les humains. À 6 °C, un travail d'été, quel qu'il soit, serait impossible dans le sud de la vallée du Mississippi[4] et tous les habitants des États-Unis situés à l'est des Rocheuses souffriraient plus de la chaleur que n'importe qui n'importe où sur la planète aujourd'hui. Il ferait plus

chaud à New York[5] qu'à Bahreïn en 2019 – il s'agit pourtant de l'un des lieux les plus chauds de la planète, où les températures peuvent « générer de l'hyperthermie même pendant le sommeil ».

5 °C ou 6 °C sont peu probables d'ici à 2100. Le GIEC nous fournit une projection médiane au-dessus de 4 °C[6] si nous devions continuer sur notre lancée. L'impact, déjà, nous paraît impensable aujourd'hui – des feux de forêt détruisant seize fois plus de terres qu'actuellement dans l'Ouest américain, des centaines de villes englouties… Il ferait si chaud dans certaines métropoles comptant aujourd'hui des millions d'habitants, un peu partout en Inde, au Moyen-Orient, que le simple fait de sortir de chez soi en été engendrerait un risque mortel – d'ailleurs, cela pourrait advenir beaucoup plus vite, puisqu'un réchauffement de 2 °C y suffirait. Il n'est même pas besoin de considérer le pire des scénarios pour s'alarmer.

Avec la chaleur directe, le facteur clé tient à « la température du thermomètre mouillé », qui permet en même temps de mesurer l'humidité, dans une méthode combinée aussi bricolo qu'elle en a l'air : la température est enregistrée via un thermomètre enveloppé dans une chaussette mouillée. De nos jours, la plupart des régions atteignent un maximum de 26 °C ou 27 °C ; la véritable ligne rouge pour l'habitabilité est à 35 °C, au-delà de laquelle les humains commencent tout simplement à mourir de chaleur. Soit un écart de 8 °C. En revanche, ce que l'on appelle le « stress thermique » intervient bien avant.

À tel point que nous y sommes déjà. Depuis 1980, la planète a connu une multiplication par cinquante du nombre de canicules graves[7], une hausse plus importante est à venir.

Les cinq étés les plus chauds en Europe[8] depuis l'an 1500 se sont tous produits depuis 2002 et à terme, avertit le GIEC, il deviendra dangereux pour la santé de travailler en extérieur[9] à cette période de l'année dans certaines parties du globe. Même si nous atteignons les objectifs de l'accord de Paris, des villes comme Karachi et Calcutta[10] subiront annuellement des vagues de chaleur comme celle qui les a paralysées en 2015, causant des milliers de morts en Inde et au Pakistan. À + 4 °C, la terrible canicule européenne de 2003[11], responsable d'environ deux mille décès par jour au pire moment, sera un été normal. Il s'agissait pourtant, à l'époque, de l'un des plus graves événements climatiques de l'histoire du continent[12], 35 000 Européens y laissèrent la vie, dont 14 000 en France. De façon assez perverse, les infirmes ont plutôt mieux résisté, a écrit William Langewiesche, car, dans ces pays riches, la plupart d'entre eux se trouvaient à l'abri, dans des hôpitaux ou des maisons de retraite ; les victimes les plus nombreuses étaient les personnes âgées aisées et comparativement en bonne santé, abandonnées chez elles par leurs enfants partis en vacances, certains cadavres pourrissant des semaines durant avant le retour des familles.

Cela empirera. Une équipe de chercheurs emmenée par Ethan Coffel[13] a calculé en 2017 que si l'on ne change rien à nos pratiques, le nombre de jours plus chauds que ce qui constituait autrefois les journées les plus chaudes de l'année pourrait être multiplié par cent d'ici à 2080. Voire deux cent cinquante. L'unité de mesure utilisée par Coffel est le « jour-personne », qui combine le nombre de personnes affectées par le nombre de jours. Chaque année, il y aurait entre 150 et 170 millions jours-personnes concernés par des températures au thermomètre mouillé équivalentes aux plus sévères canicules d'aujourd'hui – relativement fatales. Il y aurait un million de jours-personnes chaque année soumis à d'intolérables températures à thermomètre mouillé – chaleur et humidité combinées au-delà de la capacité de survie des humains. D'ici la fin du siècle, selon les estimations de la Banque mondiale[14], les mois les plus frais sous les tropiques en Amérique du Sud, en Afrique et dans le Pacifique seront probablement plus chauds que les mois les plus chauds de la fin du xxe siècle.

À l'époque, nous avons déjà connu quelques canicules, bien sûr, et meurtrières ; en 1998, l'été indien a tué 2 500 personnes[15]. Plus récemment, les pics de températures sont devenus plus chauds. En 2010, 55 000 décès[16] ont été causés par une vague de chaleur en Russie – à Moscou, on comptait 700 victimes par jour. En 2016, au beau milieu de la canicule qui écrasait le Moyen-Orient depuis plusieurs mois, les températures en Irak dépassait 37 °C en mai, 43 °C en juin et frôlaient les 49 °C en juillet – la plupart du temps, il fallait attendre la nuit pour voir les températures descendre en dessous de 37 °C. (À en croire le *Wall Street Journal*[17], un religieux chiite avait proclamé que cette chaleur résultait d'une attaque électromagnétique sur le pays par les forces américaines – avec la bénédiction de certains météorologues…) En 2018, dans le sud-est du Pakistan, la planète a connu la température la plus chaude jamais enregistrée en avril. En Inde, une seule journée au-dessus de 35 °C augmente la mortalité annuelle de 0,75 % ; en 2016, on y a atteint les 49 °C plusieurs jours de suite – au mois de mai. En Arabie saoudite, où les températures estivales atteignent souvent cette valeur, 700 000 barils de pétrole[18] sont brûlés chaque jour pendant l'été, principalement afin de faire fonctionner les appareils de climatisation de la nation.

Il est vrai qu'ils sont utiles pour lutter contre la chaleur, bien sûr, mais l'air conditionné et les ventilateurs composent 10 % de l'ensemble de la consommation d'électricité globale[19]. On s'attend à voir la demande tripler ou quadrupler[20] peut-être d'ici à 2050 ; à en croire une estimation, le monde comptera 700 millions de climatiseurs supplémentaires[21] d'ici à 2030. Selon une autre étude, d'ici à 2050, il y aura plus de 9 milliards d'appareils de refroidissement[22] de toutes sortes sur la planète. Sans même parler des centres commerciaux climatisés des Émirats arabes unis, il n'y a rien d'un tant soit peu économique, encore moins « vert », dans la vente en gros de la climatisation en direction de toutes les régions les plus chaudes, qui sont également la plupart du temps les plus pauvres. D'ailleurs la crise sera particulièrement dramatique partout au Moyen-Orient et dans le golfe Persique, où en 2015 l'indice de chaleur enregistrait des températures autour de 72 °C. D'ici quelques décennies, il sera physiquement impossible d'accomplir le hadj[23] pour bon nombre des 2 millions de musulmans qui effectuent ce pèlerinage chaque année.

Ce n'est pas seulement le hadj, ce n'est pas uniquement La Mecque. Au Salvador[24], dans la région où se cultive la canne à sucre, près d'un cinquième de la population – plus d'un quart de la population masculine – souffre de maladie chronique des reins, séquelle probable de la déshydratation provoquée par les travaux dans les champs ; il y a une vingtaine d'années, la récolte se faisait dans des conditions confortables. Avec la dialyse, coûteuse, ceux qui souffrent d'insuffisance rénale peuvent vivre jusqu'à cinq ans de plus ;

sans, l'espérance de vie se mesure en semaines. Bien sûr, le stress thermique ne s'en prendra pas seulement à nos reins. Alors même que j'écris cette phrase, dans le désert californien, à la mi-juin, il fait 49,5 °C à l'extérieur de ma maison. Et ce n'est pas un record.

Si les cosmologistes jugent absolument improbable qu'une intelligence aussi avancée que celle des humains ait pu évoluer ailleurs dans un univers aussi inhospitalier que le nôtre, c'est parce qu'on y trouve précisément ce genre de conditions : chacune des planètes inhabitables est là pour nous rappeler, en creux, combien un ensemble de circonstances unique est nécessaire pour produire un équilibre climatique favorable à l'apparition de la vie. Pour autant que nous le sachions, aucune vie intelligente n'a jamais évolué où que ce soit dans l'univers en dehors de l'étroite fourchette de températures « juste bien », comme dit Boucle d'Or, ayant permis l'évolution humaine – températures que nous avons maintenant laissées derrière nous, à jamais, probablement.

Jusqu'où grimperont-elles ? La question peut paraître scientifique, elle peut sembler appeler à l'expertise, mais la réponse est en réalité presque entièrement citoyenne – autant dire politique. La menace du changement climatique est variable ; l'incertitude lui donne une apparence changeante. Quand la planète aura-t-elle pris 2 °C ? Quand passera-t-elle à 3 °C ? De combien le niveau de la mer aura-t-il augmenté en 2030, 2050, 2100, lorsque nos enfants laisseront la Terre aux bons soins de leurs enfants et petits-enfants ? Quelles villes seront englouties ? Quelles forêts seront dégradées ? Quels greniers seront vides ? De ces incertitudes naîtront les grands métarécits liés au changement climatique dans les décennies à venir – il est effrayant de ne pas savoir à quoi ressemblera le monde dans lequel nous vivrons, ne serait-ce que d'ici à dix ou vingt ans, quand, de notre côté, nous aurons toujours la même maison, le même crédit, les mêmes séries à la télévision, les mêmes juges auprès de qui faire appel à la Cour suprême des États-Unis. Mais s'il existe bien certaines choses que la science ignore concernant la manière dont le climat réagira à la quantité considérable de CO_2 que nous avons rejetée dans l'air, l'incertitude quant aux conséquences – cette obsédante incertitude – n'est pas issue de l'ignorance scientifique, mais surtout et avant tout de notre réaction, qui reste une question ouverte. C'est-à-dire, principalement, quelle quantité de dioxyde de carbone nous décidons d'émettre – ce n'est pas une question de sciences naturelles, mais humaines. Les climatologues peuvent aujourd'hui prédire avec une précision troublante quand frappera un ouragan et avec quelle intensité, parfois une bonne semaine avant qu'il survienne. Cela ne s'explique pas simplement par la performance des modèles, mais aussi par la connaissance de l'ensemble des données. En matière de réchauffement climatique, ces modèles sont tout aussi performants, mais une donnée clé reste un mystère : que ferons-nous ?

Notre bilan, malheureusement, ne laisse guère place à l'optimisme. Voilà trois quarts de siècle que le réchauffement est identifié comme un problème et pour le prendre en compte, ou nous en protéger, nous n'avons procédé à aucun ajustement de notre production ou consommation d'énergie. Les observateurs désinvoltes du climat regardent depuis bien trop longtemps les scientifiques proposer des voies menant à un climat stable, avant de conclure, les bras ballants, que le monde s'adaptera en fonction. Au lieu de ça, le monde n'a plus ou moins rien fait, comme si ces voies allaient se mettre en place toutes seules. Les forces du marché ont produit de l'énergie verte moins chère et plus largement disponible, mais ces mêmes forces du marché ont absorbé ces innovations, donc profité d'elles, tout en continuant à augmenter leurs émissions. La politique a produit des gestes incroyables de solidarité et de coopération mondiales, autant de belles promesses bien vite balayées. Il est devenu banal, parmi les activistes du climat, de dire que nous avons aujourd'hui tous les outils nécessaires pour éviter un changement climatique catastrophique – ou même majeur. C'est aussi vrai. Mais la volonté politique n'est pas qu'un simple ingrédient insignifiant, toujours à portée de main. Nous avons également tous les outils dont nous avons besoin pour résoudre, à l'échelle du monde, la pauvreté, les épidémies et les violences faites aux femmes.

En 2016, c'était hier, était adopté le fameux accord de Paris sur le climat – il définissait une cible à atteindre, 2 °C de réchauffement, et enjoignait toutes les nations à s'y atteler. Les retours sont déjà terriblement déprimants. En 2017, les émissions de dioxyde de carbone ont augmenté de 1,4 %[25], à en croire l'Agence internationale de l'énergie, après deux années dont les optimistes espéraient qu'elles représentaient un tassement ou un maximum ; au lieu de ça, c'est reparti. Même avant le nouveau pic, aucune des principales nations industrialisées n'était en passe de remplir les engagements pris lors du traité de Paris. Bien sûr, cet accord était censé nous maintenir à seulement 3,2 °C de hausse ; pour que la planète reste en dessous des 2 °C, toutes les nations signataires doivent faire mieux que ce qu'elles ont annoncé. Au moment où j'écris ce livre, on compte 195 signataires parmi lesquels seuls les pays suivants sont considérés « dans les clous[26] » par rapport à leur objectif de Paris : le Maroc, la Gambie, le Bhoutan, le Costa Rica, l'Éthiopie, l'Inde et les Philippines. Le retrait de Donald Trump prend un aspect intéressant ; en fait, son mépris pourrait, à terme, se révéler paradoxalement productif puisque la disparition du leadership américain dans ce domaine semble avoir mobilisé la Chine – donnant à Xi Jinping une soudaine appétence pour une posture beaucoup plus agressive vis-à-vis du climat. Bien entendu, ces engagements renouvelés de la Chine sont, à l'heure où j'écris, encore rhétoriques, eux aussi ; le pays a déjà la plus grosse empreinte carbone du monde et, sur les trois premiers mois de 2018, ses émissions ont augmenté de 4 %[27]. La Chine dispose de la moitié des centrales au charbon de la planète, dont certaines ne fonctionnent, en moyenne, qu'à mi-temps – en d'autres termes, leur utilisation pourrait rapidement croître. À l'échelle mondiale, l'électricité au charbon a presque doublé[28] depuis 2000. À en croire une analyse, si le monde dans son ensemble suivait l'exemple chinois[29], nous atteindrions un réchauffement de 5 °C en 2100.

En 2018, les Nations unies prédisaient qu'au rythme actuel des émissions de GES, nous subirions une hausse de 1,5 °C d'ici à 2040, peut-être avant ; selon le National Climate Assessment (évaluation nationale du climat, institution américaine), même si la concentration en gaz carbonique était immédiatement stabilisée, il faudrait nous préparer à une hausse de 0,5 °C. Raison pour laquelle un maintien en dessous des + 2 °C impose non seulement un recul des émissions de CO_2, mais aussi ce que l'on appelle des « émissions négatives ». Ces outils se présentent sous deux formes : des technologies qui aspireraient le dioxyde de carbone dans l'air et de nouvelles approches de la sylviculture et de l'agriculture permettant le même résultat, mais à l'aide de méthodes plus rétro.

Si l'on en croit toute une série d'articles récents, l'une et l'autre de ces technologies relèvent encore du fantasme ou pas loin. En 2018, l'EASAC (European Academies Science Advisory Council – Conseil consultatif des académies des sciences européennes) soulignait que les technologies existantes d'émissions négatives ont « un potentiel de réalisme limité[30] », ne serait-ce que pour ralentir la concentration de CO_2 dans l'atmosphère – sans même parler de le réduire de façon significative. Cette année-là, *Nature* écartait tous les scénarios basés sur la séquestration géologique du CO_2 comme étant de « la pensée magique[31] ». Il n'est même pas très agréable de s'engager dans cette réflexion. Il n'y a pas tant de dioxyde de carbone que ça dans l'air, tout compris, à peine 410 parties par million, mais il est partout. Donc si l'on voulait utiliser de manière globale la séquestration de CO_2, il faudrait recourir à des plantations nettoyantes à grande échelle à peu près partout sur la Terre – et notre planète serait transformée en une sorte de plante à recycler l'air en orbite autour du Soleil, un satellite industriel traçant une parabole à travers le système solaire. (Non, ce n'est pas ce que Barbara Ward ou Buckminster Fuller désignaient sous le terme de « vaisseau-terre ».) Et si des progrès sont certainement à venir, qui feront baisser les coûts et produiront des machines plus efficaces, nous ne pouvons plus attendre ; nous n'avons tout simplement plus le temps. Une estimation suggère que pour espérer se cantonner aux + 2 °C, nous devrions ouvrir de nouvelles usines de captage de carbone à grande échelle[32] au rythme d'une et demie par jour tous les jours pendant les soixante-dix prochaines années. En 2018, le monde en compte en tout et pour tout dix-huit[33].

La situation n'est pas bonne. Malheureusement, l'indifférence n'est pas une nouveauté lorsqu'il s'agit du climat. On perd à tous les coups au petit jeu des projections sur le réchauffement, étant donné le nombre d'incertitudes en jeu ; mais si la meilleure issue possible nous place face à un réchauffement entre 2 et 2,5 °C en 2100, la plus probable, la partie la plus épaisse de la courbe des probabilités se situe donc à environ 3 °C, ou un peu plus. Même ce réchauffement imposerait de significatives émissions négatives, puisque nous rejetons toujours plus de CO_2. Sans compter qu'il existe une incertitude scientifique, la possibilité que nous sous-estimions les effets de ces boucles de rétroactions sur les systèmes naturels, que nous ne comprenons pas très bien. En théorie, le déclenchement de certains processus pourrait nous amener à 4 °C de réchauffement en 2100, même en cas de réduction marquée des émissions dans les décennies à venir. Mais les résultats affichés depuis Kyoto indiquent que le manque de lucidité des humains rend toute *affirmation* sur l'avenir improductive ; mieux vaut envisager l'ensemble des *possibilités* – et elles sont tout bonnement infinies.

Les villes, où se concentrera la majeure partie de la population mondiale dans un futur proche, ne font qu'accroître le problème des fortes températures. L'asphalte, le béton[34], tout ce qui densifie une ville, y compris la chair humaine, absorbent la chaleur ambiante, la stockant essentiellement pendant un temps, à la manière d'un poison lent ; c'est particulièrement problématique lors d'une canicule, car le répit nocturne est vital, permettant au corps de se remettre. Lorsque ces répits deviennent plus brefs, plus superficiels, la chair continue tout simplement à chauffer. Le bitume des villes absorbe de telles quantités de chaleur pendant le jour qu'au moment où elle est libérée, la nuit, elle peut faire grimper la température locale de 5 °C[35], transformant ce qui pourrait être des journées de chaleur supportable en canicule mortelle. À Chicago en 1995[36], ces conditions avaient provoqué la mort de 739 personnes : aux effets directs de la chaleur s'ajoutaient les défaillances des infrastructures de santé publique. Ce chiffre fréquemment cité ne reflète que les victimes immédiates ; plusieurs milliers de personnes se sont rendues à l'hôpital durant cette période, parmi lesquelles près de la moitié sont décédées dans l'année. D'autres ont simplement souffert de lésions cérébrales permanentes. Les scientifiques parlent d'effet d'« îlot de chaleur urbain » – chaque ville est son propre espace fermé et, plus il est envahi de monde, plus il y fait chaud.

Bien sûr, la planète s'urbanise rapidement, les Nations unies estiment que les deux tiers de la population mondiale[37] vivront en ville d'ici à 2050 – soit 2,5 milliards de nouveaux urbains. Pendant un siècle, ou davantage, la ville a semblé être une vision du futur – on ne cesse d'inventer de nouvelles tailles de métropoles : sont apparues celles de plus de 5 millions de personnes, puis de plus de 10, enfin de plus de 20. Il est peu probable que le changement climatique freine véritablement cette tendance, mais il rendra les grandes migrations, qui en sont le pendant, plus dangereuses – les ambitieux du monde se ruant par millions dans des villes rythmées par des journées de chaleur mortelle, attirés par ces nouvelles mégalopoles comme des papillons par une flamme.

En théorie, le changement climatique pourrait même inverser ces migrations de manière plus radicale que le crime ne l'a fait dans de nombreuses villes américaines lors du siècle dernier. En effet, les villes devenues dans certaines parties du monde insupportables repousseront vers l'extérieur des populations urbaines. Sous l'effet de la chaleur, les routes commenceront à fondre, les voies ferrées à se déformer – en réalité, c'est déjà le cas, mais ces épisodes seront de plus en plus fréquents dans les décennies à venir. On compte à présent 354 villes majeures dont la température estivale maximale atteint, en moyenne, 35 °C ou plus. D'ici à 2050, cette liste pourrait passer à 970[38] et le nombre d'habitants exposés à ce type de chaleur mortelle pourrait être multiplié par huit, atteignant 1,6 milliard. Rien qu'aux États-Unis, 70 000 travailleurs[39] ont été gravement blessés à cause de la chaleur depuis 1992 et d'ici à 2050, on s'attend à 255 000 victimes[40] de ses effets directs à l'échelle de la planète. Déjà plus d'un milliard d'entre nous risquent le stress thermique et un tiers de la population mondiale[41] est sujette, au moins vingt jours par an, à des vagues de chaleur mortelles. D'ici à 2100, ce tiers deviendra une moitié, même si nous parvenons à limiter la hausse des températures juste en dessous des 2 °C. Dans le cas contraire, le chiffre pourrait atteindre les trois quarts.

Aux États-Unis, le coup de chaleur a une réputation navrante – c'est un genre de plaie dont on entend parler en camp de vacances, un peu comme une crampe lorsqu'on fait de la natation. Mais les décès de ce type[42] comptent parmi les punitions les plus cruelles infligées au corps humain, aussi douloureuses et déstabilisantes que l'hypothermie. Tout commence par « un épuisement dû à la chaleur », qui se traduit principalement par des marques de déshydratation : suées abondantes, nausées, maux de tête. Au-delà d'un certain point, cependant, l'eau ne sert plus à rien, la température interne grimpe et le corps envoie du sang en direction de la peau pour tenter, désespérément, de la rafraîchir. La peau rougit ; les organes internes lâchent progressivement. Transpirer peut même finir par devenir impossible. Le cerveau, lui aussi, cesse de fonctionner correctement et il peut arriver, après une période d'agitation et de combativité, que l'épisode s'achève par une crise cardiaque mortelle. « En cas de chaleur extrême, a écrit Langewiesche, vous ne pouvez pas plus échapper aux conditions que vous ne pouvez vous débarrasser de votre peau. »

La faim

Le climat diffère et les plantes varient, mais lorsqu'on fait pousser des céréales de base cultivées à des températures optimales[1], la règle est la suivante : à chaque degré de réchauffement, les rendements diminuent de 10 %, ou plus si l'on en croit certaines estimations. Autrement dit, s'il fait 5 °C de plus sur la planète à la fin du siècle, alors même que selon certaines projections il y aura peut-être 50 % de personnes supplémentaires à nourrir, il se pourrait bien que l'offre de céréales soit inférieure de 50 % à celle d'aujourd'hui. Au mieux, parce que les récoltes déclinent plus vite à mesure que croît la température. C'est encore pire du côté des protéines : il faut 4 kilos de céréales pour produire seulement 500 grammes de viande découpée sur une vache qui a passé sa vie à réchauffer la planète à coups de rots de méthane.

Les céréales représentent 40 % du régime alimentaire des humains[2] ; si l'on ajoute le soja et le maïs, on atteint les deux tiers de toutes les calories que nous ingérons. En tout, l'ONU[3] estime qu'en 2050, la planète aura quasiment besoin du double de nourriture par rapport à aujourd'hui[4] – il s'agit de spéculations, mais cela paraît correct. Les plus optimistes des spécialistes en physiologie végétale souligneront que les mathématiques des cultures céréalières concernent seulement ces régions déjà soumises à des températures en pic de croissance et ils auront raison – en théorie, dans un climat plus chaud, il sera plus facile de cultiver du blé au Groenland. Mais ainsi que l'a montré un article précurseur de Rosamond Naylor et David Battisti, il fait déjà trop chaud sous les tropiques pour faire pousser des céréales de façon efficace, et les endroits où elles sont aujourd'hui cultivées sont déjà à une température optimale – ce qui signifie que même un réchauffement minime les fera basculer vers une baisse de productivité[5]. Il en va de même, en gros, pour le maïs. Avec 4 °C supplémentaires, les récoltes de maïs des États-Unis, premier producteur mondial, chuteraient de près de moitié. Les déclins annoncés ne sont pas aussi dramatiques pour les trois plus gros producteurs suivants – Chine, Argentine, Brésil – mais, dans tous les cas, chacun de ces pays perdrait au moins un cinquième de sa productivité.

Il y a dix ans, les climatologues auraient pu vous dire que la croissance des plantes, affectée de façon négative par la chaleur, bénéficierait de la présence du dioxyde de carbone dans l'atmosphère qui jouerait en quelque sorte le rôle d'engrais aérien. Cependant, il fonctionne surtout sur les mauvaises herbes et ne semble pas être utile aux céréales. Plus la concentration de CO_2 est élevée, plus les feuilles des plantes sont épaisses, ce qui ne paraît pas bien grave. Mais voilà, les feuilles épaisses ont plus de mal à absorber le CO_2[6] et, par répercussion, ce sont 6,39 milliards de tonnes supplémentaires qui se retrouveront dans l'atmosphère tous les ans d'ici à 2100.

Le dioxyde de carbone n'est pas le seul ennemi auquel les cultures céréalières seront davantage confrontées à cause du changement climatique. Il y a les insectes – un regain d'activité de leur part pourrait encore réduire les récoltes de 2 à 4 % – mais aussi les champignons, les maladies, sans parler des inondations. Certaines cultures, comme le sorgho, sont un peu plus robustes, mais même dans ces régions où de telles alternatives existent, la production a récemment diminué. Et si les producteurs céréaliers gardent l'espoir de produire des variétés plus résistantes à la chaleur, ils s'y essaient depuis des décennies, sans succès. La ceinture de blé naturelle se déplace en direction du pôle de plus de 255 kilomètres tous les dix ans, toutefois il n'est pas facile de déplacer ainsi des terres arables vers le nord, et pas seulement parce qu'il est compliqué de soudainement déblayer des terres occupées par des villes, des routes, des zones de bureaux et des installations industrielles. Les récoltes, dans des régions éloignées du Canada et de la Russie, même avec quelques degrés supplémentaires, seraient limitées par la qualité du sol – il faut des siècles à la planète pour produire un terreau à la fertilité optimale. Les terres fertiles sont celles que nous utilisons déjà et le climat change bien trop vite, les terres du Nord n'auront pas le temps de s'enrichir. Cette terre d'ailleurs, croyez-le ou non, est littéralement en train de disparaître – 75 milliards[7] de tonnes sont perdues chaque année. Aux États-Unis la vitesse d'érosion est dix fois supérieure au taux de remplissage naturel[8] ; en Chine et en Inde, il est trente à quarante fois plus rapide[9].

Même quand nous tentons de nous adapter, nous n'allons pas assez vite. L'économiste Richard Hornbeck est un spécialiste de l'histoire du Dust Bowl américain, cette région touchée dans les années 1930 par une grande sécheresse qui a donné lieu à une catastrophe écologique et agricole. Il raconte que les fermiers auraient pu théoriquement s'adapter aux changements du climat de leur époque en optant pour des cultures différentes. Mais ils ne l'ont pas fait, n'ayant pas l'argent suffisant pour procéder aux investissements nécessaires[10] – ils ont ainsi été incapables de sortir de leur inertie, de leurs traditions et de l'enracinement de leur identité. Et donc les cultures ont périclité et les conséquences dramatiques s'en sont fait sentir à travers un certain nombre d'États américains, affectant l'ensemble de leurs habitants.

Il se trouve qu'une transformation similaire se produit actuellement dans l'Ouest américain. En 1879 le naturaliste John Wesley Powell[11], qui consacrait son temps libre durant la bataille de Vicksburg à étudier les cailloux des tranchées, a eu l'intuition qu'une frontière naturelle courait vers le nord le long du 100e méridien. Celle-ci marquait la limite entre les terres agricoles naturelles humides – donc cultivables – de ce qui allait devenir le Midwest et les terres arides, spectaculaires, mais beaucoup moins arables qui formaient l'Ouest véritable[12]. Cette division courait à travers le Texas, l'Oklahoma, le Kansas, le Nebraska et les deux Dakota, elle s'étirait au sud jusqu'au Mexique et au nord jusqu'au Manitoba, au Canada, séparant d'une part les communautés les plus densément peuplées nourries par de grosses fermes, et de l'autre des terres rases à la végétation clairsemée jamais véritablement valorisées par l'agriculture. Depuis 1980, cette limite s'est déplacée de pas moins de 225 kilomètres à l'est, atteignant presque le 98e parallèle, asséchant au passage des centaines de milliers d'hectares de terres cultivables. La seule autre frontière similaire sur la planète est celle qui sépare le désert du Sahara[13] du reste de l'Afrique. Ce désert s'est étendu de 10 %[14] lui aussi ; en hiver, le chiffre monte à 18 %.

Les enfants gâtés de l'Occident industrialisé ont longtemps ri des thèses de Thomas Malthus, économiste britannique qui croyait impossible la croissance économique à long terme, chaque récolte exceptionnelle, chaque épisode de croissance produisant davantage d'enfants qui immédiatement la consommeraient ou l'absorberaient, avec pour résultat une population si nombreuse, y compris à l'échelle de la planète dans son ensemble, qu'elle nous garantirait forcément de ne jamais accéder au bien-être matériel. En 1968, Paul Ehrlich lançait un avertissement semblable, mis au goût du jour pour une planète du XXIe siècle, bien plus peuplée qu'à l'époque de Malthus, dans son ouvrage *La Bombe P*, dont la thèse était que les productivités économiques et agricoles de la Terre avaient déjà atteint leurs limites naturelles. Une thèse largement tournée en ridicule – il se trouve que sa publication a coïncidé, à peu de choses près, avec les gains de productivité liés à ce qu'on appelle la « révolution verte ». Cette expression, parfois utilisée de nos jours pour parler des avancées des énergies propres, a d'abord désigné l'incroyable explosion des récoltes agricoles résultant des innovations dans les pratiques de culture au milieu du XXe siècle. Durant le demi-siècle suivant, non seulement la population mondiale a été multipliée par deux, mais la fraction de personnes vivant dans des conditions d'extrême pauvreté a été divisée environ par six – d'un peu plus de la moitié de l'humanité à 10 %. Dans les pays en voie de développement, la malnutrition est passée de plus de 30 %[15] en 1970 à près de 10 % aujourd'hui.

Ces développements invitent à l'optimisme face à toutes sortes de pressions environnementales, et dans son récent ouvrage sur le sens de cette explosion de l'agriculture au XXe siècle, l'auteur Charles Mann fait la différence entre ceux qui réagissent au défi de la raréfaction des ressources avec un optimisme réfléchi, qu'il baptise les « sorciers », et ceux qui voient toujours l'effondrement au coin de la rue, qu'il surnomme les « prophètes ». La révolution verte semblait intervenir précisément pour réfuter l'alarmisme d'Ehrlich, mais Mann lui-même ne sait quelles leçons en tirer. Il est peut-être encore un peu tôt pour juger Ehrlich – ou même son père spirituel, Malthus – puisque presque tous les incroyables gains de productivité du dernier siècle sont liés au travail d'un seul homme, Norman Borlaug, peut-être à lui seul le meilleur argument pour chanter les louanges du siècle impérial de l'Amérique en matière de vertu humanitaire. Né dans une famille de fermiers de l'Iowa[16] en 1914, élève de l'école publique, il est embauché chez DuPont où il développe, avec l'aide de la fondation Rockefeller, de nouvelles variétés de blés résistantes aux maladies et hautement productives dont on s'accorde désormais à dire qu'elles ont sauvé la vie d'un milliard de personnes dans le monde. Bien entendu, si ces gains constituaient une accélération comme il n'en arrive qu'une au cours d'une vie – et du fait, largement, d'un seul homme –, à quel point pouvons-nous raisonnablement compter sur des améliorations futures ?

Le terme académique pour le sujet de ce débat est « la capacité de charge » : quelle quantité de population un environnement donné peut-il nourrir avant de s'effondrer ou de se dégrader, d'avoir été épuisé ? Mais c'est une chose de considérer ce qui pourrait être le rendement maximal d'une parcelle et une autre de déterminer à quel point ce chiffre dépend des systèmes environnementaux – des systèmes beaucoup plus vastes et moins clairement déterminés, que même un sorcier impérial tel que Borlaug ne pourrait raisonnablement espérer contrôler et diriger. Le changement climatique, en d'autres termes, ne se résume pas seulement à une donnée dans l'équation susceptible de déterminer la capacité de charge ; il constitue un ensemble de conditions dans lesquelles toutes nos expériences susceptibles d'améliorer cette capacité seront menées. Ainsi, le réchauffement n'apparaît pas simplement comme un défi parmi tant d'autres auxquels sera confrontée la planète (déjà en proie aux guerres civiles, aux horreurs des inégalités et autres difficultés insolubles), mais il est le décor global au sein duquel nous rencontrerons tous ces défis – une sphère complète qui englobe littéralement tous les problèmes du monde à venir, ainsi que toutes leurs solutions possibles.

De façon assez curieuse et exaspérante, ce sont parfois les mêmes. Ces graphiques qui montrent tous les progrès dans les pays en voie de développement – sur la pauvreté, la faim, l'éducation, la mortalité infantile, l'espérance de vie, les relations entre les genres et plus encore – décrivent en pratique la même courbe que celle de la hausse dramatique des émissions de dioxyde de carbone mondiales, celle qui a mené la planète au bord du précipice. C'est un des aspects de ce qu'on appelle la « justice climatique ». Non seulement il est indéniable que les impacts les plus cruels du réchauffement concerneront les moins résilients face à la tragédie climatique, mais la nécessaire croissance de la classe moyenne du monde en développement depuis la fin de la guerre froide a été rendue possible par l'industrialisation fonctionnant au carburant fossile – un investissement dans le bien-être du

Sud dans son ensemble qui a hypothéqué l'avenir écologique de la planète.

C'est une des raisons qui expliquent que notre destin climatique sera largement façonné par les modèles de développement de la Chine et de l'Inde, qui portent le fardeau tragique de devoir accompagner des centaines de millions de personnes jusqu'à la classe moyenne tout en sachant que les chemins les plus simples, empruntés par les nations industrialisées depuis le XIXe siècle, et même le XXe siècle, sont désormais ceux qui mènent au chaos climatique. Ce qui ne signifie pas qu'ils s'interdiront de les suivre quoi qu'il en soit : d'ici à 2050 on s'attend à voir tripler la consommation de lait en Chine, grâce au goût de plus en plus occidentalisé de ses classes émergentes de consommateurs. À cause de ce seul produit dans un seul pays, les émissions de gaz à effets de serre issues de l'agriculture laitière connaîtraient une augmentation globale estimée autour de 35 %[17].

La production de nourriture à l'échelle de la planète correspond déjà à environ un tiers des émissions[18]. Pour éviter le changement climatique dangereux, Greenpeace considère[19] que le monde doit réduire de moitié sa consommation de viande et de laitage d'ici à 2050 ; tout ce que nous savons sur les conséquences de l'enrichissement d'un pays laisse entendre que ce sera quasiment impossible. Tirer un trait sur le lait est une chose, mais tirer un trait sur l'électrification bon marché, la culture de l'automobile ou les régimes chargés en protéines qui permettent aux plus riches de la planète de rester minces, ce n'est pas pareil. Dans l'Occident postindustriel, nous préférons éviter de trop réfléchir à ces marchés qui nous ont été si bénéfiques. Lorsque nous y pensons, c'est souvent avec cet esprit coupable que le critique

Kris Bartkus a appelé « le tragique malthusien[20] » : notre incapacité à voir désormais la moindre innocence dans la vie quotidienne de l'Occident aisé, étant donné la dévastation que cette richesse a infligé aux merveilles de la nature qu'il a conquises et les souffrances de ceux, ailleurs sur la planète, que l'on a laissés derrière nous dans cette course au confort matériel infini. En leur demandant, de fait, de payer pour ce confort.

Bien entendu, la majorité des gens ne partagent pas cette vision tragique ou cet apitoiement sur soi-même. L'état de semi-ignorance ou de semi-indifférence est une maladie du climat bien plus envahissante que le véritable déni ou l'authentique fatalisme. C'est le sujet du remarquable ouvrage en deux tomes de William Vollmann *Carbon Ideologies* (« Idéologies du carbone ») qui, après l'épigraphe « Un crime est toujours commis par quelqu'un d'autre », citation de Steinbeck, commence par ces mots : « Un jour, dans peu de temps qui sait, les habitants d'une planète biologiquement diminuée, plus dangereuse, plus chaude que celle sur laquelle j'ai vécu, se demanderont peut-être à quoi nous pensions vous et moi, ou si nous avons le moins du monde réfléchi. » Il écrit une bonne partie du prologue au passé, à partir d'un futur imaginaire dévasté. « Évidemment, nous sommes responsables de ce qui nous arrive ; nous avons toujours été intellectuellement paresseux et moins on nous en demandait, moins nous avions de choses à dire, écrit-il. Nous vivions tous pour l'argent et c'est pour lui que nous sommes morts. »

La sécheresse pourrait bien être un problème encore plus crucial que la chaleur pour la production de nourriture, certaines terres parmi les plus arables de la planète se transformant rapidement en désert. À + 2 °C[21], la sécheresse portera un sérieux coup à la Méditerranée, ainsi qu'à une bonne partie de l'Inde. Partout dans le monde, le maïs et le sorgho en souffriront, ce qui créera une tension sur le ravitaillement. À + 2,5 °C, surtout à cause de la sécheresse, le monde pourrait basculer dans un déficit global de nourriture – ayant besoin de davantage de calories que la planète ne peut en produire. À + 3 °C, les sécheresses seront plus fréquentes encore – en Amérique centrale, au Pakistan, dans l'ouest des États-Unis, et en Australie. À 5 °C, le globe serait enveloppé de ce que l'environnementaliste Mark Lynas appelle « deux ceintures gainantes de sécheresse éternelle[22]. »

Les précipitations sont notoirement difficiles à modéliser en détail, pourtant les projections pour la fin de ce siècle sont globalement unanimes : nous connaîtrons à la fois des sécheresses *et* des crues sans précédent. D'ici à 2080, sans réduction massive de nos émissions[23], l'Europe du Sud sera en état de sécheresse extrême permanent, touchée bien plus gravement que le Dust Bowl américain ne l'a jamais été. Ce sera également vrai pour l'Irak et la Syrie[24] ainsi que pour une bonne partie du reste du Moyen-Orient ; de même pour certaines des régions les plus densément peuplées d'Australie, d'Afrique et d'Amérique du Sud ; ainsi que pour les zones considérées comme les greniers de la Chine. Aucun de ces endroits qui aujourd'hui fournissent la majeure partie de l'alimentation mondiale ne constituerait des sources fiables à l'avenir. Concernant le Dust Bowl d'origine : les sécheresses dans les plaines et le Sud-Ouest américains ne seraient pas seulement pires que dans les années 1930, a prédit une étude de 2015 menée par la NASA, mais pires que toutes celles que nous avons pu connaître depuis mille ans – cela inclut celles qui ont frappé le territoire entre 1 100 et 1 300, qui avaient tari tous les cours d'eau[25] à l'est du massif de la Sierra Nevada et pourraient bien être responsables de la fin de la civilisation Anasazi.

Souvenez-vous, malgré les progrès remarquables de ces dernières décennies, nous ne vivons pas actuellement dans un monde sans famine. Loin de là : la plupart des estimations parlent de 800 millions de personnes souffrant de malnutrition dans le monde, parmi lesquelles près de 100 millions à cause de chocs climatiques[26]. Ce que l'on appelle la « faim cachée » – les déficiences alimentaires et en micronutriments – est considérablement plus répandue, puisqu'elle affecte bien plus d'un milliard de personnes. Au printemps 2017[27], l'Afrique et le Moyen-Orient ont connu une quadruple famine sans précédent. Les Nations unies ont averti que ces phénomènes distincts de famine en Somalie, au Soudan, au Nigeria et au Yémen pourraient tuer 20 millions de personnes dans l'année. Nous parlons d'une seule année, pour une seule région. L'Afrique aujourd'hui a du mal à nourrir son milliard d'habitants, une population qui devrait être multipliée par quatre au cours du XXIe siècle.

On espère que ces explosions démographiques verront apparaître leurs Borlaug à eux, idéalement en grand nombre. On a déjà eu un aperçu de quelques percées technologiques possibles : la Chine a investi dans des stratégies agricoles véritablement sur mesure afin de muscler sa productivité et de réduire l'usage d'engrais émetteurs de gaz à effet de serre[28]. En Grande-Bretagne, une « start-up sans terre[29] » a annoncé sa première « récolte » en 2018. Aux États-Unis, on entend déjà parler des projets d'agriculture verticale, qui économise les terres cultivables en empilant les récoltes en intérieur ; également de protéines issues de laboratoires, la viande étant cultivée dans des éprouvettes. Mais il s'agit là de technologies d'avant-garde inégalement distribuées et si chères qu'elles ne sont pas disponibles pour ceux, nombreux, qui sont le plus dans le besoin. Il y a dix ans, un vent d'optimisme a soufflé, on espérait que les OGM produiraient une autre révolution verte, mais, aujourd'hui, la modification génétique a principalement servi à rendre les plantes plus résistantes aux pesticides, qui sont eux-mêmes fabriqués et commercialisés par les mêmes sociétés qui produisent les semences. Quant à la résistance culturelle, elle s'est répandue à une telle vitesse que les supermarchés Whole Foods mettent désormais en avant la garantie « sans OGM » de leur marque d'eau pétillante.

Nous ne sommes pas vraiment capables d'estimer l'ampleur des bénéfices apportés par ces techniques révolutionnaires à ceux qui y ont accès. Ces quinze dernières années, le mathématicien iconoclaste Irakli Loladze a isolé un effet ravageur du dioxyde de carbone sur la nutrition humaine que les physiologistes des plantes n'avaient pas anticipé : les plantes deviennent plus grosses, mais moins nutritives. « Chaque feuille et chaque brin d'herbe sur terre produit davantage de sucre à mesure que le CO_2 augmente », a-t-il expliqué à *Politico*, dans un article sur ses travaux intitulés « Le grand effondrement nutritif ». « Nous assistons à la plus importante injection de glucides[30] dans la biosphère de toute l'histoire de l'humanité – injection qui dilue tous les autres nutriments de notre alimentation. »

Depuis 1950, la plupart des bonnes substances dans les plantes que nous cultivons – protéines, calcium, fer, vitamine C pour n'en citer que quatre – ont décliné d'un tiers, pas moins, ainsi que l'a montré une étude qui a fait date en 2004[31]. Tout se transforme en malbouffe. Même la teneur en protéines du pollen des abeilles[32] a baissé d'un tiers.

Le problème s'est aggravé au même rythme que celui de la concentration en dioxyde de carbone. Récemment, les chercheurs estimaient que d'ici à 2050, pas moins de 150 millions de personnes[33] dans le monde développé risqueraient le déficit en protéines à cause de l'effondrement des nutriments – une grande partie de la population pauvre tirant ses protéines des récoltes plutôt que de la viande animale. 138 millions pourraient souffrir[34] d'un déficit en zinc, essentiel pour une grossesse saine, et 1,4 milliard[35] de personnes pourraient subir une baisse dramatique de leur taux de fer – ce qui occasionnerait une épidémie d'anémie. En 2018, une équipe menée par Chunwu Zhu a étudié le contenu en protéines de différentes variétés de riz[36], nourriture de base pour plus de 2 milliards d'humains. Ils ont calculé que la présence accrue de dioxyde de carbone dans l'air produisait des déclins nutritionnels à tous les niveaux – teneur en protéines, mais aussi en fer, zinc, vitamines B_1, B_2, B_5 et B_9. En tout sauf en vitamine E. De manière plus générale, les scientifiques ont découvert que par le biais de ce seul aliment, le riz, les émissions de CO_2 pourraient mettre en danger la santé de 600 millions de personnes.

Par le passé, des empires entiers reposaient sur cette culture. Les changements climatiques en promettent un autre, l'empire de la faim, régnant sur les plus pauvres d'entre nous.

Sous l'eau

La mer sera meurtrière, c'est un fait entendu. À moins d'une réduction des émissions[1], le niveau pourrait augmenter d'un ou deux mètres minimum, voire de deux mètres cinquante d'ici la fin du siècle[2]. Même avec une réduction radicale[3] – d'une ampleur susceptible d'atteindre l'objectif de + 2 °C de l'accord de Paris, si l'on fait preuve d'optimisme –, la hausse du niveau de la mer pourrait être de deux mètres en 2100.

Paradoxalement, voilà une génération que ces chiffres nous apportent un certain réconfort – même les personnes installées à quelque distance de la côte se sentent soulagées à imaginer la hausse du niveau de l'océan comme la pire conséquence du réchauffement. Les écrits populaires alarmistes sur le sujet ont en quelque sorte été victimes de leur propre succès ; ils étaient tellement concentrés sur le niveau de la mer qu'ils ont fini par aveugler les lecteurs, devenus incapables de voir les autres ravages du climat qui menacent de terroriser les générations à venir – chaleur directe, météo extrême, pandémies, entre autres. Mais aussi « familière » que puisse sembler la hausse du niveau de la mer, elle mérite, à n'en pas douter, sa place au centre du tableau des dégâts provoqués par le réchauffement. Le fait que tant de gens se sentent déjà habitués à l'idée d'un monde, dans un futur proche, avec des océans beaucoup plus hauts devrait nous paraître aussi déprimante et déconcertante que si nous avions tous accepté l'inévitabilité d'une guerre nucléaire globale – car il faut bien dire que l'étendue de dévastation sera à peu près similaire.

Dans *The Water Will Come* (« L'eau arrivera »), Jeff Goodell[4] fait l'inventaire de quelques-uns de ces monuments – et parfois de cultures tout entières, à vrai dire – qui seront transformés en reliques sous-marines, comme des épaves, lors de ce siècle : l'ensemble des plages que vous avez foulées, le QG de Facebook, le centre spatial Kennedy, ainsi que la principale base navale des États-Unis, à Norfolk, en Virginie ; la majeure partie du Bangladesh, y compris toutes les mangroves où règnent les tigres du Bengale depuis des millénaires, tout Miami Beach et une bonne partie du sud de la Floride, ce petit paradis érigé sur des marais et des bancs de sable par des spéculateurs immobiliers enragés il y a moins d'un siècle ; la basilique Saint-Marc à Venise qui a aujourd'hui près de mille ans ; Venice Beach et Santa Monica à Los Angeles ; la Maison-Blanche, 1600 Pennsylvania Avenue, ainsi que la « Maison-Blanche d'hiver » de Trump à Mar-a-Lago, celle de Richard Nixon à Key Biscane et l'originale, celle de Harry Truman, à Key West. Cette liste est très sélective. Depuis des millénaires, nous sommes fascinés par la description que fait Platon d'une unique culture engloutie, celle de l'Atlantide[5], qui, si elle avait existé n'aurait sûrement été qu'un petit archipel méditerranéen peuplé de quelques milliers d'habitants – dizaines de milliers peut-être. Mais d'ici à 2100, si nous ne mettons pas un terme aux émissions de GES, 5 %[6] de la population mondiale pourraient chaque année se retrouver engloutis. Jakarta est une des villes à la croissance la plus importante au monde[7], elle accueille aujourd'hui dix millions d'habitants ; à cause de la montée des eaux et de son enfoncement, elle pourrait être totalement submergée dès 2050. La Chine évacue déjà[8] des centaines de milliers de personnes chaque été pour les tenir éloignées des crues du delta de la rivière des Perles.

Ces inondations ne détruiront pas seulement des maisons, elles éradiqueront des communautés entières, des écoles, des commerces, des terres agricoles, des bureaux et des gratte-ciel, enverront sur les routes des centaines de millions de nouveaux réfugiés climatiques, dans un monde qui sera alors incapable de subvenir aux besoins de quelques millions. Ainsi s'éteindront des cultures régionales si étendues qu'il y a quelques siècles à peine nous les aurions considérées comme des empires à elles seules. Ces musées sous-marins donneront alors un aperçu du mode de vie des humains durant un siècle ou deux où, au lieu de se tenir à bonne distance du littoral, ils se sont rués pour s'y installer. Il faudra des milliers d'années, des millions peut-être pour que le quartz et le feldspath se dégradent et deviennent du sable qui, éventuellement, pourrait recréer ces plages que nous avons perdues.

Une étude affirme que de nombreuses infrastructures numériques[9] pourraient être immergées à cause de la hausse du niveau de la mer d'ici une vingtaine d'années. Et la plupart des smartphones que nous utilisons sont aujourd'hui fabriqués à Shenzhen, ville qui, vu sa situation, pile sur le delta de la rivière des Perles, devrait très bientôt se retrouver sous l'eau elle aussi. En 2018, le collectif Union of Concerned Scientists a calculé que près de 311 000 foyers[10] aux États-Unis seraient soumis à des risques d'inondation chronique d'ici à 2045 – soit la durée d'un crédit, n'ont-ils pas manqué de souligner. D'ici à 2100, ce chiffre dépasserait les 2,4 millions, 1 000 milliards de dollars[11] en valeur immobilière – sous l'eau. Non seulement l'ensemble de la côte américaine pourrait bientôt devenir inassurable, mais la simple notion d'assurance contre les catastrophes naturelles risque de devenir tout bonnement obsolète ; une étude a montré que d'ici la fin du siècle, certaines régions pourraient être frappées simultanément par six catastrophes consécutives au climat. Sans action significative pour faire décroître les émissions, les dégâts à l'échelle de la planète sont estimés à 100 000 milliards par année d'ici à 2100. Plus que le PIB mondial aujourd'hui. La plupart des prévisions se placent un peu en dessous : 14 000 milliards par an, presque un cinquième du PIB actuel[12].

La montée des eaux ne s'arrêterait pas à la fin du siècle, elle se poursuivrait sur des millénaires[13], produisant finalement, même selon le scénario optimiste à + 2 °C[14], des océans six mètres plus hauts. À quoi le paysage ressemblerait-il ? La planète perdrait plus d'un million de kilomètres carrés de terre[15] où vivent environ 375 millions de personnes aujourd'hui – un quart en Chine. En fait, les vingt villes les plus affectées[16] par la hausse du niveau de la mer sont toutes des mégalopoles asiatiques – parmi lesquelles Shanghai, Hong Kong, Mumbai et Calcutta. Voilà qui assombrit la perspective aujourd'hui acquise d'un siècle asiatique pour les Nostradamus de la géopolitique. Quel que soit le cours que suivra le changement climatique, la Chine, sûrement, poursuivra son ascension, mais en parallèle il lui faudra affronter l'océan – ce qui explique peut-être son insistance à contrôler la mer de Chine méridionale.

Pas loin des deux tiers des principales villes du monde se trouvent sur le littoral – sans parler des usines électriques, ports, bases navales, terres agricoles, établissements piscicoles, deltas de rivières, marais et rizières – et celles situées au-dessus de trois mètres seront inondées beaucoup plus facilement et beaucoup plus régulièrement si le niveau devait monter à ce point. Les inondations ont été multipliées par quatre depuis 1980[17], si l'on en croit l'EASAC (Comité consultatif des académies des sciences européennes), par deux depuis 2004. Même si l'on suit un scénario de hausse du niveau de la mer « bas à intermédiaire » d'ici à 2100[18], les inondations à marée haute pourraient frapper la côte est des États-Unis « un jour sur deux ».

Nous n'avons même pas abordé la question des inondations dans les terres – lorsque les rivières débordent, gonflées par des déluges de pluie ou des houles marines dues à l'orage qui se répercutent en aval. Entre 1995 et 2015, elles ont concerné 2,3 milliards de personnes dans le monde, provoquant 157 000 décès[19]. Même sous un régime global de réduction des émissions particulièrement agressif, le réchauffement de la planète simplement dû au CO_2 déjà injecté dans l'atmosphère augmenterait les précipitations mondiales de façon spectaculaire[20] : à en croire un article, le nombre de personnes affectées par les crues des rivières en Amérique du Sud serait multiplié par deux, passant de 6 à 12 millions ; en Afrique, ce chiffre passerait de 24 à 35 millions, en Asie de 70 à 156 millions. En tout, avec seulement 1,5 °C de hausse, l'augmentation des dégâts dus aux inondations se situerait entre 160 et 240 % ; à 2 °C, le nombre de morts serait 50 % plus élevé qu'aujourd'hui. Aux États-Unis, un modèle récent a calculé que 40 millions d'Américains courraient alors le risque d'être inondés[21], un résultat trois fois supérieur aux dernières estimations de la FEMA (Federal Emergency Management Agency – Agence fédérale des situations d'urgence).

Et n'oubliez pas : tout cela se produira même en cas de réduction radicale des émissions. Sans mesure d'adaptation, les inondations seront dix fois plus fréquentes sur une bonne partie de l'Europe du Nord et toute la moitié est des États-Unis. En Inde, au Bangladesh, en Asie du Sud-Est où de grandes zones sont aujourd'hui communément touchées par des inondations catastrophiques, le coefficient pourrait être tout aussi élevé – sachant que le point de départ est déjà tellement haut qu'il déclenche des crises humanitaires à une échelle dont nous aimerions penser qu'elles nous marqueront sur plusieurs générations.

Au lieu de quoi, nous les oublions aussitôt. En 2017, les inondations en Asie du Sud[22] ont tué 1 200 personnes, laissant les deux tiers du Bangladesh sous l'eau ; António Guterres, secrétaire général des Nations unies[23], a estimé que 41 millions de personnes avaient été affectées. Comme souvent avec les données du changement climatique, on peut se sentir assommé par de tels chiffres, mais 41 millions représentent huit fois la population mondiale du temps du déluge de la mer Noire il y a 7 600 ans[24] – une inondation dont on dit qu'elle a été si dramatique, si effroyable qu'elle pourrait bien avoir été à l'origine de l'histoire de l'arche de Noé[25]. Au moment même où ces inondations frappaient le Bangladesh en 2017, le pays voyait arriver près de 700 000 réfugiés Rohingyas[26], pour la plupart accueillis dans un seul et même camp qui est devenu, en quelques mois, aussi peuplé que Lyon, troisième ville de France – érigé sur le passage des coulées de boue alors même que s'annonçait la mousson.

Notre capacité à nous adapter au nouveau tracé des côtes tient surtout à la rapidité à laquelle l'eau monte. Notre compréhension des délais qui nous sont impartis évolue à une vitesse déconcertante. Au moment de la rédaction de l'accord de Paris[27], les auteurs étaient persuadés que la banquise de l'Antarctique resterait stable même si la planète gagnait plusieurs degrés ; ils s'attendaient à voir les océans augmenter, au maximum, d'un mètre d'ici la fin du siècle. C'était en 2015. Cette même année, la NASA a découvert que ces attentes étaient en réalité bien trop optimistes, suggérant qu'il ne s'agissait pas d'un maximum, mais d'un minimum. En 2017, la NOAA (National Oceanic and Atmospheric Administration – Administration océanique et atmosphérique américaine) jugeait une hausse de 2,5 mètres envisageable durant ce siècle. Sur la côte est, les scientifiques ont déjà lancé une nouvelle expression, « inondation par beau temps[28] », lorsque la marée montante à elle seule, sans la moindre averse, vient inonder une ville.

En 2018, une étude capitale a décelé une accélération encore plus importante[29] : le rythme de fonte des plaques de glace de l'Antarctique[30] qui a été multiplié par trois en à peine dix ans. Entre 1992 et 1997, la banquise a perdu en moyenne 49 milliards[31] de tonnes de glace chaque année ; entre 2012 et 2017, c'étaient 219 milliards. En 2016, le climatologue James Hansen suggérait que le niveau de la mer pouvait s'élever de plusieurs mètres sur cinquante ans[32] si la fonte des glaces doublait tous les dix ans ; or relisez attentivement : le nouvel article enregistre un triplement en à peine cinq ans. Depuis les années 1950, le continent a vu disparaître plus de 30 000 km^2[33] de sa calotte glaciaire ; selon les experts, son destin ultime dépend très certainement des actions[34] que les humains entreprendront dans les dix années à venir.

Tout changement climatique est gouverné par l'incertitude, principalement liée au comportement humain – les populations agiront-elles et, si oui, quand, afin d'éviter ou de retarder la dramatique transformation de la vie qui interviendrait en l'absence de toute action significative. Chacune de nos projections, des plus blasées aux plus extrêmes, s'accompagne de doutes – elles résultent de tant d'estimations, de tant d'hypothèses qu'il serait idiot de prendre l'une ou l'autre pour argent comptant.

Mais cela ne s'applique pas vraiment dans le cas du niveau de la mer, car aux mystères évidents de la réaction humaine vient s'ajouter une ignorance bien plus épistémologique, absente des autres aspects de la science du changement climatique (à l'exception peut-être de la question de la formation des nuages). Quand l'eau chauffe, elle se dilate, nous le savons. Mais qu'arrive-t-il lorsque la glace se brise ? Nous touchons presque à une physique entièrement nouvelle, jamais observée dans l'histoire de l'humanité[35], donc mal comprise.

La fonte rapide de l'Arctique a eu pour conséquence de faire apparaître des articles consacrés à ce que l'on appelle « la mécanique des dommages[36] » de la disparition de la plateforme glaciaire. Mais nous ne comprenons pas encore très bien la dynamique à l'œuvre, qui sera l'un des principaux moteurs de la hausse du niveau de la mer. Nous ne pouvons donc pas faire de prédictions confiantes concernant la rapidité de la fonte de la banquise. Nous avons réussi à tracer un tableau plutôt correct du passé climatologique de notre planète, or jamais, de toute l'histoire de la Terre, n'a été enregistré un réchauffement évoluant à pareille vitesse – selon une estimation, il progresserait dix fois plus vite[37] qu'à n'importe quel moment en 66 millions d'années. Chaque année, l'Américain moyen émet[38] suffisamment de carbone pour faire fondre 10 000 tonnes de glace de la plateforme glaciaire antarctique – assez pour ajouter 10 000 mètres cubes d'eau dans l'océan. Chaque minute qui passe, chacun d'entre nous contribue de près de vingt litres.

Une étude suggère que la plateforme glaciaire du Groenland pourrait atteindre le point de non-retour à 1,2 °C[39] supplémentaire. (Nous en approchons aujourd'hui, avec + 1,1 °C.) La fonte de cette quantité de glace à elle seule suffirait au fil des siècles à augmenter de six mètres le niveau de la mer[40], engloutissant Miami, Manhattan, Londres, Shanghai, Bangkok et Mumbai. Et si nous continuons sur notre lancée sans rien changer, ce qui nous mènerait à une hausse des températures de 4 °C d'ici à 2100, dans l'Arctique, elle menace d'atteindre + 13 °C, les changements de température étant inégalement distribués sur la planète.

En 2014, nous avons appris que les plateformes de glace en Antarctique occidental et au Groenland[41] étaient encore plus vulnérables à la fonte que ne l'avaient anticipé les scientifiques. À vrai dire, la banquise de l'Antarctique occidental avait déjà atteint un point de non-retour : en à peine cinq ans, son rythme de disparition a été plus que multiplié par deux. Il s'est produit la même chose au Groenland, où la banquise perd désormais près d'un milliard de tonnes chaque jour[42]. Ces deux plateformes contiennent suffisamment de glace pour relever le niveau global de la mer de trois à six mètres[43] – chacune. En 2017, on a appris que deux glaciers situés dans l'Antarctique oriental étaient également en train de disparaître à un rythme alarmant – 18 milliards de tonnes[44] en moins chaque année. Si les deux disparaissent, les scientifiques tablent sur une augmentation finale du niveau de la mer de soixante mètres ; dans de nombreuses parties du monde, la zone côtière reculerait de plusieurs kilomètres. La dernière fois que la Terre comptait 4 °C de plus, a écrit Peter Brannen, il n'y avait pas de glace aux pôles et le niveau de la mer était presque quatre-vingts mètres plus haut. Il y avait des palmiers en Arctique. Mieux vaut ne pas penser à quoi la vie ressemblerait à l'équateur.

Comme tout ce qui est affaire de climat, la fonte des glaces ne se produira pas dans le vide et les scientifiques ne comprennent pas encore tout à fait les réactions en chaîne que pourraient déclencher de tels effondrements. Une des principales inquiétudes est liée au méthane, particulièrement celui qui pourrait être libéré par la fonte de l'Arctique, dont le permafrost contient jusqu'à 1 800 milliards de tonnes de dioxyde de carbone[45], soit beaucoup, beaucoup plus que ce qui est actuellement en suspension dans notre atmosphère. Au dégel, une partie s'évaporera sous forme de méthane qui est, selon la façon dont on le mesure, un gaz à effet de serre au moins douze fois plus puissant que le CO_2.

Lorsque j'ai commencé à mener des recherches plus fouillées sur le climat, le risque d'une libération soudaine du méthane contenu dans le permafrost de l'Arctique était considéré comme très faible – les scientifiques en raillaient la simple évocation, qu'ils jugeaient dangereusement alarmiste. Ils ridiculisaient cette perspective en des termes hyperboliques, parlant de la « bombe à retardement du méthane de l'Arctique » ou des « rots de la mort » pour décrire ce qu'ils voyaient comme un risque climatique peu menaçant à brève échéance. Depuis, les nouvelles ne sont pas très encourageantes : un article paru dans *Nature* a expliqué[46] que la libération du méthane arctique contenu dans le permafrost pourrait rapidement être accélérée par des poussées de « dégels brusques[47] » déjà en cours. Le niveau de méthane dans l'atmosphère[48] a dramatiquement augmenté ces dernières années, troublant les scientifiques qui ne parviennent pas à en déterminer la source ; de nouvelles recherches suggèrent que la quantité de gaz libérée par les lacs arctiques pourrait doubler[49]. On ignore si cette libération est récente ou si elle était passée inaperçue jusque-là. Quoi qu'il en soit, si le consensus reste qu'une libération rapide et soudaine de méthane est peu probable, les récentes recherches sont la preuve même qu'il faut considérer et prendre au sérieux des risques climatiques peut-être improbables, mais possibles malgré tout. Lorsqu'on part du principe qu'il est irresponsable d'envisager, de discuter ou de se préparer à tout ce qui est hors de l'étroite bande des probabilités, même les découvertes scientifiques les plus banales peuvent sembler un coup de tonnerre.

Aujourd'hui, tout le monde s'accorde à dire que le permafrost fond – la limite a reculé de près de 130 km vers le nord au Canada ces cinquante dernières années. Les évaluations les plus récentes du GIEC estiment que la perte en surface s'établira entre 37 et 81 %[50] d'ici à 2100, bien que la plupart des scientifiques pensent encore que le carbone sera libéré lentement et principalement sous la forme, moins terrifiante, du dioxyde de carbone. Mais, dès 2011, le NOAA (National Oceanic and Atmosphoric Administration – l'Agence américaine d'observation océanique et atmosphérique) et le Centre de données national de la neige et de la glace prévoyaient que la fonte du permafrost métamorphoserait la région entière qui, de puits de carbone (absorbant le carbone atmosphérique), deviendrait une source de carbone (émettrice de carbone) dès les années 2020[51]. D'ici à 2100, disait la même étude, l'Arctique aura relâché une centaine de milliards de tonnes de gaz carbonique[52]. Soit l'équivalent de tout le CO_2 produit par l'humanité depuis le début de l'industrialisation.

Souvenez-vous, il s'agit là de cette rétroaction de l'Arctique que beaucoup de climatologues ne trouvent pas inquiétante à court terme. Celle qui les tracasse davantage, pour l'instant, c'est ce qu'on appelle « l'effet d'albédo ». La glace, blanche, réfléchit la lumière du soleil en direction de l'espace, elle ne l'absorbe pas. Donc, moins il y a de glace, plus la lumière du soleil est absorbée, accroissant le réchauffement. La disparition totale de la glace, selon les calculs de Peter Wadhams, pourrait signifier l'équivalent, en réchauffement massif, de la totalité des émissions de CO_2 de ces vingt-cinq dernières années[53]. Soit, souvenez-vous, environ la moitié de ce qu'a produit l'humanité durant toute son histoire – une quantité de dioxyde de carbone qui a fait basculer le climat de la planète de la stabilité quasi complète au bord du chaos.

Tout cela n'est que spéculation. Mais si notre incertitude concernant chacune de ces dynamiques – la fonte de la banquise, le méthane de l'Arctique, l'effet d'albédo – brouille notre compréhension du rythme du changement, son ampleur, elle, reste très claire. En réalité, nous savons parfaitement à quoi la fin de partie ressemble pour les océans, nous ignorons seulement dans combien de temps nous l'atteindrons.

De quelle hausse du niveau de la mer parlons-nous ? Le chimiste des océans David Archer s'est particulièrement concentré sur ce qu'il appelle les impacts « long dégel » du réchauffement. Cela prendra des siècles peut-être, voire des millénaires, mais il estime que le niveau de la mer pourrait finalement augmenter d'au moins 50 mètres[54] si la température grimpait de 3 °C – donc cent fois plus que ce que prédisait l'accord de Paris pour 2100. L'étude géologique américaine[55] table même sur 80 mètres.

Le monde ne serait peut-être pas totalement impossible à reconnaître suite à une telle hausse, mais tout de même, cela relève de la distinction sémantique. Montréal, tout comme Londres, serait presque entièrement sous l'eau. Du côté des États-Unis, pour prendre un exemple parmi d'autres : 97 % de la Floride[56], dont l'altitude est de 51 mètres au-dessus de la mer, aurait disparu ; il ne resterait que quelques collines en Virginie-Occidentale ; 97 % du Delaware serait immergé. Les océans recouvriraient 80 % de la Louisiane, 70 % du New Jersey, la moitié de la Caroline du Nord, de Rhode Island et du Maryland. San Francisco et Sacramento seraient sous l'eau, mais aussi New York, Philadelphie, Providence, Houston, Seattle et Virginia Beach ainsi que des dizaines d'autres villes encore. Dans de nombreux endroits, la côte reculerait de plus de 150 km. L'Arkansas et le Vermont, aujourd'hui sans accès à la mer, deviendraient des États côtiers.

Le reste du monde risque plus gros encore. Manaus, capitale de l'Amazonie[57], au cœur de la forêt brésilienne, ne se retrouverait pas seulement en front d'océan, mais submergée, tout comme Buenos Aires et la plus grande ville de ce petit pays enclavé qu'est le Paraguay, Asunción, aujourd'hui située à plus de 800 km à l'intérieur des terres. En Europe, non seulement Londres serait sous l'eau, mais aussi Dublin, Bruxelles, Amsterdam, Copenhague, Stockholm, Riga, Helsinki et Saint Petersbourg. Istanbul serait engloutie, ainsi que la mer Noire et la Méditerranée. En Asie, rayées de la carte, les villes côtières de Doha, Dubaï, Karachi, Calcutta et Mumbai (pour n'en citer que quelques-unes) et l'on pourrait tracer la piste des métropoles immergées depuis Bagdad, presque dans le désert aujourd'hui, jusqu'à Beijing située à plus de 150 km à l'intérieur des terres.

Cette hausse de 80 mètres constitue le plafond maximal – mais il y a fort à parier que nous l'atteindrons un jour. Les gaz à effet de serre agissent à beaucoup trop long terme pour qu'on parvienne à l'éviter. Cela dit, reste à savoir quel type de civilisation humaine sera là pour témoigner de cette planète sous les eaux. Bien entendu, la variable la plus effrayante est celle de la vitesse à laquelle se produira l'engloutissement. Mille ans, peut-être, moins, qui sait. Plus de 600 millions de personnes vivent à une dizaine de mètres de la mer aujourd'hui[58].

Incendies

La période qui sépare Thanksgiving de Noël est censée marquer, en Californie du Sud, le début de la saison des pluies. Ça n'a pas été le cas en 2017. Le Thomas Fire, le pire incendie[1] qui ait ravagé la région cet automne-là, s'est étendu sur 200 km^2 en une seule journée, brûlant plus de 1 000 km^2 au total, forçant plus de 100 000 Californiens à évacuer les lieux. Une semaine après le départ de feu, il restait à peine « fixé à 15 %[2] », pour utiliser les inquiétants termes semi-cliniques des pompiers. Avec une certaine poésie, ce chiffre correspond à peu près à ce que nous comprenons des forces climatiques à l'origine du Thomas Fire et des nombreuses autres calamités climatiques dont il était le sinistre présage. Une compréhension d'un niveau quasi nul, donc.

« L'image que Los Angeles a d'elle-même est indissociable de l'incendie », écrit Joan Didion dans son « Carnet de Los Angeles[3] », publié dans le recueil *Slouching Towards Bethlehem* en 1968. Mais l'impression culturelle n'est apparemment pas si ancrée, car les feux qui ont éclaté à l'automne 2017 ont occasionné, à la une des journaux, à la télévision, sur les réseaux sociaux, un refrain étonné composé des adjectifs « impensable » « sans précédent » et « inimaginable ». Didion racontait les incendies qui avaient balayé Malibu en 1956, Bel Air en 1961, Santa Barbara en 1964, Watts en

1965 ; une liste qu'elle a mise à jour en 1989 avec « La saison des feux », dans lequel elle décrivait les incendies de 1968, 1975, 1978, 1979, 1980 et 1982 : « Depuis 1919, année qui marque le début des archives incendies du comté, certaines régions ont brûlé huit fois. »

Cette enfilade de dates permet de tempérer l'alarmisme concernant les incendies – de contrer cette panique environnementale californienne tout en exagération, l'ensemble des observateurs étant rongés par l'imminence du désastre, il n'y a en quelque sorte rien de nouveau sous le soleil. Mais tous les incendies ne sont pas égaux[4]. Cinq des vingt pires incendies de l'histoire de la Californie ont eu lieu à l'automne 2017, une année qui a vu advenir plus de 9 000 feux, réduisant en cendres plus de 5000 km^2[5].

Au mois d'octobre de cette année-là, en Californie du Nord, 172 feux[6] sont survenus en à peine deux jours, provoquant des ravages d'une cruauté et d'une ampleur incroyables. À deux endroits différents, deux couples âgés désespérés ont trouvé refuge dans leur piscine, d'où ils ont vu les flammes dévorer leur maison. Les récits en ont été faits dans deux quotidiens locaux. Un couple a survécu[7], émergeant après six heures insoutenables passées dans l'eau, pour découvrir leur maison réduite en cendres ; dans l'autre cas, seul le mari en a réchappé[8], sa femme est morte dans ses bras, ils étaient mariés depuis cinquante-cinq ans. On peut pardonner aux Américains qui évoquent ces histoires de se tromper, de confondre ; jusqu'à ce mois de septembre, il semblait impossible que la terreur climatique puisse être si répandue qu'elle suscite des variations autour de ce genre de thèmes.

L'année suivante a pourtant offert une nouvelle variation. Durant l'été 2018, les incendies ont été moins nombreux, six mille seulement. Mais, parmi eux, il en est un qui fut constitué d'un réseau entier de feux (baptisé le Mendocino Complex), et détruisit à lui seul plus de 2 000 km^2. Au total, plus de 5 000 km^2 ont brûlé[9] au sein de l'État et la fumée a recouvert près de la moitié du pays[10]. Au nord, la situation était pire encore : en Colombie-Britannique[11], où plus de 12 000 km^2 ont été dévastés par les flammes, la fumée a traversé l'Atlantique jusqu'en Europe – suivant le même trajet que les panaches canadiens l'ayant précédée. Puis en novembre est arrivé le Woolsey Fire, qui a engendré l'évacuation de 170 000 personnes et enfin le Camp Fire, plus grave encore si tant est que ce fût possible, ravageant plus de 500 km^2. Une ville entière a été détruite à une vitesse telle que certains des 50 000 évacués ont été forcés de courir le sprint entre des voitures en pleine explosion, leurs baskets fondant sur l'asphalte. Ça a été l'incendie le plus meurtrier de l'histoire de la Californie, ce record ayant été détenu jusqu'ici, depuis un peu moins d'un siècle, par celui de Griffith Park en 1933.

Si ces feux n'étaient pas sans précédent, en Californie du moins, pourquoi persistons-nous à le prétendre ? Comme le 11 septembre, qui est survenu après des décennies de fantasmes morbides des Américains à propos du World Trade Center, ce nouveau type de terrorisme ressemblait, aux yeux d'un public horrifié, à une prophétie climatique, basée sur la peur mais désormais bien réelle.

Cette prophétie repose sur trois éléments. D'abord, la simple intuition des horreurs climatiques à venir – une prémonition d'ampleur biblique avec, en guise de plaie, un incendie hors de contrôle, une tempête de flammes. Ensuite, l'étendue de plus en plus vaste touchée par les feux : dans quasiment tout l'ouest des États-Unis, chacun semble à la merci d'une mauvaise rafale. Mais le troisième élément est le plus éprouvant, car il semble confirmer nos cauchemars de cinéma : le chaos climatique est capable de percer la brèche de nos forteresses les plus impérieuses, autrement dit, nos villes.

À cause des ouragans Katrina, Sandy, Harvey, Irma et Michael, les Américains sont désormais familiarisés avec la menace de l'inondation, mais l'eau n'est que le commencement. Dans les riches agglomérations de l'Ouest, même les plus conscients du changement environnemental ont, ces dernières décennies, arpenté les rues, emprunté les autoroutes, sillonné les allées pléthoriques des supermarchés, navigué sur l'omniprésent Internet persuadés que nous avions réussi, à force de constructions, à échapper à la nature. Erreur. Paysage de rêve érigé dans un désert aride, Los Angeles a toujours été une ville impossible[12], pour reprendre les termes de Mike Davis. La vision des flammes chevauchant les deux fois quatre voies de l'I-405 nous le rappelle. Elle est d'ailleurs un peu plus impossible à chaque instant. Pendant un temps, nous nous sommes persuadés que la civilisation allait dans l'autre direction – rendant l'impossible d'abord possible, puis stable et enfin routinier. Avec le changement climatique, nous rebroussons chemin, vers la nature et le chaos, dans un nouveau royaume qu'aucune analogie reposant sur des expériences humaines ne peut délimiter.

Deux grandes forces conspirent pour nous empêcher de normaliser des incendies d'une telle ampleur, et dans le premier cas, comme dans le second, il n'y a malheureusement pas de raison de se réjouir. Premier point essentiel : les conditions météorologiques extrêmes ne disparaîtront pas puisqu'elles ne se stabiliseront jamais – autrement dit il y a fort à parier que d'ici une dizaine d'années, ces feux, cauchemars de tous les Californiens aujourd'hui, soient considérés comme « la normalité d'autrefois. » Le bon vieux temps.

Deuxième point essentiel : les feux permettent de se rendre compte, enfin, de ce que produit le changement climatique. Comment ne pas voir ? Les incendies de 2017 en Californie ont détruit les vignes[13], pulvérisé des résidences secondaires d'une valeur de plusieurs millions de dollars et menacé à la fois le Getty Museum[14] et le domaine Bel-Air de Rupert Murdoch. Deux structures qui représentent un parfait symbole du règne de l'argent aux États-Unis. Non loin, on a recouvert de bâches la rutilante fantaisie enfantine de Disneyland tandis que les flammes gagnaient du terrain, dans un terrifiant ciel d'apocalypse orange. Sur les golfs alentour, les plus aisés de la côte ouest n'ont pas pour autant négligé leur rendez-vous sur le green, on les a vus pratiquer leur swing à quelques mètres de flammes en furie sur des photographies qu'on aurait crues parfaitement mises en scène pour mieux crucifier la ploutocratie indifférente du pays. L'année d'après, les Américains ont pu suivre l'évacuation des Kardashian sur Instagram. L'occasion de découvrir qu'ils employaient des pompiers privés pendant que le reste de l'État avait recours aux services de prisonniers réquisitionnés rémunérés à peine un dollar par jour.

Hasard de la géographie et force de leur richesse, les États-Unis ont, jusqu'à présent, été largement à l'abri de la dévastation causée par le changement climatique, qui a déjà touché certaines parties moins développées du monde – principalement. Le fait que le réchauffement s'abatte maintenant sur les citoyens les plus riches de cette grande puissance est le signe de la violence du phénomène. Les plus à gauche se réjouissent bruyamment de leurs malheurs, mais ceux-ci frappent tout le monde sans distinction. Tout à coup, il devient beaucoup plus difficile de se protéger contre ce qui vient.

De quoi s'agit-il exactement ? Beaucoup plus d'incendies, beaucoup plus souvent, beaucoup plus destructeurs. Ces cinquante dernières années, la saison des feux dans l'ouest des États-Unis[15] s'est déjà allongée de deux mois et demi ; sur les dix années ayant connu la plus grande activité de feux de forêt enregistrée, neuf se sont produites depuis 2000. Globalement, depuis 1979, la saison a augmenté de près de 20 %[16] et les feux américains brûlent aujourd'hui deux fois plus de terres qu'en 1970. D'ici à 2050, on s'attend à voir les ravages provoqués par ces incendies doubler à nouveau[17] et dans certains endroits des États-Unis, la surface détruite pourrait même être multipliée par cinq. À chaque degré supplémentaire à l'échelle de la planète, elle pourrait être multipliée par quatre. Autrement dit, à 3 °C de réchauffement, notre probable repère pour la fin du siècle, les États-Unis pourraient être confrontés à des destructions par les flammes seize fois supérieures à ce que nous connaissons aujourd'hui, qui s'élèvent à 40 000 km^2 en une année[18]. À + 4 °C, la saison des incendies serait quatre fois plus grave. Le capitaine des pompiers de Californie estime que cette dénomination est déjà dépassée : « Nous ne parlons même plus de saison des incendies[19], a-t-il déclaré en 2017. Il n'y a plus de saison – c'est toute l'année. »

Mais les États-Unis ne sont pas les seuls à subir ce fléau ; la pandémie est mondiale. Parmi les glaces du Groenland, la zone ravagée par les incendies a été en 2017 dix fois plus vaste qu'en 2014 ; en Suède, en 2018, ce sont les forêts du cercle polaire qui sont parties en fumée. Cela peut paraître relativement sans conséquence, au vu de la faible population du Grand Nord. Mais ces feux se propagent plus rapidement que ceux des latitudes plus basses et ils inquiètent énormément les climatologues : la suie et la cendre[20] qu'ils génèrent peuvent venir noircir la banquise qui absorbe alors davantage les rayons du soleil et fond plus vite. Un autre incendie s'est déclenché dans la région, sur la frontière entre la Russie et la Finlande en 2018 et la fumée des feux sibériens de cet été-là a fini par atteindre le continent américain. Le même mois, le deuxième incendie le plus meurtrier du XXIe siècle a balayé le littoral grec, faisant quatre-vingt-dix-neuf morts. Des dizaines de vacanciers, qui tentaient d'échapper aux flammes[21] en empruntant un étroit escalier vers la mer Égée, ont péri dans les bras les uns des autres, rattrapés par le feu.

Les effets de ces catastrophes ne sont pas linéaires ou méthodiquement additionnables. Il serait plus exact de les considérer comme des points de départ de nouveaux cycles biologiques. Les scientifiques ont averti : à mesure que les broussailles gagneront la Californie sous l'effet de l'ensoleillement que nous promet cet avenir plus sec (rendant les incendies de plus en plus inévitables et de plus en plus ravageurs), la probabilité de pluies apparemment sans précédent devient elle aussi plus grande – une fréquence trois fois plus élevée de voir se produire des phénomènes du type de ceux à l'origine de la Grande Inondation de 1862[22]. Les coulées de boue comptent parmi les illustrations les plus évidentes des nouvelles horreurs annoncées ; à Santa Barbara en ce fameux mois de janvier 2018, les maisons basses de la ville ont été bombardées des débris de la montagne dévalant la pente en direction de l'océan dans une rivière brune infinie. Un père, pris de panique, a placé ses jeunes enfants sur le comptoir en marbre de sa cuisine, jugeant que c'était là le lieu le plus solide de la maison – puis il a vu un rocher fracasser la pièce où ils se trouvaient à peine quelques instants auparavant. Un petit de maternelle, qui n'a pas survécu, a été découvert à environ trois kilomètres de sa maison, dans un couloir tracé par les voies de chemin de fer près du rivage, après avoir été emporté, l'on suppose, par une vague de boue continue. Trois kilomètres.

Chaque année, à l'échelle de la planète, entre 260 000 et 600 000[23] personnes décèdent à cause de la fumée des incendies ; au Canada, ils donnent lieu à des pics d'hospitalisation qui se font ressentir jusqu'à la côte est des États-Unis[24]. Au Colorado, l'eau potable a été endommagée pendant des années suite à un unique incendie en 2002. En 2014, la fumée qui recouvrait les territoires du Nord-Ouest a produit une hausse de 42 % des visites aux urgences[25] pour souffrance respiratoire. Elle a aussi causé un « profond » effet négatif sur le bien-être individuel, selon une étude. « Une des émotions les plus fortes ressenties par les gens était l'isolement, expliquait le chercheur titulaire. Le sentiment de ne pas pouvoir s'échapper. Où aller ? Il y a de la fumée partout[26]. »

Quand les arbres meurent – que ce soit naturellement, par incendie ou de la main des hommes –, ils relâchent dans l'atmosphère le gaz carbonique stocké en eux depuis parfois plusieurs siècles. De cette manière, ils sont comme le charbon. C'est la raison pour laquelle l'effet des incendies sur les émissions constitue l'une des rétroactions climatiques les plus redoutées : les forêts du monde, l'exemple même du puits de CO_2, deviendraient sources de CO_2, relâchant tout le gaz carbonique stocké. L'impact est particulièrement dramatique lorsqu'elles sont plantées sur tourbe. Les feux de tourbe en Indonésie, en 1997[27] par exemple, ont relâché jusqu'à 2,6 milliards de tonnes de gaz carbonique – 40 % des émissions globales annuelles moyennes. Plus il y aura d'incendies, plus il y aura de réchauffement, plus il y aura d'incendies. En Californie, un seul feu est capable d'éliminer entièrement les gains d'émission[28] réalisés dans la même année grâce aux politiques environnementales agressives de l'État. Des sinistres de cette envergure se produisent désormais chaque année. Face à eux, l'approche technocratique et mélioriste de la réduction des émissions de GES paraît ridicule. En Amazonie, qui en 2010 a connu la deuxième « sécheresse du siècle[29] » en l'espace de cinq ans, 100 000 incendies ont éclaté en 2017.

À l'heure actuelle, les arbres de l'Amazonie[30] absorbent à eux seuls un quart de tout le gaz carbonique ingéré par les forêts de la planète chaque année. Mais, en 2018, Jair Bolsonaro, élu président du Brésil, a promis d'ouvrir la forêt tropicale au développement – autrement dit à la déforestation. Quels dégâts une personne à elle seule peut-elle infliger à une planète ? Un groupe de scientifiques brésiliens[31] a estimé qu'entre 2021 et 2030, la déforestation de Bolsonaro émettrait l'équivalent de 13,12 gigatonnes de CO_2. L'an dernier, les États-Unis étaient responsables de l'émission de 5 gigatonnes. Ce qui signifie que cette seule politique aurait une empreinte carbone deux à trois fois supérieure à celle de l'économie américaine dans son ensemble, avec tous ses avions, ses automobiles, ses centrales au charbon… Le pire émetteur du monde, et de loin, est la Chine ; le pays était responsable, en 2017, de 9,1 gigatonnes d'émission de CO_2. Donc la politique de Bolsonaro équivaudrait à ajouter, pour une seule année du moins, une Chine tout entière au problème de combustible fossile de la planète – sans oublier le score des États-Unis.

À l'échelle de la planète, la déforestation représente environ 12 % des émissions de CO_2[32] et les feux environ 25 %[33]. La capacité d'absorption du méthane par les sols forestiers a chuté de 77 %[34] en à peine trois décennies et les spécialistes qui s'intéressent au rythme de la déforestation tropicale estiment qu'elle pourrait conduire à une hausse de 1,5 °C[35], même si nous cessions immédiatement toute émission de combustible fossile.

Historiquement, le taux de rejet dû à la déforestation était même plus élevé, le défrichement et l'abattage ayant causé 30 %[36] des émissions entre 1861 et 2000 ; jusqu'à 1980, la déforestation jouait un rôle bien plus important que les émissions directes de GES dans la multiplication des records des jours les plus chauds. Sans compter l'impact sur la santé publique : chaque kilomètre carré de déforestation produit vingt-sept cas[37] supplémentaires de paludisme à cause de ce qu'on appelle la « prolifération des vecteurs » – une fois les arbres dégagés, les insectes ont le champ libre.

Ce phénomène n'est pas lié aux seuls incendies ; chaque menace climatique est susceptible de déclencher des cycles d'une brutalité similaire. Comme si les feux n'étaient pas assez terrifiants, le chaos qui en résulte révèle la véritable cruauté du dérèglement climatique – capable de retourner violemment contre nous tout ce que nous croyions stable depuis toujours. Nos maisons transformées en armes, nos routes en pièges mortels, notre air en poison. Et les idylliques paysages de montagnes autour desquels des générations d'entrepreneurs et de spéculateurs ont érigé des villages vacances se métamorphosent, eux-mêmes, en tueurs aveugles – et devenant, par chaque événement déstabilisant successif, encore plus susceptibles de tuer à nouveau.

Des catastrophes qui n'ont plus rien de naturel

Les humains avaient pour habitude de regarder la météo pour prophétiser le futur ; à l'avenir, nous verrons dans sa colère la vengeance du passé. Dans un monde 4 °C plus chaud, les catastrophes naturelles seront si multiples que nous les considérerons tout simplement comme « la météo » : typhons et tornades hors de contrôle, inondations et sécheresses, notre planète sera régulièrement assaillie de phénomènes climatiques qui, il n'y a pas si longtemps, étaient responsables de la destruction de civilisations entières. Les ouragans les plus violents seront plus fréquents, nous devrons inventer de nouvelles catégories pour les décrire ; les tornades[1] également, et leur sillage destructeur[2] pourrait être plus large, plus long. Les grêlons seront quatre fois plus gros.

Les premiers naturalistes parlaient du « temps profond » pour décrire la profonde lenteur de la nature qu'ils percevaient en contemplant la grandeur de telle vallée ou de tel bassin rocheux. Mais lorsque l'histoire accélère, la perspective change. Ce qui nous attend ressemble davantage à ce que les Aborigènes d'Australie appellent « le temps du rêve » : l'expérience semi-mythique d'une rencontre au présent, d'un passé hors du temps, d'une époque où les ancêtres, les héros et les demi-dieux se bousculaient sur fond d'épopée. Cette impression d'une histoire où tout arrive en même temps, il suffit, pour l'avoir, de regarder les images d'un iceberg en train de s'effondrer dans la mer.

Oui, tout arrive en même temps. Durant l'été 2017, dans l'hémisphère Nord, les phénomènes météorologiques extrêmes se sont succédé à un rythme sans précédent : trois ouragans majeurs se sont enchaînés dans l'Atlantique[3] ; les précipitations épiques dues à l'ouragan Harvey ont déversé sur la ville de Houston[4] l'équivalent d'environ 3,5 millions de litres d'eau pour chaque habitant du Texas ; 9 000 incendies en Californie ont fait des ravages sur 4 000 km². À la même époque au Groenland, les feux étaient dix fois plus importants qu'en 2014 et, en Asie du Sud, les inondations chassaient 45 millions de personnes de leur domicile.

Après quoi est arrivé l'été 2018, l'année de tous les records[5] et 2017 a paru, a posteriori, carrément idyllique. Une vague de chaleur inédite s'est abattue sur le monde, la température a atteint 42 °C à Los Angeles, 50 °C au Pakistan, 51 °C en Algérie. Sur les océans de la planète, six ouragans et tempêtes tropicales sont apparus simultanément, dont un, le typhon Mangkhut, a commencé par frapper les Philippines puis Hong Kong, laissant derrière lui près d'une centaine de victimes et un milliard de dollars de dégâts. Un autre, l'ouragan Florence, qui a plus que multiplié par deux les précipitations annuelles moyennes de la Caroline du Nord, causant plus de cinquante morts et 17 milliards de dollars de dégâts. En Suède, des incendies ont touché jusqu'au cercle polaire ; du côté des États-Unis, une vaste partie de l'Ouest américain a connu le même sort, au point que la moitié du continent se débattait dans la fumée. 6 000 km^2 ont finalement été détruits. Le parc national de Yosemite a été en partie fermé, tout comme le parc national Glacier dans le Montana, où les températures ont grimpé jusqu'à 38 °C. En 1850, la région comptait 150 glaciers[6], il n'en reste plus que 26, les autres ont fondu.

D'ici à 2040, l'été de 2018 nous paraîtra probablement normal. Mais les conditions extrêmes n'ont rien à voir avec la « normalité » ; c'est ce qui nous explose à la figure après des événements climatiques chaque jour plus graves. C'est une des caractéristiques les plus effrayantes du changement climatique rapide : non pas que cela modifie notre expérience quotidienne du monde (bien que ce soit aussi vrai, et spectaculairement), mais que cela banalise des aberrations autrefois impensables et fasse basculer de toutes nouvelles catégories de catastrophes dans le domaine du possible. Déjà, certaines tempêtes ont doublé depuis 1980 à en croire le Comité consultatif des académies des sciences européennes ; on estime désormais que New York connaîtra des crues « du demi-siècle[7] » tous les vingt-cinq ans. Mais la hausse du niveau de la mer est plus dramatique ailleurs, les ondes de tempêtes seront donc inégalement réparties ; dans certains endroits, des tempêtes de cette ampleur seront même encore plus fréquentes. Il en résultera une expérience radicalement accélérée des conditions extrêmes – ce qui correspondait autrefois à un siècle de catastrophes naturelles compressé en une ou deux décennies. Ou en un ou deux jours – si l'on pense à East Island, à Hawaii, qui a été engloutie par les eaux suite à un ouragan, un seul.

Les effets du climat sur les phénomènes de précipitations extrêmes – des « déluges » – sont encore plus clairs que ceux sur les ouragans. En effet, le mécanisme est on ne peut plus simple : l'air chaud peut contenir plus d'humidité que l'air froid. Les pluies torrentielles intenses[8] aux États-Unis sont 40 % plus fréquentes qu'au milieu du xxe siècle. Dans le nord-est[9], ce chiffre atteint même 71 %. Les pluies les plus abondantes le sont aujourd'hui aux trois quarts plus qu'elles ne l'étaient en 1958, et ces proportions ne cessent de s'aggraver. L'île de Kauai[10], à Hawaii, est un des endroits les plus humides de la Terre ; ces dernières décennies, elle a subi tsunamis et ouragans. Cependant, l'épisode pluvieux qui s'est abattu sur l'île en avril 2018 a littéralement fait exploser les pluviomètres et le service de météorologie nationale a dû fournir une estimation au jugé : il serait tombé près de 1,30 mètre d'eau en vingt-quatre heures.

En matière de conditions météorologiques extrêmes, nous vivons déjà une période sans précédent. En Amérique, les dégâts dus aux orages quotidiens[11] – sans rien d'exceptionnel – ont été multipliés par sept depuis les années 1980. Les coupures d'électricité ont doublé depuis 2003. Lorsque l'ouragan Irma est apparu[12], il s'annonçait si violent que certains météorologues ont proposé de créer tout spécialement une nouvelle catégorie : la catégorie 6. Puis est arrivée Maria, deuxième tempête en une seule semaine à ravager une enfilade d'îles dans les Caraïbes – deux événements d'une intensité que les îles s'attendraient à devoir endurer une fois par génération, moins peut-être. À Porto Rico, Maria a privé la majeure partie de l'île d'électricité et d'eau courante des mois durant et provoqué des inondations d'une ampleur telle[13] qu'un agriculteur est allé jusqu'à prédire que l'île serait incapable de produire quoi que ce soit pendant douze mois.

La suite des événements nous a permis d'avoir un aperçu des aspects les plus laids de notre aveuglement sur le climat. Les Portoricains sont des citoyens américains, ils vivent à proximité du continent, sur une île que des millions d'Américains ont personnellement visitée. Pourtant, lorsque la catastrophe climatique s'est abattue là-bas, dans notre propre intérêt psychologique peut-être, nous avons fait comme si leur souffrance était lointaine. Trump n'a quasiment pas évoqué Porto Rico dans la semaine qui a suivi Maria, ce qui n'étonnera peut-être personne, mais les talk-shows du dimanche non plus. Le week-end est arrivé, quelques jours après l'ouragan, et l'information n'était déjà plus en une du *New York Times*. La visite pour le moins problématique de Trump sur l'île – on l'a vu lancer des rouleaux d'essuie-tout à une foule privée d'électricité et d'eau comme s'il s'agissait de tee-shirts à un match de basket – a donné lieu à une passe d'armes avec l'héroïque mairesse de San Juan et c'est à ce moment-là, lorsque l'ouragan est devenu une affaire partisane, que les Américains ont enfin commencé à s'intéresser davantage aux destructions. Mais cette attention n'a jamais été à la hauteur du bilan humanitaire – ni de la réaction aux catastrophes naturelles ayant récemment frappé le continent. Comme dit le théoricien culturel McKenzie Wark, de l'université The New School : « Nous avons quelques indices quant à la manière dont la classe dirigeante entend gérer les catastrophes cumulées de l'Anthropocène. Chacun pour soi[14]. »

Et à l'avenir, tout ce qui était sans précédent deviendra une simple routine. Vous vous souvenez de l'ouragan Sandy ? On prévoit que d'ici à 2100, des inondations de cette envergure seront dix-sept fois plus fréquentes à New York[15]. Des ouragans du niveau de Katrina se produiront deux fois plus souvent[16]. À l'échelle du monde, les chercheurs[17] sont parvenus à établir une hausse de 25 à 30 % des ouragans de catégories 4 et 5 dans le cas où la température augmenterait de 1 °C seulement. Entre 2006 et 2013, les Philippines ont été frappées par 75 catastrophes naturelles[18] ; ces quarante dernières années, en Asie, les typhons[19] sont devenus entre 12 et 15 % plus intenses et la proportion de tempêtes de catégories 4 et 5 a doublé, voire triplé dans certaines régions. D'ici à 2070[20], cela pourrait occasionner 35 000 milliards de dollars de pertes d'actifs pour les mégacités asiatiques alors qu'elles n'étaient que de 3 000 milliards en 2005.

Nous sommes loin, très loin d'investir suffisamment dans des défenses adéquates contre ces tempêtes – pis, nous continuons de construire sur leurs trajectoires. Comme des colons revendiquant leurs droits sur une terre ravagée chaque été par des tornades, nous nous engageons aveuglément à subir, sur des générations, le châtiment des catastrophes naturelles. À vrai dire, la situation est encore plus alarmante. Le fait de paver des étendues de côte vulnérable, comme nous l'avons fait, presque avec ostentation, à Houston et à La Nouvelle-Orléans, empêche le fonctionnement des systèmes de drainage naturel, prolongeant chacune des inondations d'ampleur. Nous nous persuadons de « développer » la terre – dans certains cas, à partir des marais, même. En réalité, nous bâtissons des ponts vers notre propre souffrance, car ce ne sont pas seulement ces nouvelles cités de béton érigées sur des plaines inondables qui sont vulnérables, mais toutes les autres derrière elles, construites sur la présomption que l'antique côte marécageuse les protégerait. Ce qui remet tout bonnement en question ce que nous entendons par « catastrophe naturelle », à l'ère de l'Anthropocène.

Les conditions météorologiques épiques ne s'arrêteront pas à la côte, elles se répandront jusqu'à toucher la vie de l'ensemble des êtres humains vivant sur cette planète, qu'ils se trouvent ou non loin de la côte. L'Arctique deviendra plus chaud, les tempêtes de neige plus intenses[21] dans les latitudes nord – ce qui a donné, dans le nord-est des États-Unis la « Snowpocalypse » de 2010, le « Snowmageddon » de 2014 et le « Snowzilla » de 2016.

Les effets du changement climatique à l'intérieur des terres se font ressentir également aux saisons plus douces. En avril 2011 – un mois seulement – 758 tornades[22] ont balayé la campagne américaine. L'année précédente, à la même époque, elles n'étaient que 267 et le plus grand nombre jamais enregistré en un mois jusqu'alors était de 542. Une nouvelle vague est arrivée en mai 2011, une tornade notamment a fait 138 morts à Joplin, dans le Missouri. Ce qu'on appelle « le couloir des tornades » américain s'est déplacé de 800 kilomètres en à peine trente ans. Et si, techniquement, les scientifiques ne sont pas certains que le changement climatique augmente la formation des tornades, le sillage de dégâts que celles-ci laissent derrière elles s'allonge, et il s'élargit aussi. Elles trouvent leur origine dans les orages – de plus en plus fréquents, puisque le nombre de jours où ils sont possibles pourrait augmenter de 40 % d'ici à 2100[23], à en croire un rapport. L'étude géologique des États-Unis – loin d'être un bastion alarmiste au sein de la bureaucratie fédérale par nature conservatrice – a récemment participé à un jeu de simulation avec un scénario de conditions météorologiques extrêmes : des tempêtes hivernales frappent la Californie, provoquant des inondations de la vallée centrale de près de 500 km de long sur une trentaine de large ainsi que d'autres, plus destructrices encore à Los Angeles, Orange County et Bay Area vers le nord, forçant au total plus d'un million de Californiens à évacuer ; le vent soufflant à 200 km/h, la vitesse d'un ouragan dans certaines parties de l'État, et au minimum 100 km/h ailleurs ; des glissements de terrain en provenance du massif de la Sierra Nevada ; le tout occasionnerait des dégâts s'élevant à 725 milliards de dollars[24], près de trois fois le montant généralement estimé en cas de tremblement de terre massif, le très redouté « Big One ».

Par le passé, même récent, des catastrophes telles que celles simulées ici intervenaient avec une force hors du commun et une logique morale incompréhensible. Nous les voyions arriver, grâce aux satellites ou aux radars, mais nous ne pouvions pas les interpréter – pas de manière lisible en tout cas, incapables que nous étions de faire le lien les unes avec les autres. Il n'aurait pas été étonnant de surprendre quelques athées ou agnostiques évoquer à mi-voix un « acte de Dieu » après le passage d'un ouragan, d'un incendie, d'une tornade, simple manière d'exprimer l'inconcevable, cette souffrance sans coupable, sans personne sur qui rejeter la faute. Le dérèglement climatique va tout changer.

Nous aurons beau considérer sous peu les catastrophes naturelles comme de simples événements météorologiques réguliers, l'ampleur de la dévastation, l'horreur qui les accompagne ne s'en trouveront pas pour autant réduites. Là encore, les réactions en chaîne sont nombreuses : en amont de l'ouragan Harvey, l'État du Texas a coupé les moniteurs de la qualité de l'air de Houston, craignant qu'ils ne soient endommagés. Aussitôt après, un nuage d'odeurs « insoutenables[25] » a émané des usines pétrochimiques de la ville : plus d'un milliard de litres d'eaux usées industrielles[26] jaillis d'une seule usine s'est déversé dans Galveston Bay. Tout compris, cette seule tempête a produit plus d'une centaine d'« émanations toxiques », parmi lesquelles plus d'1,5 million de litres d'essence, 23 tonnes de pétrole brut plus un énorme rejet de chlorure d'hydrogène, une substance qui, en contact avec l'humidité, devient de l'acide hydrochlorique, « capable de causer brûlures, suffocations et même la mort ».

Sur la côte de La Nouvelle-Orléans, l'impact de la tempête a été moins direct, mais la ville avait encaissé quelques coups préalables[27] : suite à un premier sinistre ayant eu lieu le 5 août, les pompes de drainage de secours étaient pour une large partie hors service. Lorsque Katrina avait frappé La Nouvelle-Orléans en 2005, la ville n'était déjà pas au mieux de sa forme – sa population en 2000 était de 480 000[28], en déclin, ayant connu son pic en 1960, à plus de 600 000. Après Katrina, cependant, elle n'était plus que de 230 000[29]. Pour Houston, la situation est différente. En 2017, elle était l'une des villes les plus dynamiques des États-Unis[30] – cette année-là le grand Houston comptait même la banlieue la plus en expansion du pays[31] –, elle est dotée d'au moins cinq fois plus d'habitants que La Nouvelle Orléans[32]. Par une tragique ironie, beaucoup des nombreux arrivants de ces dernières décennies, qui se sont retrouvés sur la trajectoire de cette tempête, sont venus là à cause du pétrole[33]. Une industrie qui a inlassablement œuvré afin d'entretenir la plus grande confusion du public sur le changement climatique et pour faire dérailler toute tentative globale de réduction des émissions de dioxyde de carbone. On soupçonne que ce n'est pas la dernière des tempêtes « du demi-millénaire » que verront ces ouvriers avant leur retraite – il en va de même pour ces centaines de plateformes de forage au large des côtes de Houston, ou ces milliers qui flottent un peu plus loin dans la côte du golfe du Mexique, jusqu'au jour où l'effet dramatique de nos émissions nous apparaîtra brusquement et où l'on finira par les retirer.

L'expression tempête « du demi-millénaire » est une bonne manière d'aborder la question de la résilience. Même une communauté dévastée, déformée par la souffrance, peut supporter une longue période de récupération si elle est assez riche et politiquement stable et si elle ne doit subir cela qu'une fois par siècle – voire, une fois tous les cinquante ans. Mais une reconstruction sur une décennie dans le sillage de tempêtes spectaculaires qui frappent tous les dix ou vingt ans, c'est tout à fait différent, même pour un pays aussi favorisé que les États-Unis et des régions aussi aisées que le grand Houston. La Nouvelle-Orléans ne s'est pas encore remise du passage de Katrina douze ans après, la population du quartier du Lower Ninth Ward[34] est à peine un tiers de ce qu'elle était avant l'ouragan. Bien entendu, le fait que la côte de la Louisiane[35] tout entière soit peu à peu avalée par la mer n'aide pas – déjà 5 000 km^2 ont disparu[36]. L'État perd l'équivalent d'un terrain de football de terre chaque heure. Sur l'archipel des Keys en Floride, plus de 240 km de route doivent être surélevés pour rester au-dessus du niveau de la mer, pour un coût total d'un milliard de dollars. En 2018, le budget réservé aux infrastructures routières du comté s'élevait à 25 millions de dollars[37].

Pour les populations les plus pauvres de la planète, il est presque impossible de se relever après des tempêtes comme Katrina, Irma ou Harvey, de plus en plus fréquentes. Le meilleur choix est souvent de partir, tout simplement. Dans les mois qui ont suivi le passage destructeur de l'ouragan Maria à Porto Rico, des milliers d'habitants de l'île ont débarqué en Floride[38], pour de bon, imaginaient-ils. Mais cette terre aussi est en train de disparaître.

L'eau douce

La planète est recouverte d'eau à 71 %[1], dont à peine plus de 2 % d'eau douce[2], sur lesquels seul 1 %, au mieux, est accessible, le reste étant principalement prisonnier des glaciers. Pour résumer, cela signifie, selon les calculs du *National Geographic*, que 0,007 %[3] seulement de l'eau de la planète est à notre disposition pour fournir en énergie et en nourriture 7 milliards de personnes.

Imaginez une pénurie d'eau potable et, aussitôt, vous risquez de sentir votre gorge vous piquer, mais, en réalité, l'hydratation ne représente qu'une infime partie de nos besoins en eau. À l'échelle mondiale, entre 70 et 80 % de l'eau potable[4] est utilisée pour la production de nourriture et l'agriculture, auxquels s'ajoutent 10 à 20 % pour l'industrie. Et la crise n'est pas principalement due au changement climatique – ce 0,007 % devrait être, figurez-vous, largement suffisant pour nous tous, non seulement les 7 milliards que nous sommes aujourd'hui, mais de même pour les 9 milliards que nous deviendrons plus tard, si ce n'est plus. Bien sûr, il est probable que nous dépassions les 9 milliards d'ici la fin de ce siècle pour atteindre une population mondiale d'au moins 10, voire 12 milliards. Comme pour les pénuries de nourriture, la majeure partie de la croissance démographique est attendue dans les zones du monde déjà les plus en tension à cause du manque d'eau – c'est-à-dire l'Afrique urbaine. Dans de nombreux pays africains, on est déjà censé se contenter de vingt litres d'eau par jour[5] – moitié moins que ce que les organismes spécialisés jugent nécessaire pour la santé publique[6]. Dès 2030, la demande mondiale en eau dépassera l'offre de 40 %[7].

Aujourd'hui, la crise est politique – autant dire ni inévitable, ni nécessaire, ni impossible à régler –, donc affaire d'élection. C'est ce qui la rend si difficilement supportable en tant que parabole sur le climat : une ressource abondante est devenue rare à cause de la négligence et de l'indifférence des gouvernants, d'infrastructures défaillantes et de la contamination, de l'urbanisation et du développement sauvages. En d'autres termes, la crise de l'eau n'a pas lieu d'être, pourtant elle est là et nous ne faisons pas grand-chose pour y remédier. Dans certaines villes, on gaspille plus d'eau qu'on n'en emmène jusqu'au domicile des gens : même aux États-Unis, les fuites et le vol constituent une perte d'eau douce estimée à 16 %[8], à 40 %[9] au Brésil. Dans les deux cas, comme partout, la pénurie s'affiche crûment au sein d'un paysage défini par l'injustice entre les possédants et ceux qui n'ont rien. Le drame est tel autour de la mise en concurrence pour les ressources qu'on peut difficilement parler de « concurrence » en réalité ; quand les dés sont à ce point pipés, les coupures d'eau font plutôt l'effet d'un outil d'inégalité[10]. Résultat, à l'échelle mondiale, 2,1 milliards de personnes[11] n'ont pas accès à de l'eau potable, 4,5 milliards[12] n'ont pas de systèmes sanitaires corrects.

Comme le réchauffement, la crise de l'eau est aujourd'hui soluble. Mais ce 0,007 % laisse une marge très, très maigre, que le changement climatique va encore réduire. La moitié de la population mondiale[13] dépend de la fonte saisonnière des neiges et des glaces de haute altitude, dramatiquement menacées. Même si nous atteignons les cibles définies par l'accord de Paris, les glaciers de l'Himalaya[14] perdront 40 % de leur volume d'ici à 2100, davantage peut-être, et l'eau pourrait venir à manquer également au Pérou et en Californie, pour les mêmes raisons. À + 4 °C[15], les Alpes pourraient ressembler au massif de l'Atlas marocain, avec 70 % de neige en moins d'ici la fin du siècle[16]. Dès 2020, pas moins de 250 millions d'Africains[17] pourraient être confrontés à la pénurie d'eau à cause du changement climatique ; d'ici à 2050, le chiffre pourrait atteindre le milliard de personnes rien qu'en Asie[18]. La même année, à en croire la Banque mondiale, la disponibilité de l'eau potable[19] en ville un peu partout dans le monde pourrait baisser de deux tiers. En tout, les Nations unies estiment que 5 milliards de personnes[20] pourraient avoir des problèmes d'accès à l'eau potable d'ici à 2050.

Les États-Unis ne seront pas épargnés – Phoenix, ville en pleine expansion[21], a par exemple déjà pensé son plan d'urgence, ce qui ne devrait pas étonner, puisque même Londres commence à s'inquiéter des pénuries[22]. Mais étant donné les garanties qu'apporte la richesse – les moyens d'acheter des solutions provisoires et des réserves supplémentaires de court terme – les États-Unis ne seront pas les plus durement frappés. En Inde, aujourd'hui, 600 millions de personnes sont soumises à un stress lié à l'eau estimé entre « élevé et extrême[23] », détaillait un rapport gouvernemental en 2018 et 200 000 personnes décèdent chaque année du manque d'eau ou d'une eau contaminée. D'ici à 2030, prévoit le même rapport, l'Inde aura seulement la moitié de la quantité nécessaire. En 1947, à la naissance du Pakistan[24], l'eau disponible s'élevait à 5 000 m^3 d'eau par tête ; aujourd'hui principalement à cause de la croissance démographique, elle est à 1 000. Bientôt, à cause de la hausse de la population et de la température, elle tombera à 400.

Durant le siècle qui vient de s'écouler, de nombreux lacs parmi les plus grands de la planète ont commencé à s'assécher, depuis la mer d'Aral[25], en Asie centrale, qui a un jour été la quatrième plus grande du monde et a perdu plus de 90 % de son volume ces dernières décennies, jusqu'au lac Mead, qui fournit la majeure partie de l'eau nécessaire à Las Vegas et a vu filer, en un an, pas moins de 1 500 milliards de litres. Le lac Poopó[26], autrefois deuxième plus grand de Bolivie, a complètement disparu ; le lac d'Ourmia[27] en Iran s'est réduit de plus de 80 % en trente ans. Le lac Tchad[28] s'est presque totalement évaporé. Le changement climatique n'est qu'un facteur parmi d'autres dans cette histoire, mais son impact ne se réduira pas au fil du temps.

Ce qui se passe à l'intérieur des lacs qui survivent encore est peut-être tout aussi déprimant. En Chine, dans le lac Tai, par exemple, l'apparition de bactéries amatrices d'eau tiède[29] en 2007 a menacé de priver d'eau potable 2 millions de personnes ; le réchauffement du lac Tanganyika[30], en Afrique de l'Est, a mis en péril le stock de poissons pêchés et mangés par des millions de personnes dispersées dans quatre pays différents. Les lacs d'eau douce, d'ailleurs, correspondent à 16 % des émissions mondiales naturelles de méthane[31], les scientifiques estiment que la croissance des plantes aquatiques alimentée par le climat pourrait doubler ces émissions[32] dans les cinquante années à venir.

Nous nous ruons déjà sur les nappes phréatiques – manière de compenser à court terme le pic de sécheresse qui touche la planète. Mais elles ont mis des millions d'années à se constituer, elles ne réapparaîtront pas de sitôt une fois épuisées. Aux États-Unis, elles fournissent actuellement un cinquième de nos besoins en eau[33] ; comme l'a noté Brian Clark Howard, des puits qui autrefois accédaient à l'eau située à 150 mètres[34] sous terre ont désormais besoin de pompes au moins deux fois plus profondes. Le bassin de la rivière Colorado, qui alimente en eau sept États, a perdu 50 km^3 d'eau souterraine entre 2004 et 2013[35] ; la nappe phréatique Ogallala[36], au nord du Texas, a perdu 4,5 mètres en dix ans – on s'attend à la voir décroître de 70 % sur les cinquante prochaines années dans le Kansas[37]. En attendant, on l'utilise pour la fracturation hydraulique. En Inde, dans les deux années qui viennent, vingt et une villes pourraient arriver au bout de leurs réserves d'eau[38].

Le premier « jour zéro[39] » au Cap était censé se produire en mars 2018, date anticipée plusieurs mois en amont par la municipalité, qui prévoyait la coupure nette de l'alimentation des robinets, conséquence de la pire sécheresse depuis des décennies.

Assis sur votre canapé dans votre appartement moderne d'une métropole quelque part dans le monde développé, cette menace peut paraître difficile à croire – de nos jours, tellement de villes ressemblent à des fantasmes d'abondance infinie et à la demande à destination des plus riches. Mais de tout le confort moderne, la disponibilité illimitée de l'eau potable est sûrement l'un des présupposés les plus profondément illusoires. Ce n'est pas rien d'amener l'eau jusqu'à votre évier, votre douche, vos toilettes…

Comme souvent dans les crises climatiques, au Cap, la sécheresse a aggravé des conflits existants. Dans un récit[40] écrit à la première personne, Adam Welz, habitant du Cap, a décrit la période précédant le complet assèchement de la ville comme une sorte d'interprétation lyrique de problèmes locaux bien connus : la communauté blanche, majoritairement aisée, accuse les Noirs, en majorité pauvres et dont beaucoup reçoivent gratuitement une petite quantité d'eau, de vider les réserves ; les réseaux sociaux jettent de l'huile sur le feu, accusant les Sud-Africains noirs d'être trop feignants ou indifférents et de laisser couler l'eau pour rien, ou les business des bidonvilles de commercialiser de l'eau volée. Les Noirs, de leur côté, pointent du doigt les Blancs de banlieue avec leur piscine et leur pelouse, se gargarisant de leurs « orgies de chasses d'eau dans les toilettes des centres commerciaux huppés ». Les théories du complot circulent, parlent d'indifférence fédérale, de technologie secrète israélienne, les autorités locales et nationales se jettent à la figure accusations de mauvaise foi ou s'en prennent de concert aux météorologues. Tout cela finit par composer, comme toujours ou presque lorsqu'il s'agit de répondre collectivement à une menace liée au climat, un magnifique buffet d'excuses pour ne pas agir. Au plus fort de la crise, le maire a annoncé que près des deux tiers de la population, 64 %, ne se conformaient pas aux nouvelles restrictions d'eau imposées par la ville, qui visaient à limiter l'usage par personne à 90 litres d'eau par jour. Pour comparaison, un Américain moyen utilise quatre à cinq fois cette quantité au quotidien ; dans l'aride Utah[41], choisi par les mormons à cause d'une prophétie prédisant l'avènement d'un Eden au milieu du désert, le citoyen moyen consomme chaque jour environ 940 litres d'eau. En février 2018, le Cap a diminué de moitié la part individuelle autorisée pour l'estimer à une cinquantaine de litres et l'armée s'est préparée à sécuriser les installations hydrauliques de la ville.

Mais les accusations d'irresponsabilité individuelle sont une sorte de diversion à double tranchant, comme souvent dans les communautés confrontées aux premières souffrances imposées par le climat. Nous choisissons de nous concentrer sur la consommation personnelle des uns et des autres, en partie parce que c'est une chose que nous pouvons contrôler, mais aussi parce que c'est une façon très contemporaine d'afficher sa vertu. Or en définitive ces choix sont, presque toujours, de maigres contributeurs, qui nous empêchent de voir les forces plus importantes juste derrière. Lorsqu'il s'agit d'eau douce, le contexte général est le suivant : la consommation personnelle représente une tranche infime qui ne fait de différence qu'en cas de sécheresse extrême. Avant même la sécheresse, on estimait que 9 millions de Sud-Africains[42] n'avaient pas du tout accès à l'eau pour leur consommation personnelle ; la quantité d'eau requise pour satisfaire aux besoins de ces millions de citoyens ne représente qu'un tiers du volume utilisé chaque année pour la culture viticole du pays[43]. En Californie, où à chaque sécheresse on se scandalise des piscines et des pelouses bien vertes, la consommation urbaine dans sa globalité ne totalise que 10 %[44].

En Afrique du Sud, la crise n'a finalement pas eu lieu – grâce à une limitation agressive de l'eau et à la fin de la saison sèche. Mais on vous pardonnerait, étant donné la couverture médiatique de ce genre d'événement, d'avoir cru que la capitale sud-africaine était la première ville au monde à envisager un jour zéro. En réalité, São Paulo l'a inauguré en 2015 après une sécheresse de deux ans, limitant l'usage de l'eau[45] à douze heures par semaine pour certains résidents, dans un système de rationnement sévère[46] qui a eu pour conséquence la fermeture forcée de certaines entreprises et des licenciements en masse. En 2008, Barcelone, confrontée à la pire sécheresse jamais enregistrée depuis que la Catalogne pratique des relevés, a dû importer son eau potable de France[47]. Au sud de l'Australie « la sécheresse du millénaire[48] » s'est annoncée dès 1996 par de faibles précipitations puis elle s'est traduite par une interminable traversée de la Vallée de la mort, qui a duré huit années, entre 2001 et 2010 – moment où les pluies provoquées par La Niña ont enfin soulagé la région. Les productions de riz et de coton se sont effondrées respectivement de 99 et 84 %[49]. Les rivières et les lacs ont rétréci, les marais sont devenus acides[50]. La ville indienne de Shimla, autrefois résidence d'été lors du Raj britannique, s'est trouvée sans eau courante des semaines durant entre mai et juin 2018[51].

Si l'agriculture est souvent la plus durement touchée par les coupures, les problèmes d'eau ne sont pas exclusivement ruraux. Quatorze des vingt plus grosses villes du monde souffrent actuellement de pénurie ou de sécheresse. Un demi-milliard de personnes sont établies dans des régions de pénurie permanente. On estime que quatre milliards vivent déjà dans des zones confrontées au manque d'eau pendant au moins un mois par an – soit les deux tiers de la population mondiale. Aujourd'hui, il suffirait d'une hausse de 1 °C pour qu'à peu près la totalité du territoire américain à l'ouest du Texas[52] rejoigne ce club car ce sont des régions qui vident les lacs et les nappes phréatiques pour subvenir à leurs besoins. La zone s'étirerait des États-Unis jusqu'à l'ouest du Canada au nord et à Mexico au sud. Il en irait de même pour la quasi-totalité de l'Afrique du Nord et du Moyen-Orient ; une grosse partie de l'Inde, quasiment toute l'Australie ; une proportion significative de l'Argentine et du Chili et l'ensemble de l'Afrique située au sud de la Zambie.

Depuis qu'il a ses défenseurs, le changement climatique nous a été vendu comme un problème d'eau salée – fonte de l'Arctique, hausse du niveau de la mer, littoral en régression. Une crise de l'eau douce paraît plus alarmante, car nous en sommes particulièrement dépendants. Elle est aussi beaucoup plus proche. Mais si la planète commande les nécessaires ressources aujourd'hui pour fournir l'eau permettant de boire et d'accéder à l'hygiène à tous ses habitants, il lui manque la volonté politique – ou l'envie – nécessaire pour le faire.

Dans les trente ans à venir, on s'attend à voir augmenter de 50 % la demande en eau[53] du système alimentaire global, de 50 à 70 % celle des villes et de l'industrie et de 85 % celle de l'énergie. Le changement climatique, avec ses futures megasécheresses, promet de réduire drastiquement l'offre. En fait, la Banque mondiale, dans son rapport sur l'eau et le changement climatique intitulé « High and Dry », en venait à la conclusion que « les impacts du changement climatique seront principalement concentrés sur le cycle de l'eau[54] ». L'avertissement, menaçant, de la Banque était le suivant : lorsqu'il s'agit des cruelles réactions en chaîne des effets du changement climatique, l'eau est un problème aussi urgent et un casse-tête aussi crucial à résoudre que la performance énergétique. Sans adaptation significative dans la distribution des ressources, estime la Banque mondiale, le PIB régional pourrait s'effondrer[55], simplement du fait de l'insécurité autour de l'alimentation en eau, de pas moins de 14 % au Moyen-Orient, 12 % dans le Sahel, 11 % en Asie centrale et 7 % en Asie de l'Est.

Mais, bien sûr, le PIB est, au mieux, une mesure grossière du coût environnemental. Peter Gleick, du Pacific Institute, tient un livre de comptes bien plus révélateur : une simple liste de tous les conflits armés[56] liés aux problèmes d'eau, qui prend pour point de départ l'antique légende sumérienne du dieu Ea, en 3000 avant J.-C. ; près de la moitié s'est produit depuis 2010 seulement. Cela s'explique en partie, reconnaît Gleick, par la relative abondance de données récentes et aussi parce que cela reflète la nature changeante de la guerre – les conflits autrefois se déroulaient presque exclusivement entre États quand aujourd'hui, à un moment où l'autorité de l'État est affaiblie en de nombreux endroits, ils sont susceptibles d'éclater entre des États et des groupes. Pour ne prendre qu'un seul exemple : les cinq années de sécheresse en Syrie, entre 2006 et 2011, ont produit de mauvaises récoltes qui ont créé l'instabilité politique et contribué à faire basculer le pays dans la guerre civile – dont le résultat est une crise mondiale des réfugiés. Gleick est personnellement plus concentré sur l'étrange guerre qui secoue le Yémen depuis 2015 – en théorie, il s'agit d'une guerre civile, mais concrètement c'est une guerre par procuration entre l'Arabie saoudite et l'Iran et, conceptuellement, une sorte de guerre mondiale en miniature, puisque les gouvernements américains et russes y sont également impliqués. Là-bas, le coût humanitaire est autant porté par l'eau que par le sang ; en partie à cause des attaques ciblées sur les infrastructures hydrauliques, les cas de choléra[57] ont atteint le million en 2017, ce qui signifie qu'en une seule année, environ 4 % de la population yéménite a attrapé la maladie.

« Il existe un dicton dans la communauté de l'eau, m'informe Gleick. Imaginons que le changement climatique est un requin, les ressources en eau sont ses dents. »

Des océans à l'agonie

Les océans nous apparaissent souvent comme insondables, un peu comme s'ils étaient ce qui se rapproche le plus, sur cette planète, de l'espace infini : sombres, inhospitaliers et, surtout dans les profondeurs, tout à fait bizarres et mystérieux. « Qui a connu l'océan ? » écrit Rachel Carson dans son essai *Undersea*[1] (le monde sous-marin), publié vingt-cinq ans avant qu'elle ne s'attaque à la profanation de la planète par l'homme et les « panacées » industrielles, dans *Printemps silencieux* : « Ni vous, ni moi, avec nos sens liés à la terre, ne connaissons l'écume et l'afflux des marées qui cognent le crabe caché sous les algues du bassin de marée dont il a fait sa maison ; nous ignorons tout de la cadence des longs et lents mouvements de houle au beau milieu de l'océan, où les bancs de poissons sont proies et prédateurs, où les dauphins brisent les vagues pour respirer l'atmosphère juste au-dessus. »

Mais l'océan n'est pas l'autre ; c'est nous, l'autre. L'eau n'est pas une attraction de bord de plage destinée aux animaux terrestres : elle compose 70 % de la surface de la Terre[2], c'est donc de loin l'environnement prédominant. En plus de tout ce qu'ils accomplissent, les océans nous nourrissent : à l'échelle mondiale, poissons et fruits de mer représentent près d'un cinquième de toutes les protéines animales[3] dans le régime alimentaire des humains et davantage, même, dans les zones côtières. Les océans sont également responsables de nos saisons planétaires, grâce aux courants préhistoriques comme le Gulf Stream et à la modulation de la température de la planète, car ils absorbent la majeure partie de la chaleur du soleil.

Mais peut-être faut-il conjuguer tout cela au passé : « nourrissaient », « étaient responsables », puisque le réchauffement menace de saper chacune de ces fonctions. Déjà des populations de poissons ont migré[4] à des centaines de kilomètres vers le nord en quête d'eaux plus fraîches – le flet à 250 km de la côte est des États-Unis, le maquereau tellement loin du continent que les pêcheurs ne sont plus soumis aux lois fixées par l'Union européenne. Une étude retraçant l'impact humain sur la vie marine a souligné que seuls 13 % de l'océan sont intacts[5] et que certaines parties de l'Arctique[6] ont été tellement transformées par le réchauffement que les scientifiques commencent à se demander combien de temps ils vont encore pouvoir parler d'eaux « arctiques ». La hausse du niveau de la mer et l'engloutissement des côtes ont certes dominé nos craintes lorsqu'on aborde l'impact du réchauffement sur les océans, pourtant ce n'est pas, loin de là, l'unique sujet d'inquiétude.

Aujourd'hui, plus d'un quart du dioxyde de carbone émis par les humains est épongé par les océans[7], qui ont également, ces cinquante dernières années, absorbé 90 % de la chaleur excessive générée par le dérèglement climatique[8]. La moitié de cette chaleur a été absorbée depuis 1997 et les mers, de nos jours, supportent au moins 15 %

supplémentaires qu'elles n'en avaient dans les années 2000 – absorbant trois fois plus d'énergie[9] durant ces seules deux décennies que n'en contiennent les réserves de carburant fossile de toute la planète. Mais le résultat de toute cette absorption de gaz carbonique cause ce que l'on appelle « l'acidification des océans », une expression assez transparente, qui brûle déjà certains des bassins d'eau de la planète – vous vous souvenez peut-être qu'il s'agit précisément de l'endroit où la vie est apparue, à l'origine. À elle seule – par ses effets sur le phytoplancton, qui dégage du sulfure dans l'air, un élément contribuant à la formation des nuages – l'acidification pourrait ajouter entre un quart et un demi-degré au réchauffement.

Vous avez probablement entendu parler du « blanchiment des coraux » – autrement dit, leur mort – qui intervient à cause des eaux océaniques plus chaudes privant les récifs de protozoaires appelés zooxanthelles, responsables, via la photosynthèse, de 90 % des besoins énergétiques du corail[10]. Chaque récif représente un écosystème aussi complexe qu'une ville moderne et la zooxanthelle constitue l'alimentation, la brique essentielle à la base de la chaîne énergétique ; à sa mort, le complexe tout entier se retrouve affamé avec une efficacité militaire, comme une ville assiégée ou sous blocus. Depuis 2016, c'est près de la moitié de la célèbre Grande Barrière de corail[11] australienne qui a ainsi été endommagée. Ces hécatombes à grande échelle portent le nom de « blanchiment de masse » ; l'un d'eux s'est déroulé à l'échelle de la planète entre 2014 et 2017[12]. La vie corallienne a déjà tellement décliné qu'elle a créé une toute nouvelle couche dans l'océan, entre 30 et 150 mètres sous la surface, que les scientifiques ont pris l'habitude d'appeler une « zone floue[13] ». Selon l'Institut des ressources mondiales, d'ici à 2030 le réchauffement et l'acidification de l'océan menaceront 90 % de tous les récifs[14].

C'est une très mauvaise nouvelle, parce que les récifs coralliens abritent près d'un quart de la vie marine[15] dans son ensemble et fournissent en nourriture un demi-milliard[16] de personnes. Ils protègent également contre les inondations liées aux ondes de tempêtes – une fonction évaluée à plusieurs milliards, les récifs représentant aujourd'hui un bénéfice de 400 millions de dollars annuels pour l'Indonésie, les Philippines, la Malaisie, Cuba et le Mexique – 400 millions de dollars annuels[17] *chacun*. L'acidification portera un coup direct aux populations de poissons. Les scientifiques ne sont pas encore sûrs de pouvoir prédire ses effets sur tout ce qui sert à nous nourrir dans l'océan, mais ils savent bien que dans les eaux acides, les huîtres et les moules auront plus de mal à développer leur coquille[18] et que la hausse des concentrations de CO_2 endommagera l'odorat des poissons[19] – vous ignoriez peut-être qu'ils en possédaient un, mais cela contribue souvent à leur navigation. Au large de l'Australie, les populations de poissons ont décliné d'environ 32 % en à peine dix ans[20], a-t-on estimé.

Il est devenu très banal de dire que nous vivons une extinction de masse – une période dans laquelle l'activité humaine a multiplié le rythme auquel les espèces disparaissent de la surface de la Terre, par mille peut-être[21]. Cette ère est également marquée par ce qui s'appelle l'anoxification de l'océan[22]. Ces cinquante dernières années, la quantité d'eau de l'océan sans aucun oxygène[23] a été multipliée par quatre à l'échelle de la planète, ce qui a produit un total de plus de quatre cents « zones mortes » : des zones privées d'oxygène qui se sont agrandies de plusieurs millions de kilomètres carrés, environ la taille de l'Europe tout entière ; et des centaines de villes côtières se retrouvent désormais face à un océan fétide et sous-oxygéné. C'est en partie la conséquence du simple réchauffement de la planète, puisque les eaux plus chaudes transportent moins d'oxygène. Mais c'est aussi le résultat de la pollution directe – une récente zone morte du golfe du Mexique, d'une superficie de 23 000 km^2, est née des rejets des engrais chimiques dans le fleuve Mississippi par les fermes industrielles du Midwest. En 2014, un événement toxique, mais non atypique, a frappé le lac Érié : l'engrais pour les cultures de maïs et de soja de l'Ohio a généré l'apparition d'algues qui ont entraîné l'interruption de l'alimentation en eau potable de la ville de Toledo. En 2018, une zone morte de la taille de la Floride a été découverte dans la mer d'Arabie[24] – si vaste que les chercheurs ont cru qu'elle s'étendait sur l'entièreté du golfe d'Oman, près de 165 000 km^2, sept fois la taille de la zone morte du golfe du Mexique. « L'océan est en train de suffoquer », résume Bastien Queste, chercheur principal.

Le déclin dramatique de l'oxygène[25] dans l'océan a joué un rôle dans de nombreuses extinctions de masse, parmi les pires, et ce procédé, par lequel s'accroissent les zones mortes – étranglant la vie marine, décimant les zones de pêche –, est déjà très avancé, non seulement dans le golfe du Mexique, mais aussi au large de la Namibie. Là-bas, le long d'une portion de terre s'étendant sur 1 600 km baptisée Skeleton Coast (la côte du squelette), le sulfure d'hydrogène sort à gros bouillons de la mer. Le nom fait référence, à l'origine, aux carcasses des bateaux échoués, mais, aujourd'hui, il est plus approprié que jamais. Le sulfure d'hydrogène est aussi un des éléments que les scientifiques soupçonnent d'avoir conclu l'extinction de la fin du Permien, après déclenchement de toutes les rétroactions. Il est tellement toxique que l'évolution nous a entraînés à en reconnaître la plus infime trace, raison pour laquelle notre nez est à ce point doué pour repérer les flatulences.

Enfin à tout cela s'ajoute le possible ralentissement du « tapis roulant océanique », le grand système circulatoire articulé autour du Gulf Stream et d'autres courants, le principal système de régulation des températures régionales. Comment cela fonctionne-t-il ? L'eau du Gulf Stream se rafraîchit dans l'atmosphère de la mer de Norvège, rendant l'eau plus dense, ce qui l'envoie vers le fond de l'océan, où elle est à nouveau repoussée vers le sud par l'eau du Gulf Stream – qui elle-même se refroidit au nord et retombe vers le fond – et ainsi de suite jusqu'à l'Antarctique, où l'eau froide remonte en surface et recommence à chauffer pour repartir vers le nord. Ce voyage peut durer mille ans[26].

Dès les premières véritables études sur le tapis roulant, dans les années 1980, des océanographes se sont inquiétés d'une éventuelle interruption, ce qui mènerait à un déséquilibre dramatique du climat de la planète – les régions les plus chaudes devenant plus chaudes encore et les plus froides, beaucoup plus froides. Une interruption totale de ce système constituerait une catastrophe inconcevable. Au premier abord pourtant, les impacts peuvent sembler inoffensifs – il ne faut pas s'y fier. Une Europe plus froide, des conditions météo plus intenses, une hausse du niveau de la mer. Tout cela est décrit dans le scénario du *Jour d'après* – par un étrange coup du sort, un film parfaitement oubliable est devenu le mémorable résumé de ce cauchemar bien précis.

L'interruption du tapis roulant n'est pas une possibilité qui inquiète les scientifiques émérites à l'échelle d'une vie humaine. Mais son ralentissement, c'est une autre affaire. Le changement climatique a d'ores et déjà freiné la vélocité du Gulf Stream de 15 %[27], un développement que les scientifiques ont qualifié d'« événement sans précédent dans le dernier millénaire[28] », on estime que c'est une des raisons qui expliquent la hausse du niveau de la mer le long de la côte est des États-Unis, la plus importante au monde. En 2018, deux articles majeurs[29] ont déclenché une nouvelle vague d'inquiétude à propos du tapis roulant, ou « circulation méridienne de retournement atlantique » pour utiliser le terme exact : son mouvement n'a jamais été aussi lent depuis au moins 1 500 ans. Cela s'est produit environ un siècle avant ce qu'avaient prévu les scientifiques les plus inquiets – il s'agit, à en croire les propos alarmants du climatologue Michael Mann, d'« un point de bascule[30] ». D'autres transformations sont à venir, bien sûr : celle de l'océan rend ses eaux inconnues doublement impossibles à connaître et remodèle les mers de la planète avant même que nous ayons pu en découvrir leur profondeur et toute la vie qu'elles contiennent.

Un air irrespirable

Nos poumons ont besoin d'oxygène, mais celui-ci ne représente qu'une fraction de ce que nous respirons, une fraction qui décline en présence de CO_2 dans l'atmosphère. Cela ne signifie pas que nous risquons la suffocation – l'oxygène est bien trop abondant pour cela –, néanmoins nous souffrirons. Avec un dioxyde de carbone à 930 parties par million (plus du double du niveau actuel), la capacité cognitive baisse de 21 %[1].

Les effets sont plus prononcés en intérieur, où le CO_2 a tendance à s'accumuler – c'est ce qui explique que vous vous sentez à coup sûr un peu plus réveillé après une promenade énergique dans la campagne qu'après une longue journée à rester chez vous fenêtres fermées. Il s'accumule tant qu'on a trouvé dans certaines classes d'écoles élémentaires 1 000 parties par million en moyenne et près d'un quart de celles analysées au Texas dépassaient les 3 000[2] – des chiffres très alarmants, dans des lieux conçus pour promouvoir la performance intellectuelle. Mais ce ne sont pas là les pires contrevenants : d'autres études ont mis en évidence des concentrations encore plus élevées dans les avions – si vous avez un jour été passager, vous avez sûrement gardé le souvenir embrumé de ses effets.

Mais le CO_2 n'est même pas le plus grave. À l'avenir, l'air de la planète ne sera pas seulement plus chaud ; il sera aussi certainement plus sale, plus oppressant, davantage vecteur de maladies. Les sécheresses ont un impact direct sur la qualité de l'air, produisant ce qu'on appelle aujourd'hui une exposition à la poussière (du temps du Dust Bowl américain, on parlait de « pneumonie due à la poussière ») ; le changement climatique fera apparaître de nouvelles tempêtes de sable dans les grandes plaines américaines, où les décès dus à la pollution par la poussière seront probablement multipliés par deux[3], les hospitalisations par trois. Plus la planète se réchauffe, plus l'ozone se forme et, au milieu de ce siècle, les Américains devraient connaître une augmentation de 70 %[4] du nombre de jours chargés d'un smog d'ozone insalubre, à en croire les projections du Centre national pour la recherche atmosphérique. D'ici aux années 2090, pas moins de 2 milliards de personnes[5] dans le monde respireront un air dont le taux sera supérieur à celui considéré comme « sûr » par l'OMS. On compte déjà plus de 10 000 décès[6] par jour dus à la pollution de l'air. Autrement dit, chaque jour – *chaque jour* –, davantage de victimes que le nombre total de personnes ayant été affectées par la fusion d'un réacteur nucléaire. Cela n'a rien d'un argument décisif en faveur de l'énergie nucléaire, évidemment, la comparaison n'étant pas si claire : il existe beaucoup, beaucoup plus de cheminées à combustible fossile qui vomissent leur fumée noire que de centrales à fission avec leurs tours évasées et leur nuage de vapeur blanche. Cela montre simplement de façon saisissante à quel point notre régime de pollution au gaz carbonique englobe tout, enfermant la planète dans un lange toxique.

Récemment, les chercheurs ont découvert un ennemi secrètement présent[7] à travers toute l'histoire de ces cinquante dernières années : le plomb, dans l'essence ou la peinture, qui partout où ces éléments étaient introduits, semble avoir causé une progression spectaculaire des taux d'incapacité intellectuelle et de criminalité et une chute tout aussi spectaculaire du niveau d'instruction et de vie. Les effets de la pollution atmosphérique semblent déjà plus graves. La pollution aux microparticules, par exemple, fait tellement baisser la performance cognitive que les chercheurs parlent d'un effet « énorme » : réduire la pollution en Chine afin qu'elle respecte les standards de l'EPA (Environmental Protection Agency – Agence américaine de protection de l'environnement) permettrait une amélioration des scores du pays aux épreuves orales de 13 % et une amélioration de son score en maths de 8 %. (La simple hausse des températures[8] a un impact solide et négatif sur le passage des examens en soi, également : les notes baissent lorsqu'il fait chaud.) La pollution a été liée à l'augmentation des maladies mentales chez les enfants[9] et à la probabilité de démence chez les adultes[10]. On a montré qu'un fort taux de pollution l'année de la naissance d'un bébé se répercute sur son niveau de vie et sa participation au monde du travail lorsqu'il a une trentaine d'années[11]. Il existe également un lien important entre la pollution, les naissances prématurées mais aussi le faible poids des bébés, à tel point que l'apparition d'un système de péage électronique[12] dans les villes américaines a permis de réduire les deux problèmes à proximité des postes de péage, respectivement de 10,8 et de 11,8 % par le simple fait de la baisse des gaz d'échappement recrachés par les voitures lorsqu'elles ralentissaient pour payer.

Autre menace bien plus familière engendrée par la pollution : en 2013, la fonte de la glace arctique[13] a modifié le modèle des conditions météorologiques de l'Asie, privant la Chine industrielle des rythmes naturels de ventilation par le vent dont elle était devenue dépendante. Cela a eu pour résultat de recouvrir une bonne partie du nord du pays d'un brouillard irrespirable. Un système de mesure apparemment obtus appelé Index de la qualité de l'air catégorise les risques selon un barème particulier classifiant la présence d'une variété de polluants : les avertissements commencent à 51-100, atteindre les 201-300 revient à la promesse d'une « augmentation significative des effets respiratoires dans la population générale ». L'index culmine avec la tranche 301-500 et un avertissement concernant « l'aggravation importante des maladies cardiaques ou pulmonaires, de la mortalité prématurée chez les personnes souffrant d'affections cardio-pulmonaires et les plus âgées » ; à ce stade, « tout le monde doit éviter l'effort en extérieur ». « L'airpocalypse » de 2013 a doublé la limite haute de cette ultime catégorie, l'Index de qualité de l'air[14] atteignant un pic de 993. Des scientifiques qui examinaient le phénomène ont suggéré que la Chine avait par inadvertance inventé un smog tout à fait nouveau[15], jamais étudié, combinant la pollution « purée de pois » de l'Europe de l'ère industrielle et la pollution aux microparticules ayant récemment contaminé tant de régions du monde en voie de développement. Cette année-là, le smog a été responsable de 1,37 million de morts dans le pays[16].

En dehors de la Chine, beaucoup ont vu, dans ces photographies et vidéos d'une capitale recouverte d'une grisaille si épaisse qu'elle cachait le soleil, un signe – non pas de l'état de l'atmosphère sur la planète, mais du retard de développement de ce pays : le fait que la Chine soit à ce point en retard quant aux indices de qualité de la vie du monde développé, malgré sa forte croissance économique en disait long sur sa place dans la hiérarchie des nations. Et voilà que, durant la saison des feux record qui a frappé la Californie en 2017, l'air autour de San Francisco[17] était pire que ce fameux jour à Pékin. À Napa, l'Index de qualité de l'air a atteint les 486. À Los Angeles, on s'est précipité sur les masques chirurgicaux ; à Santa Barbara, les résidents ôtaient la cendre de leurs gouttières par poignées. À Seattle[18], l'année suivante, la fumée a rendu l'air irrespirable pour tout le monde, n'importe où en extérieur. Ce qui a donné aux Américains une raison supplémentaire (la panique pour leur propre santé) de détourner le regard de la situation à Delhi quand, en 2017, l'Index de la qualité de l'air a là-bas atteint les 999[19].

La capitale indienne compte 26 millions d'habitants. En 2017, le simple fait de respirer son air équivalait à fumer plus de deux paquets de cigarettes par jour[20] et les hôpitaux locaux ont vu l'afflux de patients augmenter de 20 %[21]. Les participants du semi-marathon de Delhi ont couru un masque blanc sur la figure. Sans compter qu'un air aussi épais en crasse cache d'autres dangers : la visibilité était si basse qu'elle a provoqué des carambolages sur les autoroutes de Delhi[22] et qu'United Airlines a annulé ses vols au départ et à l'arrivée de la ville[23].

De nouvelles recherches montrent que même une exposition à court terme[24] aux particules peut accroître de façon notable les taux d'infections respiratoires, chaque dix microgrammes supplémentaires par mètre cube étant associé à une augmentation des diagnostics comprise entre 15 et 32 %. La pression sanguine augmente elle aussi. En 2017, a rapporté *The Lancet*, 9 millions de morts prématurées[25] dans le monde étaient dues à la pollution aux particules fines – plus d'un quart se sont produites en Inde. À ce moment-là, les chiffres définitifs pour l'année n'étaient pas encore connus.

À Delhi, une bonne partie de la pollution est causée par les feux sur les terres agricoles des environs ; mais ailleurs, le smog aux particules fines est avant tout produit par les échappements de diesel et de gaz et par d'autres activités industrielles. Les dégâts sur la santé publique ne font pas de différence, ils touchent quasiment toutes les formes de vulnérabilité humaine[26] : la pollution augmente les risques de maladies et de crises cardiaques[27], de cancers de tous types[28], de maladies respiratoires chroniques ou aiguës comme l'asthme[29], ainsi que les issues de grossesse défavorables, notamment les naissances précoces[30]. De nouvelles recherches sur les effets comportementaux et développementaux se révèlent peut-être même encore plus effrayantes : la pollution de l'air a été associée à la mauvaise mémoire, aux déficits d'attention et de vocabulaire[31], au trouble du déficit de l'attention avec hyperactivité[32] et à certains troubles du spectre autistique[33]. La pollution est citée comme une cause de retard du développement des neurones dans le cerveau[34] et la proximité d'une centrale à charbon peut déformer votre ADN[35].

Dans le monde développé, 98 %[36] des villes sont enveloppées d'une couche d'air qui dépasse le niveau de sûreté établi par l'OMS. Sortez des zones urbaines et le problème ne s'améliorera pas vraiment : 95 %[37] de la population mondiale respire un air dangereusement pollué. Depuis 2013, la Chine a entrepris un nettoyage sans précédent de son air, mais, en 2015, la pollution tuait encore plus d'un million de Chinois[38] chaque année. À l'échelle mondiale, un décès sur six est provoqué par la pollution atmosphérique[39].

Ce niveau de pollution n'a rien de neuf, à vrai dire ; l'on trouvait déjà des présages sur la toxicité du smog et les dangers de l'air noirci dans les écrits de Charles Dickens, que l'on tient rarement pour un écologiste. Mais, chaque année, nous découvrons davantage de façons dont notre activité industrielle empoisonne la planète.

On a sonné l'alarme concernant ce qui a paru comme une menace de pollution entièrement nouvelle – ou en tout cas nouvellement connue : les microplastiques. Le réchauffement climatique n'est en rien responsable de l'apparition directe des microplastiques, pourtant leur rapide conquête de la nature semble une fable sur toutes les transformations que cache le mot « anthropocène » et sur la véritable fautive : la société de consommation mondiale.

Les plus écologistes d'entre vous ont sûrement déjà entendu parler du « Vortex de déchets du Pacifique nord[40] » – ce septième continent, une masse de plastiques d'une surface de deux fois le Texas flottant librement sur l'océan Pacifique. Ce n'est pas exactement une île, à vrai dire, ce n'est pas tout à fait une masse stable non plus, cependant il est plus facile pour nous, d'un point de vue rhétorique, de l'envisager comme telle. Il est principalement composé de plastique de grande taille, visible par l'œil humain. Les parties microscopiques sont plus insidieuses – un seul cycle de machine à laver suffit à en expédier 700 000 dans l'environnement[41]. Et plus envahissantes, figurez-vous : une étude récente a montré qu'un quart du poisson vendu en Indonésie et en Californie contient du plastique[42]. Les amateurs de fruits de mer européens, a suggéré une autre, en consomment au moins 11 000 unités par an[43].

L'effet direct sur la vie océanique est plus frappant. Le nombre total d'espèces marines[44] défavorablement affectées par la pollution plastique est passé de 260 en 1995 (année de la première évaluation) à 690 en 2015 et à 1 450 en 2018. La majorité des poissons observés dans les Grands Lacs contiennent des microplastiques, tout comme les entrailles de 73 % de ceux analysés dans l'Atlantique nord-ouest. Une étude d'un supermarché britannique a découvert 70 particules de plastique pour 100 grammes de moules[45]. Certains poissons ont appris à manger du plastique[46] et certaines espèces de krill fonctionnent désormais comme des usines de transformation, décomposant le microplastique en plus petites particules, que les scientifiques ont baptisées « nanoplastiques[47] ». Mais le krill ne parvient pas à tout gérer ; récemment, on a récolté 3,4 millions de particules de microplastique dans un espace de 2,5 km^2 près de Toronto[48]. Évidemment, les oiseaux marins ne sont pas immunisés : un chercheur a par exemple découvert 225 morceaux de plastique[49] dans l'estomac d'un petit âgé de trois mois seulement, ce qui représentait 10 % de sa masse corporelle – comme si un humain moyen transportait entre 4,5 et 9 kg de plastique dans son ventre distendu. (« Imaginez-vous faire votre premier vol avec tout ça dans l'estomac », a dit le chercheur, interviewé par le *Financial Times*, avant d'ajouter : « Partout dans le monde, les oiseaux marins déclinent plus rapidement que n'importe quel autre groupe d'oiseaux. »)

On a trouvé des microplastiques dans la bière, le miel et seize des dix-sept marques testées[50] de sel marin commercial dans huit pays différents. Plus on teste, plus on trouve ; et si personne ne sait encore quel impact cela peut avoir sur la santé des humains, dans les océans, les microperles de plastiques sont un million de fois plus toxiques que l'eau qui les entoure[51]. Il y a fort à parier que si nous réalisions des autopsies pour trouver des microplastiques[52] (comme nous en pratiquons pour les protéines tau, marqueur supposé de l'encéphalopathie traumatique chronique et de l'Alzheimer), nous en découvririons dans notre chair également. Nous en inspirons, même en intérieur, où l'on en a détecté en suspension dans l'air et nous en buvons déjà : ils sont présents dans l'eau du robinet de 94 % de toutes les villes américaines testées[53]. On prévoit un triplement de la production plastique globale d'ici à 2050[54] – l'océan en contiendra alors plus que de poissons.

La panique autour du plastique a un lien étrange avec le changement climatique. Elle souligne la dégradation de la planète sans pour autant avoir de véritable rapport avec le réchauffement. Les émissions de gaz carbonique ne sont néanmoins pas les seules responsables du changement. D'autres pollutions interviennent. Leur lien est assez ténu : les plastiques sont issus de l'activité industrielle qui produit également des polluants, dont le dioxyde de carbone. Un autre lien s'avère direct, quoique anecdotique, dans le grand ordonnancement des choses : lorsque le plastique se dégrade, il dégage du méthane et de l'éthylène[55], des gaz à effet de serre puissants.

Un troisième lien entre la pollution non carbonique et la température de la planète se révèle bien plus effroyable. Ce n'est pas tant le problème du plastique que celui de la

« pollution par les aérosols » – un terme global pour désigner toutes les particules en suspension dans notre atmosphère. Les aérosols contribuent à endiguer la température globale[56], surtout en reflétant la lumière du soleil vers l'espace. En clair, toute la pollution non carbonique que nous rejetons à partir de nos centrales, de nos usines et de nos automobiles – menant à la suffocation des métropoles les plus prospères au monde, contraignant des millions de chanceux à l'hospitalisation, des millions d'autres à une mort prématurée –, toute cette pollution, de façon assez perverse, permet en fait de réduire le réchauffement que nous connaissons actuellement.

À quel point ? D'un demi-degré environ, davantage peut-être. Si les aérosols n'avaient pas repoussé autant de lumière du soleil à l'ère industrielle, la planète aurait été réchauffée 33 % de plus[57]. Si nous avions, d'une façon ou d'une autre, réussi à produire précisément le même volume d'émissions de CO_2 depuis le début de la révolution industrielle, mais en parvenant à maintenir le ciel vierge de toute pollution par aérosols, la hausse des températures serait 50 % plus haute que ce qu'elle est aujourd'hui. Résultat ? Le lauréat du prix Nobel Paul Crutzen qualifie la situation d'« inextricable[58] ». Le climatologue Eric Holthaus a décrit, usant d'une expression peut-être plus percutante, un « pacte avec le diable[59] » : le choix entre une pollution, fléau pour la santé publique, d'une part, et, de l'autre, un ciel pur et dangereux à cause de sa pureté, qui accélère de façon spectaculaire le changement climatique. En éliminant cette pollution, on sauve des millions de vies chaque année[60], mais on crée également un pic dramatique de réchauffement. Ce qui nous placerait entre 1,5 et 2 °C au-dessus du point de départ préindustriel – nous propulsant tout droit jusqu'au palier des 2 °C de réchauffement qui a longtemps été considéré comme la limite séparant l'avenir vivable de la catastrophe climatique.

Depuis près d'une génération maintenant, les ingénieurs et les futurologues ont envisagé les implications pratiques de ce phénomène et la perspective de contenir la température mondiale à l'aide d'un programme de particules en suspension – autrement dit, polluer l'air à dessein, afin de maintenir une certaine fraîcheur sur la planète. Souvent regroupés sous le terme générique de « géo-ingénierie », ces projets ont été reçus par le public comme le pire scénario possible, tenant presque de la science-fiction – ils ont d'ailleurs largement alimenté les œuvres fictives récentes ayant pour thème la crise climatique. Pourtant, ils ont gagné un peu de crédit parmi les climatologues les plus concernés, dont beaucoup remarquent également qu'aucun des objectifs modestes de l'accord de Paris ne pourra être atteint sans des technologies d'émissions négatives – pour l'heure d'un coût prohibitif.

Le captage du CO_2 relève peut-être effectivement de « la pensée magique », mais les technologies plus basiques fonctionneront, c'est certain. Plutôt que d'aspirer le gaz carbonique hors de l'atmosphère, nous pourrions envoyer de la pollution dans le ciel volontairement ; la version la plus plausible implique du dioxyde de soufre. Nos couchers de soleil en deviendraient plus rouges, nos cieux plus blancs, les pluies acides plus nombreuses.

Ses effets sur la qualité de l'air provoqueraient également des dizaines de milliers de morts prématurées chaque année[61]. Un article de 2018 prédisait aussi un assèchement rapide de l'Amazone[62], ce qui accroîtrait le nombre d'incendies. L'effet négatif sur la croissance des végétaux[63] annulerait totalement l'effet positif sur la température globale, disait une autre publication la même année ; en d'autres termes, en tout cas pour ce qui est des productions agricoles, la géo-ingénierie solaire n'offrirait aucun bénéfice net.

Une fois lancé ce genre de programme, il nous serait impossible de l'interrompre. Même brièvement. Une dispersion temporaire de notre parapluie au soufre rouge contribuerait à augmenter la température de plusieurs degrés et à rapprocher la planète de l'abysse climatique. Quelles que soient les installations permettant de maintenir ledit parapluie, elles seraient particulièrement vulnérables aux stratégies politiques et au terrorisme, ce que même leurs défenseurs concèdent volontiers. Pourtant de nombreux scientifiques continuent de miser sur la géo-ingénierie, qu'ils décrivent comme incontournable – ça ne coûte rien, plaident-ils. Même un milliardaire écolo pourrait se lancer dans l'aventure en franc-tireur.

Les pestes du réchauffement

La roche enregistre l'histoire de la planète, plusieurs millions d'années compressées par les forces du temps géologique dans des strates de quelques centimètres d'épaisseur, voire moins. La glace a la même fonction, elle tient les comptes du climat, elle contient également quelques tranches d'histoire dont certaines, sitôt dégelées, peuvent être réanimées[1]. Il existe aujourd'hui, prises au piège de la banquise arctique, des maladies qui n'ont pas circulé dans l'air depuis des millions d'années – et, pour certaines, qui précèdent la présence humaine sur Terre. Nos systèmes immunitaires se trouveront bien dépourvus pour organiser la riposte lorsque ces épidémies préhistoriques émergeront de la glace. Déjà, plusieurs microbes ont été réanimés en laboratoire : une bactérie « extrêmophile[2] » vieille de 32 000 ans réactivée en 2005, un microbe de 8 millions d'années[3] ramené à la vie en 2007, un autre de 3,5 millions d'années qu'un scientifique russe[4] s'est injecté par curiosité, juste pour voir. (Il a survécu.) En 2018, des scientifiques ont redonné vie à quelque chose d'un peu plus gros – un ver figé dans le permafrost depuis 42 000 ans[5].

L'Arctique regorge également de maladies terrifiantes plus récentes. En Alaska, les chercheurs ont découvert des traces de la grippe de 1918[6] qui a infecté pas moins de 500 millions de personnes, dont 50 millions sont décédées[7] – soit 3 % de la population mondiale[8] à l'époque et presque six fois plus que le nombre de victimes de la Première Guerre mondiale tout juste achevée. La pandémie a fait office d'effroyable épilogue. Les scientifiques soupçonnent la glace sibérienne de receler la variole[9] et la peste bubonique[10], entre autres maladies légendaires[11]. Une histoire condensée des maladies les plus ravageuses, abandonnées comme une salade aux œufs sous le soleil de l'Arctique.

Nombre de ces organismes congelés ne survivront pas au dégel ; les conditions pour les ramener à la vie, généralement fastidieuses, impliquent un passage en laboratoire. Mais, en 2016, un garçon est décédé[12], vingt autres ont été infectés, par une libération d'anthrax : le permafrost en régression avait fait apparaître à l'air libre la carcasse gelée d'un renne tué par la bactérie au moins soixante-quinze ans auparavant ; plus de deux mille rennes d'aujourd'hui en ont aussi été victimes.

Plus que les anciennes maladies, ce qui inquiète les épidémiologistes, ce sont les fléaux existants, mais déplacés, réactivés ou même soumis à une nouvelle évolution par le réchauffement. Le premier effet est géographique. Avant le début de la période moderne, l'aspect provincial de l'humain jouait un rôle de protection contre les pandémies – certes, un microbe pouvait éradiquer une ville, un royaume, voire dans un cas extrême, dévaster un continent, mais, la plupart du temps, il ne pouvait pas se répandre au-delà du rayon d'action de ses victimes, autrement dit, pas bien loin. La peste noire a tué pas moins de 60 % des habitants de l'Europe, mais imaginez un peu, le temps de se faire peur, quel impact elle aurait eu si la mondialisation avait existé à l'époque.

Aujourd'hui, malgré le mélange rapide des populations globalisées, notre écosystème est plutôt stable, ce qui fonctionne comme une limite en soi – nous savons où certains microbes vont se développer, nous connaissons les environnements où ils n'y parviendront pas. Raison pour laquelle le tourisme d'aventure impose parfois de nouveaux vaccins et autres prophylaxies quand le New-Yorkais qui se rend à Londres n'a aucune raison de s'inquiéter.

Mais le dérèglement climatique va chambouler ces écosystèmes et du même coup aider les maladies à franchir ces frontières aussi sûrement que Cortés l'a fait lui-même. L'empreinte de chaque maladie transmise par le moustique est aujourd'hui délimitée, mais ces limites disparaissent rapidement à mesure que s'étendent les régions tropicales – le rythme actuel est de presque 50 km par décennie. Au Brésil, pendant des générations, la fièvre jaune est restée cantonnée dans le bassin amazonien où pullulent les moustiques *Haemagogus* et *Sabethes*[13], et seuls ceux qui vivaient, travaillaient ou se déplaçaient jusqu'au fin fond de la jungle avaient à s'en inquiéter. En 2016, les moustiques ont commencé à se disperser en dehors de la forêt tropicale et la fièvre a quitté l'Amazonie ; en 2017, elle avait atteint les alentours des mégalopoles du pays, São Paulo et Rio de Janeiro – plus de 30 millions de personnes[14], dont beaucoup vivent dans des favelas, se sont trouvées confrontées à l'arrivée d'une maladie qui tue entre 3 et 8 %[15] de ceux qui sont infectés.

La fièvre jaune n'est qu'un seul exemple des fléaux qui seront transportés lors de leur migration par les moustiques, conquérant de plus en plus de régions dans ce monde qui se réchauffe – et c'est la mondialisation des pandémies. Le paludisme à lui seul condamne déjà un million de personnes par an à la mort[16], il en infecte bien davantage, mais il est aujourd'hui inutile de vous en inquiéter si vous vivez dans le Maine ou en France. Cela dit, puisque les régions tropicales grignotent sur le nord et les moustiques avec elles, peut-être devriez-vous commencer à vous faire du souci ; au fil du siècle prochain, nous serons de plus en plus nombreux à vivre sous la menace de maladies comme celle-là. Il y a quelques années, par exemple, le virus Zika n'inquiétait personne.

C'est un bon exemple du deuxième effet préoccupant – la mutation d'une maladie[17]. Si vous n'aviez pas entendu parler de ce virus jusqu'à il y a peu, c'est, d'une part, parce qu'il était resté cantonné en Ouganda et en Asie du Sud-Est et, d'autre part, parce qu'il ne provoquait apparemment pas de malformations congénitales[18]. Les scientifiques n'ont toujours pas très bien compris ce qui s'est passé, ce qu'ils ont raté, plusieurs années après que la panique sur la microcéphalie s'est emparée de la planète : la maladie a pu changer en arrivant sur le territoire des Amériques, résultat d'une mutation génétique ou de l'adaptation à un nouvel environnement ; Zika a pu produire ces effets dévastateurs sur le fœtus seulement en présence d'une autre maladie[19], qui serait moins répandue en Afrique ; ou quelque chose dans l'environnement ou l'histoire immunologique de l'Ouganda protège les mères et leurs enfants à naître.

Mais nous avons tout de même quelques certitudes sur la façon dont le climat affecte certaines maladies. Le paludisme, par exemple, est florissant dans les régions chaudes, la Banque mondiale a estimé que d'ici à 2030[20], 3,6 milliards de personnes y seront confrontées – dont 100 millions par un résultat direct du changement climatique.

Des projections telles que celles-ci ne dépendent pas seulement des modèles climatiques, mais d'une compréhension fine de l'organisme en jeu. Ou plutôt des organismes. La transmission du paludisme implique à la fois la maladie et le moustique ; la maladie de Lyme, à la fois la maladie et la tique – une autre créature menaçante dont l'univers s'étend rapidement, à cause du changement climatique. Comme l'a documenté Mary Beth Pfeiffer, le nombre de personnes touchées par la maladie de Lyme a explosé au Japon, en Turquie et en Corée du Sud[21], où la maladie était littéralement inexistante jusqu'en 2010 – zéro cas – et touche désormais des centaines de Coréens supplémentaires chaque année. Aux Pays-Bas, 54 % du territoire est infesté ; sur l'ensemble de l'Europe, les cas de Lyme sont maintenant trois fois plus nombreux que le niveau standard. Aux États-Unis, il y a environ 300 000 nouvelles infections par an[22] et puisqu'un bon nombre de personnes traitées pour la maladie continuent d'en présenter les symptômes des années après le traitement, les chiffres s'accumulent. En tout, le nombre de cas de maladies transmises par les moustiques, tiques et puces a été multiplié par trois aux États-Unis[23] en à peine treize ans, des dizaines de comtés dans le pays rencontrant des tiques pour la première fois[24]. Mais les effets de l'épidémie sont particulièrement perceptibles chez les animaux : dans le Minnesota, durant les années 2000, en dix ans, les tiques d'hiver ont contribué à réduire de 58 % la population[25] d'élans et certains environnementalistes estiment que l'espèce pourrait être totalement éradiquée de l'État dès 2020. En Nouvelle-Angleterre, on a découvert des cadavres des petits élans nourrissant jusqu'à 90 000 tiques pleines jusqu'à la gorge[26], responsables de la mort de ces jeunes non par la maladie de Lyme, mais par simple anémie – la conséquence d'un tel nombre de parasites aspirant chacune quelques millimètres de sang de l'animal. Les survivants sont loin d'être vaillants, beaucoup se sont tellement grattés pour se débarrasser des tiques qu'ils ont fini par totalement arracher leur fourrure, ne se laissant qu'une peau grisâtre effrayante qui leur vaut d'être surnommés « élans fantômes ».

Lyme reste une maladie relativement récente, qu'on ne comprend pas encore très bien : nous lui attribuons un ensemble de symptômes très étranges et incohérents, allant des douleurs articulaires aux pertes de mémoire en passant par la paralysie faciale. Elle devient presque une explication fourre-tout pour des douleurs impossibles à identifier chez des patients dont on sait qu'ils ont été mordus par une petite bête porteuse du virus. Cependant, nous connaissons les tiques aussi bien que le paludisme – rares sont les parasites que nous connaissons aussi bien. Mais il en existe des millions qui sont pour nous beaucoup, beaucoup plus mystérieux – autant dire que nous ignorons absolument quelles conséquences aura sur eux le changement climatique. Sans même parler de ces fléaux qui s'abattront sur nous pour la toute première fois à cause de ce même changement – un univers tout neuf de maladies qui n'ont jamais suscité la moindre inquiétude chez les humains.

« Univers tout neuf » n'est pas une hyperbole. Les scientifiques estiment que la planète pourrait receler plus d'un million de virus encore inconnus[27]. Les bactéries sont toujours plus compliquées, nous en connaissons sûrement encore moins.

Les plus effrayantes sont peut-être celles qui vivent en nous, paisiblement. Plus de 99 %[28] des bactéries contenues par le corps humain sont inconnues de la science, nous évoluons donc dans l'opacité quasi complète lorsqu'il s'agit de penser les effets du changement climatique sur les bactéries intestinales, par exemple. Toutes ces bactéries sur lesquelles l'humain moderne a appris à compter, telles de fidèles ouvrières dans leur usine, pour tout, depuis la digestion de la nourriture jusqu'à la modulation de notre anxiété, tout pourrait être remodelé, diminué, voire tout à fait supprimé avec quelques degrés de chaleur supplémentaires.

Les virus et les bactéries qui vivent en nous ne représentent, pour la plupart, aucune menace – pour l'instant. Une différence de 1 °C ou 2 ne générera probablement pas d'immenses modifications dans le comportement de la majorité d'entre eux – et même la grande, voire la très grande majorité d'entre eux. Mais prenons l'exemple du saïga[29] – une adorable antilope naine native d'Asie centrale. En mai 2015, près des deux tiers de la population mondiale[30] sont décédés en à peine deux jours : sur une zone aussi vaste que la Floride, absolument tous les saïgas sont morts, et la terre soudain s'est trouvée jonchée de centaines de milliers de cadavres. Pas un survivant. Un phénomène de mort de masse aussi frappant, digne d'une fiction de cinéma, a immédiatement donné lieu à toute une série de théories du complot : extraterrestres, radiations, largage de carburant de fusée. Mais aucune toxine n'a été découverte par les chercheurs qui ont parcouru les charniers – que ce soit dans les animaux eux-mêmes, dans la terre, ou dans les végétaux. Le coupable, en réalité, était une simple bactérie, *Pasteurella multocida*, logée dans les amygdales des saïgas depuis toujours, qui n'avait jamais menacé son hôte de quelque manière que ce soit, depuis des générations. Soudain, cette bactérie avait proliféré, migré vers le système sanguin et de là jusqu'au foie, aux reins, à la rate. Pourquoi ? « Les endroits où sont morts les saïgas en mai 2015 étaient extrêmement chauds et humides », a écrit Ed Young dans *The Atlantic*. « En fait, le niveau d'humidité était le plus haut jamais enregistré dans la région depuis les premiers relevés, en 1948. Les mêmes conditions avaient provoqué deux précédentes hécatombes, beaucoup plus réduites, en 1981 et 1988. Lorsque les températures sont très hautes, que l'air est très humide, les saïgas meurent. Le climat est le détonateur. *Pasteurella* est la balle. »

Cela ne signifie pas pour autant que nous savons comment, exactement, l'humidité a pu convertir *Pasteurella* en arme, ni combien de ces autres bactéries qui vivent dans les mammifères dans notre genre pourraient être métamorphosées par des conditions climatiques différentes : lesquelles parmi nos gentilles bactéries symbiotiques vont brusquement se transformer en maladie contagieuse, seront-elles parmi le 1 % connu ou, plus inquiétant, parmi les 99 % que nous abritons sans les connaître ni les comprendre ? Tout cela reste un mystère. Il n'y a pas de confort dans cette ignorance. Le climat, sûrement, se chargera de faire les présentations.

L'effondrement de l'économie

Une litanie est inlassablement rabâchée, un précepte qui a dominé depuis la fin de la guerre froide jusqu'à la crise de 2008, la promesse en quelque sorte du règne éternel du marché mondial : la croissance économique nous sauvera de tout et n'importe quoi.

Suite au krach de 2008, un certain nombre d'historiens et d'économistes iconoclastes, étudiant ce qu'ils appellent le « capitalisme fossile », ont commencé à envisager autrement l'histoire de la rapide croissance économique, qui a débuté de manière un peu soudaine au XVIIIe siècle. Pour eux, elle n'est pas le résultat de l'innovation ou de la dynamique du libre-échange, mais tient simplement à notre découverte des combustibles fossiles et à toute leur puissance brute – d'un coup, cette nouvelle « valeur » a été injectée dans un système précédemment caractérisé par une économie de subsistance présente de toute éternité. Il s'agit d'un point de vue minoritaire parmi les économistes, pourtant le résumé de ce point de vue est assez frappant. Avant les combustibles fossiles, personne ne vivait mieux que ses parents ou grands-parents, ni même que ses ancêtres cinq siècles plus tôt, sauf au lendemain immédiat de grandes catastrophes telles que la peste noire, qui a permis aux survivants, ces chanceux, de mettre la main sur les ressources libérées par les charniers.

En Occident, tout particulièrement, nous avons tendance à croire que nous avons laissé derrière nous cette ruée brutale et infinie pour des ressources sans bénéfice aucun, grâce à nos inventions, comme la machine à vapeur ou l'ordinateur, et au développement, en récompense, d'un système capitaliste dynamique. Mais certains universitaires comme Andreas Malm voient les choses différemment. Selon eux, nous nous sommes sortis de ce pétrin grâce à une seule et unique innovation, conçue, non par la main de l'homme, mais des millions d'années avant que la première main humaine ait même creusé la terre. C'est l'œuvre du temps et de la masse géologique qui, il y a des millénaires, a pressé les fossiles des premières formes de vie à base de carbone (plantes, petits animaux) pour produire le pétrole. Le pétrole est le patrimoine du passé préhumain de la planète : toute l'énergie stockée que la terre peut produire lorsqu'elle reste intacte pendant des millénaires. À l'instant où les humains ont découvert le stock, ils ont entrepris de le piller – si vite qu'à plusieurs moments au cours de la seconde moitié du XXe siècle, les prévisionnistes ont paniqué, craignant qu'il vienne à disparaître. En 1968, l'historien du travail Eric Hobsbawm écrivait : « Qui dit révolution industrielle dit coton[1]. » Aujourd'hui, il remplacerait sûrement « coton » par « combustible fossile ».

La chronologie de la croissance correspond parfaitement à celle de la combustion de ces énergies, quoi qu'en disent les économistes doctrinaires, qui argumenteront que l'équation de la croissance ne se limite pas à ça. Les générations étant longues, la mémoire historique courte, les siècles de prospérité éclatante relativement stables de l'Occident ont paré la croissance économique de l'aura rassurante de la permanence : nous l'attendons, sur certains continents du moins, et pestons contre nos dirigeants et nos élites quand elle n'arrive pas. Mais l'histoire planétaire est très longue et l'histoire humaine aussi, relativement. Et si les changements technologiques que nous appelons progrès s'enchaînent à un rythme étourdissant, ils pourraient encore parvenir à nous éloigner des coups portés par le changement climatique, il n'est pas difficile non plus d'imaginer que ces siècles flamboyants dont ont profité les nations ayant colonisé le reste de la planète ne sont en fait qu'une aberration. D'autres empires éphémères ont connu leur période de gloire, eux aussi.

Vous n'êtes pas forcés de croire que la croissance économique est un mirage produit par les fumées fossiles pour vous inquiéter des menaces que fait peser sur elle le changement climatique. Cette proposition a donné lieu à tout un pan de littérature académique cette dernière décennie. Les travaux les plus intéressants sur l'économie du réchauffement viennent de Solomon Hsiang, Marshall Burke et Edward Miguel, qui ne sont pas historiens du capitalisme fossile, mais proposent, quoi qu'il en soit, une analyse très sombre : dans un pays déjà relativement chaud, chaque degré Celsius supplémentaire réduit la croissance, en moyenne, d'un point[2] (ce qui est énorme, si l'on considère qu'une croissance à un chiffre, même bas, est jugée « forte »). Il s'agit d'un travail de terrain remarquable. Comparée à une trajectoire de croissance économique non soumise au changement climatique, la projection moyenne est de 23 % de perte de revenu par habitant à l'échelle de la planète d'ici la fin de ce siècle[3].

Tracer la courbe de probabilité se révèle encore plus effrayant. Selon cette étude, il existe 51 % de risques[4] que le réchauffement réduise la production mondiale de plus de 20 % d'ici à 2100, comparé à un monde sans réchauffement et 12 % de risque que le PIB par habitant baisse de 50 % ou plus sur la même période, à moins que les émissions déclinent. Par comparaison, la crise de 1929 a fait chuter le PIB mondial d'environ 15 %, estime-t-on, mais les chiffres n'étaient pas très précis à l'époque. Celle de 2008, qui était un choc ponctuel, a eu un impact d'environ 2 % ; Hsiang et ses collègues estiment que d'ici à 2100, nous avons un risque sur huit de connaître un effet durable et irréversible vingt-cinq fois plus grave. En 2018, une équipe dirigée par Thomas Stoerk[5] expliquait que ces estimations pouvaient être dramatiquement sous-évaluées.

L'ampleur de cette dévastation économique est difficile à comprendre. Même au sein des nations postindustrielles du riche Occident, où les indicateurs économiques tels que le taux de chômage et la croissance du PIB semblent investis du sens de la vie, des chiffres tels que ceux-ci sont difficiles à saisir. Nous sommes tellement habitués à la stabilité économique et à la fiabilité de la croissance que nous semblons incapables de concevoir des contractions au-delà de 15 % (dont nous étudions encore les effets dans les études sur la Dépression) ou des croissances environ deux fois moins fortes – environ 7 %, chiffre atteint par le monde dans son ensemble lors de l'explosion globale du début des années 1960[6]. Il s'agit là de pics exceptionnels et ponctuels, mais la plupart du temps nous mesurons les fluctuations économiques en fraction de décimale – 2,9 telle année, 2,7 telle autre. Ce que propose le changement climatique, c'est un recul économique d'une autre envergure.

L'effondrement par pays s'annonce peut-être encore plus affolant. Certains endroits vont en bénéficier[7], au nord, où des températures plus chaudes peuvent améliorer l'agriculture et la productivité économique : le Canada, la Russie, la Scandinavie, le Groenland… Mais sous les latitudes moyennes, ces pays qui fournissent actuellement le gros de l'activité économique – les États-Unis, la Chine… – perdront près de la moitié de leur production potentielle. Le réchauffement au niveau de l'équateur sera pire encore, les pertes un peu partout en Afrique, au Mexique, au Brésil, en Inde et en Asie du Sud-Est approchant les 100 %. L'Inde à elle seule[8], à en croire une étude, supporterait près d'un quart de la souffrance économique infligée au monde entier par le changement climatique. En 2018, la Banque mondiale estimait que les émissions de gaz carbonique, si elles se poursuivaient sur leur lancée actuelle, diminueraient drastiquement les conditions de vie de 800 millions de personnes[9] vivant en Asie du Sud. À cause du réchauffement, 100 millions basculeront dans l'extrême pauvreté dans les dix ans à venir[10]. Peut-être « rebasculeront » serait un terme plus approprié : parmi les plus vulnérables, beaucoup appartiennent à ces populations qui viennent de s'extirper de l'économie de subsistance et des privations, grâce à la croissance du monde développé, basée sur l'industrialisation et le combustible fossile.

Et pour aider à atténuer les impacts, aucun New Deal nouvelle formule ne nous attend au coin de la rue, pas de plan Marshall applicable en un rien de temps. La réduction de moitié de nos ressources économiques serait permanente donc, très vite, nous ne considérerions plus cela comme une privation, simplement comme une normalité brutale, cruelle. Chaque minuscule sursaut d'une décimale de croissance serait considéré comme le souffle d'une nouvelle prospérité. Tout au long de notre marche erratique sur la crête de l'histoire économique, nous avons été habitués aux revers, cependant nous en parlons comme de simples contretemps et nous nous attendons à des reprises élastiques. Ce que le changement climatique nous réserve n'a rien à voir avec ça – ce ne sera ni une Grande Récession ni une Grande Dépression, mais, en termes économiques, une Grande Agonie.

Comment avons-nous pu en arriver là ? La réponse se trouve en partie dans les chapitres précédents – catastrophes naturelles, inondations, crises de santé publique. Des tragédies, certes, et coûteuses, qui déjà commencent à s'accumuler à un rythme sans précédent. Il y a l'impact sur l'agriculture : plus de trois millions d'Américains travaillent sur plus de deux millions d'exploitations ; si les récoltes chutent de 40 %, les marges déclineront elles aussi jusqu'à disparaître entièrement dans de nombreux cas. Les petites fermes et coopératives et même certains empires de l'agro-industrie couleront et seront engloutis sous les dettes de tous ceux qui travaillent et possèdent ces champs arides, dont beaucoup assez vieux pour se souvenir de l'âge d'or de ces plaines. Et puis il y a les véritables inondations : d'ici à 2100[11], 2,4 millions de foyers et entreprises américains, d'une valeur actuelle de plus de 1 000 milliards de dollars, subiront des inondations chroniques, à en croire une étude de 2018 de l'Union of Concerned Scientists. 14 % de l'immobilier de Miami Beach pourrait être sous l'eau d'ici à 2045. Et on ne parle là que de l'Amérique, même si cela ne se limite pas à la Floride du Sud ; en fait, sur les prochaines décennies, l'impact sur l'immobilier, dans le seul New Jersey par exemple, atteindra presque les 30 milliards de dollars[12].

La chaleur directe coûte à la croissance, comme à la santé. Certains effets sont déjà perceptibles – par exemple les rails voilés, les vols cloués au sol à cause de températures si hautes qu'elles abolissent l'aérodynamisme qui permet aux avions de décoller, une situation désormais banale dans des aéroports[13] soumis à de fortes chaleurs comme celui de Phoenix. (Au passage, gardez à l'esprit que chaque aller-retour entre New York[14] et Londres coûte au pôle Nord 3m^2 de banquise.) De la Suisse à la Finlande[15], les vagues de chaleur ont imposé la fermeture de centrales, les liquides de refroidissement étant devenus trop chauds pour mener à bien leur mission. Et en Inde, en 2012, 670 millions de personnes ont été privées d'électricité[16], le réseau ayant été submergé par les agriculteurs contraints d'irriguer leurs champs sans l'aide de la mousson, qui n'est jamais arrivée. À l'exception des projets les plus rutilants des pays les plus riches du monde, les infrastructures n'ont pas été conçues pour affronter le changement climatique, ce qui signifie que les vulnérabilités sont partout.

D'autres effets, moins flagrants, sont également visibles – par exemple, la productivité. Ces vingt dernières années, les économistes se sont demandé pourquoi la révolution informatique et Internet n'ont pas engendré de gains de productivité significatifs pour le monde industrialisé. Tableurs, logiciels de gestion de bases de données, e-mails – ces innovations à elles seules semblaient promettre d'énormes gains en efficacité pour n'importe quelle entreprise ou économie qui les adopterait. Mais voilà, ces gains ne se sont tout simplement pas matérialisés ; en fait, la période économique qui a vu naître ces innovations, et avec elles des milliers de compétences informatisées, s'est caractérisée, particulièrement dans l'Occident développé, par une stagnation des salaires, de la productivité et par une croissance économique molle. Hypothèse : les ordinateurs nous ont rendus plus efficaces, plus productifs et, en même temps, le changement climatique a eu l'effet opposé, diminuant ou effaçant totalement l'impact de la technologie. Comment serait-ce possible ? Première théorie : ce serait dû aux effets cognitifs négatifs de la chaleur directe et de la pollution de l'air, chaque jour plus documentés par la recherche. Que cette théorie explique ou non la grande stagnation de ces dernières dizaines d'années, nous n'avons quoi qu'il en soit aucun doute sur le fait que des températures plus chaudes ralentissent la productivité du travailleur.

Cette idée semble à la fois tirée par les cheveux et tenir du bon sens. D'une part, on imagine mal comment quelques fractions de degré supplémentaires pourraient transformer des économies entières en marchés zombies et, de l'autre, tous ceux qui l'ont déjà expérimenté savent bien à quel point il est difficile de travailler par une chaude journée sans climatisation. On a plus de mal à croire que cela s'applique aussi à grande échelle, du moins au début. Cela semble peut-être du déterminisme géographique, mais Hsiang, Burke et Miguel ont identifié une température moyenne annuelle optimale pour la productivité économique : 13 °C[17], qui se trouve être le médian historique pour les États-Unis et plusieurs autres grosses économies mondiales. Aujourd'hui, le climat américain oscille autour de 13,4 °C, ce qui se traduit par une baisse de moins de 1 % du PIB – bien que, comme pour les intérêts composés, l'effet s'amplifie au fil du temps. Bien entendu, à mesure que le pays s'est réchauffé, certains territoires ont vu leur température passer d'un niveau suboptimal pour se rapprocher de conditions idéales. La grande région de la baie de San Francisco, par exemple, se situe en ce moment même à exactement 13 °C.

Voilà pourquoi on dit que le changement climatique est une crise globale qui concerne chaque aspect de notre vie sur cette planète aujourd'hui. Mais les souffrances du monde seront distribuées aussi peu équitablement que ses profits, avec de grandes divergences tant entre pays qu'en leur sein. Des pays déjà chauds[18] comme l'Inde et le Pakistan seront plus durement touchés ; aux États-Unis, les coûts seront principalement endossés par le Sud et le Midwest, où certaines régions pourraient perdre jusqu'à 20 % de leurs revenus[19].

Dans l'ensemble, même si les États-Unis subiront de violents impacts climatiques, le pays fait partie de ceux qui sont les mieux placés pour les supporter – sa richesse et sa géographie ont retardé les effets du changement climatique qui déjà frappent des nations plus chaudes et plus pauvres. Mais les États-Unis ont beaucoup à perdre et leur littoral est excessivement développé, ils sont donc plus vulnérables aux impacts climatiques que n'importe quel pays au monde (à l'exception de l'Inde), or sa maladie économique ne sera pas mise en quarantaine à la frontière. Qui dit mondialisation dit répercussions économiques. Zhengtao Zhang et d'autres chercheurs les ont quantifiées et ont découvert que les impacts croissent avec le réchauffement[20]. À + 1 °C, avec un déclin du PIB américain de 0,88 %, le PIB mondial connaîtrait une baisse de 0,12 %, les pertes américaines se répercutant dans le système mondial. À + 2 °C, les répercussions sont multipliées par trois, mais, là encore, les effets sont différents selon les endroits du monde ; comparées aux pertes américaines à + 1 °C, les pertes chinoises à + 2 °C seraient 4,5 fois supérieures. Les ondes de choc qui se propageront à partir d'autres pays seront moins fortes, à l'image de leur économie, néanmoins cet effet de ricochet se produirait à partir de la quasi-totalité des nations, leurs ondes tels des signaux radio émis depuis une forêt mondiale d'antennes-relais, chacune transmettant sa souffrance économique.

Pour le meilleur ou pour le pire, les riches pays occidentaux utilisent la croissance économique comme unique unité de mesure, aussi imparfaite soit-elle, pour déterminer la santé de nos sociétés. Bien sûr, lorsqu'on prend cette base, le changement climatique pèse lourd – incendies, sécheresses, famines… – et ses conséquences font l'effet de séismes. Les coûts sont d'ores et déjà astronomiques, un ouragan à lui seul est susceptible de causer des dégâts de plusieurs centaines de milliards de dollars. Si la planète se réchauffait de 3,7 °C, dit une étude, les dommages engendrés par le changement climatique pourraient atteindre un total de 551 000 milliards de dollars – près de deux fois la richesse existant aujourd'hui dans le monde entier. Or, si l'on continue sur notre lancée, le réchauffement sera encore supérieur.

Ces dernières décennies, le consensus politique était le suivant : pour que le monde tolère des mesures en réaction au changement climatique, celles-ci devraient être gratuites – ou, mieux encore, il fallait qu'elles soient présentées comme des boulevards vers de nouvelles perspectives économiques. Cette logique de marché a probablement toujours manqué de perspicacité, mais ces dernières années, alors que le coût de l'adaptation sous la forme d'énergie verte chutait de façon spectaculaire, l'équation a totalement été renversée : nous savons désormais qu'il nous en coûtera beaucoup, beaucoup plus cher de *ne pas* agir sur le climat que de prendre des mesures, même les plus agressives, dès aujourd'hui. Si vous ne considérez pas le prix d'une action ou d'une obligation d'État comme une barrière insurmontable face aux dividendes que vous recevrez, il n'y a aucune raison pour que vous considériez hors de prix les adaptations au climat. En 2018, un article calculait le coût global d'une transition énergétique rapide, d'ici à 2030 : il s'agirait en fait d'une économie, de 26 000 milliards de dollars[21]. En d'autres termes, comparée au statu quo, en seulement une douzaine d'années, financer la reconstruction des infrastructures énergétiques du monde nous éviterait de dépenser cette coquette somme d'argent.

Chaque jour passé sans rien faire, les coûts s'accumulent et les compteurs s'emballent vite. Hsiang, Burke et Miguel sont parvenus à leur chiffre de 50 % en partant du plus extrême – le scénario du pire pour la croissance économique sous le signe du changement climatique. Mais, en 2018, Burke et d'autres confrères ont publié un article majeur explorant les conséquences sur la croissance de certains scénarios plus proches de notre situation actuelle[22]. Ils partent d'une hypothèse plausible, néanmoins assez optimiste, selon laquelle le monde respecterait son engagement de Paris, limitant le réchauffement entre 2,5 et 3 °C. Il s'agit probablement du meilleur scénario que nous puissions espérer ;

à en croire les estimations de Burke et ses collègues, globalement, par rapport à un monde qui ne serait soumis à aucun réchauffement supplémentaire, la production économique par habitant serait entre 15 et 25 % inférieure d'ici la fin du siècle. À + 4 °C, soit la fourchette basse dans la lignée de notre trajectoire actuelle d'émissions, la baisse de production serait de 30 % ou plus. Il s'agirait d'une dépression deux fois plus profonde que celle qui a marqué nos grands-parents dans les années 1930, celle-là même qui a semé les premières graines du fascisme, de l'autoritarisme et du génocide. Mais, avant de pouvoir parler de dépression, encore faut-il en être sorti et pouvoir la contempler, soulagé, depuis le sommet suivant. Or le soulagement, le répit ne sont peut-être pas au programme du changement climatique et même si, comme toujours dans ces cas-là, certains trouvent le moyen de tirer profit de l'effondrement, l'expérience que vivra la majorité d'entre nous s'apparentera à celle des mineurs à jamais ensevelis au fond d'un puits.

Conflit climatique

Les climatologues font toujours preuve de la plus grande prudence lorsqu'ils s'expriment au sujet de la Syrie. Ils aimeraient faire comprendre que le changement climatique est certes à l'origine de la sécheresse qui a contribué à la guerre civile, mais qu'on ne peut pas tout à fait affirmer que le conflit résulte directement du réchauffement ; le Liban, pays voisin, a subi les mêmes mauvaises récoltes, il est pourtant resté stable.

Guerres et ouragans ne sont pas des conséquences du dérèglement climatique, simplement les unes et les autres deviennent plus probables – en d'autres termes, cela relève quasiment de la subtilité sémantique. Si le changement climatique fait augmenter de 3 % la probabilité d'un conflit dans un pays donné, cela n'est pas anecdotique : il existe près de deux cents pays dans le monde, ce qui multiplie donc les possibilités, et la hausse des températures pourrait engendrer trois, quatre, six fois plus de guerres. Ces dix dernières années, les chercheurs ont réussi à quantifier certains des liens les moins évidents entre température et violence : pour chaque demi-degré de réchauffement[1], les sociétés connaîtront une hausse des probabilités de conflit armé située entre 10 et 20 %. En science du climat, rien n'est simple, mais l'arithmétique est difficilement supportable : sur une planète

4 °C plus chaude, les guerres seraient deux fois plus nombreuses qu'aujourd'hui. Au minimum.

Comme c'est le cas avec n'importe quel aspect du chaos climatique, atteindre les objectifs définis à Paris ne nous sauvera pas du bain de sang, loin de là ; même dans un effort incroyable, improbable, pour limiter le réchauffement à 2 °C, il en résulterait, selon cette équation, au moins 40 %, voire 80 % plus de guerres. Il s'agit, je le rappelle, du meilleur scénario possible : au moins moitié plus de conflits qu'aujourd'hui, et pourtant rares sont ceux qui, en regardant les informations chaque soir, pourraient croire que la paix règne sur le monde. Le changement climatique a d'ores et déjà élevé de plus de 10 % le risque de conflits en Afrique[2]. Sur ce continent, d'ici à 2030, les températures en projection devraient être à l'origine de 393 000 morts additionnelles au combat[3].

« Le combat » – le mot en soi fait l'effet d'une relique. En Occident, nous faisons comme si la guerre était une anomalie de la vie moderne, aussi éradiquée de notre quotidien que la polio. Mais, à l'échelle du monde, dix-neuf conflits armés sont en cours, suffisamment violents pour être à l'origine d'au moins mille décès par an. Neuf d'entre eux ont commencé après 2010, de nombreux autres se développent dans une violence moindre.

On s'attend à voir ces décomptes augmenter dans les décennies à venir, ce qui explique, comme l'ont souligné tous les climatologues avec qui j'ai pu échanger ou presque, que l'armée américaine soit obsédée par le dérèglement climatique. Le Pentagone lance régulièrement des évaluations sur cette menace et se prépare à une nouvelle ère de conflits gouvernés par le changement. C'est encore vrai sous Trump, des institutions fédérales secondaires comme le Government Accountability Office, qui serait l'équivalent de la Cour des comptes, se mettent elles aussi à émettre de avertissements graves sur le climat. L'engloutissement[4] des bases navales américaines suite à la hausse du niveau de la mer serait déjà assez problématique, quant à la fonte de la banquise au pôle Nord, elle promet d'ouvrir un tout nouveau théâtre de conflits, qui autrefois aurait paru aussi étrange que la course à l'espace. Là encore, les Américains retrouveraient sur le terrain leur vieil adversaire russe.

Si l'on a l'âme d'un stratège, on peut aussi envisager l'activité de construction agressive de la Chine dans la mer de Chine du Sud, où sont apparues des îles artificielles érigées à des fins militaires, comme une sorte de répétition générale pour permettre à cette superpuissance de continuer à régner, même si une partie du monde est sous l'eau. L'occasion stratégique est claire, puisque tant de territoires existants sont censés disparaître d'ici la fin du siècle, voire avant – comme toutes ces îles de basse altitude que les États-Unis utilisaient autrefois comme avant-postes de leur empire dans le Pacifique. L'archipel des îles Marshall, par exemple, sur lequel les États-Unis ont mis la main pendant la Seconde Guerre mondiale, pourrait devenir inhabitable à cause de la hausse du niveau de la mer dès la seconde moitié du siècle, a averti l'Institut d'études géologiques des États-Unis ; même si l'accord de Paris est respecté, les îles seront submergées[5]. Et ce qui coulera avec elles est assez effrayant. En commençant par le bombardement de l'atoll Bikini, ces îles constituaient le point central pour les tests atomiques américains juste après la guerre ; l'armée s'est contentée de « nettoyer » une seule île de la radioactivité, ce qui fait de cet archipel l'un des plus gros sites de déchets nucléaires au monde[6].

Mais, pour les militaires, le changement climatique ne se limite pas à une rivalité entre grandes puissances exécutée sur une carte transformée. Même pour ceux parmi les militaires américains qui s'attendent à voir durer indéfiniment l'hégémonie de leur pays, le changement climatique pose problème, parce que être le gendarme du monde est un peu plus compliqué lorsque le taux de criminalité est multiplié par deux. Et la Syrie n'est pas le seul pays dont le conflit a été alimenté par le climat. Certains considèrent l'aggravation des tensions au Moyen-Orient au fil de la génération précédente comme un reflet des pressions du réchauffement – une hypothèse d'autant plus cruelle si l'on pense que tout s'est accéléré lorsque le monde industrialisé s'est mis à extraire et à brûler le pétrole de la région. Qu'il s'agisse de Boko Haram, de Daech[7], des talibans ou des groupes islamiques militants du Pakistan, on a associé la sécheresse et les mauvaises récoltes à la radicalisation. L'effet est particulièrement prononcé sur fond de querelles ethniques : une étude de 2016 a montré qu'entre 1980 et 2010, 23 % des conflits[8] dans les pays où existe une diversité ethnique ont éclaté dans les mois qui ont été marqués par des catastrophes météorologiques. À en croire une évaluation, trente-deux nations (de Haïti aux Philippines, à l'Inde et au Cambodge, toutes lourdement dépendantes de l'agriculture) sont confrontées à un « risque extrême[9] » de conflit et d'agitation sociale à cause des perturbations du climat sur les trente années à venir.

Comment s'articule ce lien entre climat et conflit[10] ? C'est en partie une affaire d'agriculture et d'économie : lorsque les récoltes s'amenuisent, que la productivité est en baisse, il arrive que les sociétés vacillent. Aussi, lorsque interviennent sécheresses et vagues de chaleur, les chocs peuvent être ressentis plus en profondeur, les lignes de faille politiques deviennent électriques, de nouvelles apparaissent, d'autres se révèlent, qui n'avaient jamais inquiété personne. Souvent, cela tient à la migration forcée[11] qui résulte de ces chocs et à l'instabilité sociale et politique qu'elle engendre ; lorsque les choses tournent mal, ceux qui le peuvent ont tendance à fuir, et pas toujours en direction de lieux prêts à les accueillir – c'est même un euphémisme, si l'on en croit l'histoire récente. Les migrations aujourd'hui atteignent déjà des chiffres records, on dénombre près de soixante-dix millions de personnes déplacées actuellement sur la planète[12]. Voilà pour l'impact extérieur ; mais, localement, il est souvent plus profond. Ceux qui restent, dans une région ravagée par des conditions météorologiques extrêmes se retrouvent souvent à naviguer au sein d'une structure sociale et politique entièrement transformée, si tant est qu'elle existe encore. Les États faibles ne sont pas les seuls à tomber à cause des pressions climatiques ; récemment, des universitaires ont compilé une longue liste d'empires secoués, en partie au moins, par des phénomènes climatiques et leurs conséquences : parmi eux, l'Égypte, l'empire d'Akkad et Rome[13].

Le calcul est complexe, raison pour laquelle les chercheurs se montrent réticents à pointer clairement du doigt l'origine des conflits, mais c'est par sa complexité que le réchauffement exprime sa brutalité. Comme les conséquences sur la croissance, la guerre n'est pas un impact distinct de la hausse des températures, mais quelque chose qui s'apparenterait davantage à une somme globale des pires chocs et réactions en chaîne dus au changement climatique. Le Centre pour le climat et la sécurité, un think tank centré sur l'État, classe ces menaces en six catégories[14] : « les États en situation inextricable », dans lesquels le gouvernement a réagi aux défis locaux du climat – sur l'agriculture par exemple – en se tournant vers le marché mondial désormais plus que jamais vulnérable aux chocs du climat ; « les États cassables », stables en surface – mais par un simple coup de chance climatique ; les « États fragiles » comme le Soudan, le Yémen, le Bangladesh, où les impacts du climat ont déjà entamé la confiance dans l'autorité de l'État, ou pis ; « les zones disputées entre États », comme la mer de Chine du Sud ou l'Arctique ; « les États en voie de disparition », dans le sens premier du terme, comme dans le cas des Maldives ; et les « acteurs non-étatiques », comme Daech, susceptibles de mettre la main sur des ressources locales, l'eau douce par exemple, pour faire pression contre l'autorité de l'État en tant que tel ou sur la population locale. Dans chacun des cas, le climat n'est pas le seul en cause, mais il est l'étincelle qui enflamme le fagot où s'entremêle le petit bois social.

Cet entrelacs complexe pourrait expliquer qu'on ne voie pas clairement arriver la menace de la guerre : nous choisissons de considérer le conflit comme principalement déterminé par la politique et l'économie quand tous les trois sont en réalité le fruit, comme le reste, des conditions imposées par notre climat en évolution rapide. Depuis une dizaine d'années, le scientifique Steve Pinker[15] le répète, nous ne parvenons pas à apprécier le progrès humain, en Occident tout particulièrement – nous sommes tout bonnement incapables de voir toutes les améliorations massives et rapides dont le monde a été témoin : moins de violence, de guerres, de pauvreté, réduction de la mortalité infantile, hausse de l'espérance de vie… C'est vrai. Il suffit d'observer les courbes, la trajectoire de ce progrès semble indéniable : beaucoup moins de morts violentes et de privations extrêmes, une classe moyenne en expansion à l'échelle mondiale, qui se compte désormais en centaines de millions de personnes. Mais, encore une fois, cette histoire est liée à la prospérité née de l'industrialisation et aux transformations des différentes sociétés du fait de la richesse apportée par le combustible fossile. C'est une histoire largement écrite par la Chine et, dans une moindre mesure, par le reste du monde en voie de développement, par le biais de l'industrialisation. Et le coût d'une bonne partie de ce progrès, le prix à payer pour toute cette industrialisation qui a rendu l'accession à la classe moyenne possible pour des milliards de personnes dans le Sud dans son ensemble, c'est le changement climatique – à propos duquel, ironiquement, nous faisons preuve d'un optimisme excessif, Pinker compris. Pis, le réchauffement initié par tous nos progrès annonce un retour de la violence.

Même quand il s'agit de guerre, la mémoire historique, non sans un certain sadisme, ne semble fonctionner qu'à moitié : en moins d'une génération, les horreurs et leurs causes disparaissent dans un folklore familier. Mais il est important de garder à l'esprit que la plupart des guerres, au fil de l'Histoire, ont été des conflits sur des ressources, souvent nées de pénuries – ce qui guette précisément une terre densément peuplée et dénudée par le changement climatique. Malheureusement, ce n'est pas la guerre qui fera augmenter ces ressources ; la plupart du temps, elle ne fait que les réduire à néant.

L'ombre des conflits entre États porte loin – et les dégâts sont effroyables sur le patchwork des nations tiraillé d'un côté comme de l'autre. Le climat pèse aussi sur le tissu individuel : irritabilité, conflits interpersonnels, violence domestique…

La chaleur use tout. À cause d'elle, le taux de criminalité[16] et les insultes sur les réseaux sociaux[17] augmentent, et un joueur de base-ball professionnel en vient à s'en prendre à un adversaire sur le terrain[18]. Plus il fait chaud, plus les conducteurs agacés[19] appuient longuement sur leur klaxon ; et, des simulations l'ont montré, les agents de police[20] sont plus susceptibles de tirer sur les intrus lorsque les exercices ont lieu par forte chaleur. D'ici à 2099, à en croire les prévisions d'un article, aux États-Unis, 22 000 meurtres supplémentaires[21], 180 000 viols, 3,5 millions d'agressions, 3,76 millions de cambriolages et vols seront à placer sur le compte du changement climatique. Les statistiques du passé sont davantage fiables, et même l'arrivée de la climatisation dans les pays en développement au milieu du XXe siècle n'a pas suffi à mettre un terme aux vagues criminelles estivales.

Ce n'est pas seulement l'effet de la température. En 2018, une équipe de chercheurs, épluchant les données de plus de 9 000 villes américaines, a conclu que le niveau de pollution de l'air permettait de prédire les incidents dans chacune des catégories de crimes[22] qu'ils étudiaient – vol de voiture, cambriolage, vol, agression, viol, meurtre. L'impact du climat est parfois plus détourné. Entre 2008 et 2010, le Guatemala a subi successivement la tempête tropicale Arthur, l'ouragan Dolly, les tempêtes tropicales Agatha et Hermine – il s'agit d'un pays qui déjà comptait parmi les dix au monde les plus affectés par les conditions météorologiques extrêmes et qui, la même année, a traversé l'éruption d'un volcan et un tremblement de terre. Tout compris, près de 3 millions de personnes sont restées en « insécurité alimentaire[23] » et environ 400 000 nécessitaient une aide humanitaire. Les catastrophes de 2010 à elles seules ont entraîné plus d'un milliard de dollars de dégâts, soit environ un quart du budget national, routes et chaînes logistiques dévastées. En 2011, le pays a été balayé par la tempête tropicale 12E, et dans le sillage de ces catastrophes, les agriculteurs se sont mis à cultiver le pavot ; le crime organisé[24], un problème déjà colossal, a alors explosé. Cela ne devrait pas nous surprendre, après tout, la mafia sicilienne[25] est née après une période de sécheresse, selon une récente étude sur la question. Aujourd'hui, le Guatemala possède le cinquième taux d'homicide le plus élevé au monde[26] ; à en croire l'UNICEF, c'est le deuxième pays le plus dangereux pour les enfants[27]. Historiquement, les récoltes les plus lucratives étaient le café et la canne à sucre ; dans les décennies à venir, à cause du changement climatique, l'un et l'autre pourraient devenir impossibles à cultiver[28].

Les « systèmes »

Je parle de « réactions en chaîne », mais pour les scientifiques, ce sont des « crises systémiques ». C'est ce qu'ont en tête les militaires américains lorsqu'ils qualifient le changement climatique de « multiplicateur de menaces ». Quand la situation n'évolue pas jusqu'au conflit, elle produit des migrations – des réfugiés climatiques. Depuis 2008, on en compterait déjà 22 millions[1].

En Occident, nous pensons souvent aux réfugiés comme à un problème de faillite d'État – disons, un problème que les régions les plus pauvres, les plus abîmées infligent aux sociétés les plus stables, les plus riches. Mais l'ouragan Harvey est à l'origine d'au moins 60 000 réfugiés climatiques[2] au Texas et l'ouragan Irma a entraîné l'évacuation de près de 7 millions de personnes[3]. Comme souvent, ces situations ne feront qu'empirer. D'ici à 2100, la seule hausse du niveau de la mer pourrait déplacer 13 millions d'Américains[4] – quelques pourcents de la population totale du pays. Beaucoup de ces réfugiés quitteront le Sud-Est du pays, principalement la Floride, où 2,5 millions d'habitants du grand Miami seront chassés par les inondations. Ils arriveront aussi de Louisiane ; les alentours de La Nouvelle-Orléans devraient perdre un demi-million de personnes.

Puisqu'ils font partie des pays anormalement riches, les États-Unis sont pour l'instant anormalement capables de supporter de telles perturbations – on peut presque imaginer, au fil du siècle, les dizaines de millions d'Américains déplacés s'adaptant aux côtes ravagées et à la nouvelle géographie du pays. Presque. Mais le réchauffement n'est pas seulement affaire de niveau de la mer et les États-Unis ne seront pas les premiers touchés par les diverses horreurs qui en découleront. En réalité, le plus dur[5] concernera les pays les moins développés, les plus pauvres – donc les nations les moins résilientes. Un peu comme si les riches du monde ensevelissaient les pauvres sous leurs déchets. Le premier pays à s'industrialiser et à produire du gaz à effet de serre à grande échelle, le Royaume-Uni, est celui qui devrait le moins souffrir du changement climatique. Les plus lents à se développer, les moins responsables des émissions, seront ceux qui le prendront de plein fouet. Le système climatique de la République démocratique du Congo, un des pays les plus pauvres du monde, devrait être perturbé en profondeur.

Le Congo est largement enclavé et montagneux, cela ne suffira pas à le protéger du réchauffement. Certains pays seront assez riches pour réussir à amortir les coups, sans les éviter pour autant ; l'Australie y est déjà confrontée : de loin la nation la plus riche à subir les attaques les plus intenses, les plus immédiates, elle est à l'avant-poste et offre un aperçu des réactions possibles. Sous la pression du réchauffement, quand leur tour viendra, un peu plus tard dans ce siècle, les autres nations plieront-elles, céderont-elles, se reconstruiront-elles ? L'Australie s'est bâtie sur une indifférence génocidaire aux paysages natifs et à leurs habitants. Ses ambitions modernes ont toujours été précaires : l'Australie est aujourd'hui une société d'abondance débridée, bricolée à partir d'une terre très rude et écologiquement inhospitalière. En 2011, une seule vague de chaleur[6] a là-bas entraîné une hécatombe significative parmi les arbres et les plantes, le blanchiment des coraux, un effondrement des populations d'oiseaux et des chutes dramatiques du nombre de certains insectes, la transformation d'écosystèmes marins et terrestres. Lorsque le pays a mis en place sa taxe carbone, ses émissions ont chuté ; quand, sous la pression politique, la taxe a été retirée, elles ont réaugmenté. En 2018, le Parlement a déclaré le réchauffement climatique « risque de sécurité national actuel et existentiel[7] ». Quelques mois plus tard, son Premier ministre, sensibilisé à l'écologie, se trouvait contraint de démissionner, honteux de n'avoir pas honoré l'accord de Paris.

Pour qu'une communauté fonctionne bien, ses rouages doivent être huilés par l'abondance ; s'ils sont ensablés par les privations, ils se grippent puis s'arrêtent. Tout le monde sait comment ça se passe, même ceux qui ont toujours vécu dans l'opulence, ceux dont la vie coule sans friction aucune à l'exception de quelques stimulations distrayantes traçant la courbe du déclin social : effondrement des marchés, gonflement des prix, thésaurisation des biens et des services par les plus riches et les mieux armés, recul du maintien de l'ordre au profit de l'enrichissement personnel, disparition de toute attente de justice. La survie alors, brusquement, devient l'apanage de ceux dotés d'un certain esprit d'entreprise.

D'ici à 2050, plus de 140 millions[8] de personnes dans trois régions du monde seulement se transformeront en migrants climatiques, projetait une étude de la Banque mondiale en 2018, à partir des tendances actuelles en matière de réchauffement et d'émissions : 86 millions en Afrique subsaharienne, 40 millions en Asie du Sud, 17 millions en Amérique latine. L'estimation la plus fréquemment citée, de l'Organisation internationale pour les migrations (OIM) de l'ONU, est un peu plus élevée, un total de 200 millions d'ici à 2050. Ces projections sont très hautes – plus que ne le croient les parties non intervenantes. Mais si l'on continue de suivre les prévisions de l'OIM, le changement climatique pourrait engendrer pas moins d'un milliard de migrants[9] d'ici à 2050. Un milliard, soit l'équivalent de la population combinée de l'Amérique du Nord et du Sud aujourd'hui. Imaginez ces deux continents soudain engloutis sous la mer, le Nouveau Monde immergé tout entier et les gens, flottant à la surface, en quête d'un lieu où poser le pied, quelque part, n'importe où, et se démenant pour arriver le premier sur la terre ferme.

Le système en crise n'est pas toujours « la société » ; le système, ce peut également être le corps. Historiquement, aux États-Unis, plus de deux tiers[10] des maladies d'origine hydrique – colportées jusqu'aux humains par les algues et les bactéries déclenchant des problèmes gastro-intestinaux – étaient précédées de pluies inhabituellement intenses qui affectaient l'approvisionnement en eau. La concentration en salmonelles des cours d'eau, par exemple, augmente de façon significative après de fortes perturbations. L'apparition la plus spectaculaire d'une maladie d'origine hydrique remonte à 1993, où immédiatement après un orage, plus de 400 000 habitants[11] de Milwaukee ont été contaminés par des cryptosporidies.

Les chocs pluviométriques – qu'il s'agisse de déluges ou au contraire de sécheresses – peuvent dévaster économiquement des communautés agricoles, mais aussi produire ce que les scientifiques appellent, avec un certain euphémisme, « des déficiences nutritionnelles » chez les fœtus et les jeunes enfants. Au Vietnam[12], on a pu montrer que ceux confrontés et ayant survécu à ce type d'épreuves très tôt étaient scolarisés plus tardivement, réussissaient moins bien leur parcours scolaire et avaient une croissance inférieure à celle de leurs pairs. Ce cycle de pauvreté se retrouve également en Inde[13]. Les impacts à l'échelle d'une vie de la malnutrition chronique sont encore plus inquiétants puisqu'ils sont permanents : aptitudes cognitives diminuées[14], salaire d'adulte limité, morbidité accrue. En Équateur, les dégâts provoqués par le climat[15] ont été constatés jusque chez les enfants de la classe moyenne, dont les salaires portent encore les traces, vingt à soixante ans après, des chocs pluviométriques et températures extrêmes dont ils ont été victimes. Les effets, universels, commencent avant la naissance : chaque journée au-dessus de 32 °C passée par le bébé dans le ventre de sa mère durant les neuf mois de grossesse se traduit par un déclin mesurable[16] sur ses revenus durant toute une vie. Et plus tard, les impacts s'accumulent. Une étude de grande ampleur menée à Taiwan[17] a révélé que pour chaque unité de pollution d'air supplémentaire, le risque relatif d'Alzheimer était multiplié par deux. Des modèles similaires[18] ont été observés depuis l'Ontario jusqu'au Mexique.

Alors que les conditions de la dégradation environnementale deviennent plus universelles, il n'est pas impossible, étonnamment, qu'il nous faille fournir un plus grand effort d'imagination pour en percevoir les conséquences. Lorsque les plus défavorisés ne constitueront plus une communauté marginale, mais majoritaire, les conditions qui auraient autrefois semblé inhumaines paraîtront simplement « normales » aux yeux d'une génération future incapable de faire la différence. Par le passé, nous avons constaté avec effroi les retards de croissance au sein des populations ayant souffert de famines naturelles (Soudan, Somalie) ou provoquées par l'homme (Yémen, Corée du Nord). À l'avenir, ces mêmes retards nous toucheront peut-être tous, d'une manière ou d'une autre, sans qu'il reste le moindre groupe témoin totalement épargné.

On pourrait s'attendre à ce que ces prévisions laissent des traces sur le planning familial. D'ailleurs c'est le cas, chez les jeunes couples aisés européens et américains, dont les choix en matière de reproduction sont souvent lourds de sens politique. Parmi cette cohorte ouvertement consciente, on s'inquiète beaucoup de faire naître des enfants dans un monde dégradé, en proie à de nombreuses souffrances et de « contribuer » au problème en ajoutant davantage de participants sur la scène climatique, chacun étant une petite machine à consommer. « Vous voulez lutter contre le changement climatique[19] ? » demandait le *Guardian* en 2017. « Ayez moins d'enfants. » Cette année-là et la suivante, le journal a publié plusieurs variations sur ce thème, comme de nombreuses autres publications destinées à la classe lectrice des rubriques « Style », parmi lesquelles le *New York Times*. « Ajoutez donc cette question à la liste de décisions affectées par le changement climatique : dois-je avoir des enfants[20] ? »

Envisager le problème du réchauffement par le biais des décisions personnelles de la classe consommatrice est peut-être une vision étroite, mais c'est bien la preuve qu'il règne, parmi la population la plus aisée, une étrange fierté dans l'ascèse. (« L'égoïsme de la reproduction équivaut à l'égoïsme de la colonisation d'un pays », écrit la romancière Sheila Heti, dans un passage représentatif de *Motherhood*, un livre de réflexion sur la parentalité, qu'elle a choisi d'éviter.) Mais bien sûr, les dégradations supplémentaires ne sont pas inéluctables, elles sont optionnelles. Chaque nouveau bébé arrive dans un monde tout neuf, face à un horizon de possibilités. Cette perspective n'est pas naïve. Nous vivons dans ce monde à leur côté – nous contribuons à le fabriquer pour eux et avec eux, et pour nous aussi. Les décennies à venir ne sont pas encore déterminées. À chaque naissance, c'est un chronomètre qui se lance et mesure combien de dégâts supplémentaires seront infligés à la planète et à la vie que cet enfant mènera. Les horizons sont également ouverts devant nous, aussi bloqués et inévitables peuvent-ils paraître. Mais nous les refermons sitôt que nous affirmons que tel ou tel avenir est inéluctable. Ce qui pourrait passer pour du stoïcisme, une certaine forme de sagesse, sert souvent en réalité d'alibi pour faire preuve d'indifférence.

Dans un monde de souffrance, celui qui cherche avant tout son avantage personnel appellera de ses vœux la compartimentation. Un angle intéressant de la science du climat émergente suit l'empreinte laissée sur notre bien-être psychologique par la force du réchauffement. Celle-ci est si intense qu'elle peut parfois écraser toutes les méthodes mises en place pour faire face – les effets sur la santé mentale d'un monde en feu. Le vecteur le plus prévisible est sûrement le traumatisme : entre un quart et la moitié des personnes exposées[21] aux conditions météorologiques extrêmes les vivront comme un choc négatif ayant un impact durable sur leur santé mentale. En Angleterre, les inondations[22] ont multiplié par quatre le niveau de détresse psychologique, même parmi les habitants de la communauté n'étant pas touchés personnellement. Après l'ouragan Katrina[23], 62 % des évacués étaient au-dessus du seuil de diagnostic du syndrome de stress aigu, tandis que dans l'ensemble de la région, près d'un tiers souffraient de stress post-traumatique. Les incendies, curieusement[24], génèrent un taux plus bas – 24 % seulement des évacués étaient concernés par un stress posttraumatique après une série d'incendies en Californie. Mais un tiers de ceux ayant vécu un incendie ont développé une dépression par la suite.

Même les simples observateurs peuvent expérimenter un traumatisme climatique. « Je ne connais pas un seul scientifique[25] qui n'éprouve pas une réaction émotionnelle face à ce qui est en train de disparaître », a déclaré Camille Parmesan, qui partageait en 2007 le prix Nobel de la paix avec Al Gore. Le site *Grist* a parlé d'un phénomène de « dépression climatique[26] », *Scientific American* de « deuil environnemental[27] ». Il n'est pas étonnant que ceux qui contemplent la fin du monde soient gagnés par l'accablement, surtout quand leurs cris d'alarme sont demeurés pour ainsi dire sans effet. Cela présage donc du pire lorsque le reste du monde découvrira peu à peu l'ampleur des dévastations. Pour ce qui est de la détresse psychologique, les climatologues, qui en souffrent si souvent, sont les canaris dans la mine de charbon. Cela explique peut-être pourquoi ils sont nombreux à s'inquiéter de donner l'impression de crier au loup : eux qui connaissent bien l'apathie du public cherchent désespérément le moment idéal et le meilleur moyen de sonner l'alerte.

Dans certains endroits, cette alerte a sonné sans eux. Ceux qui observent le phénomène souffrent après coup – signe de l'intensité de l'impact. Sans surprise, le traumatisme climatique est particulièrement dur chez les plus jeunes – en l'occurrence, on peut se fier à la sagesse populaire qui parle de l'esprit impressionnable des enfants. Trente-deux semaines après que l'ouragan Andrew a frappé la Floride en 1992[28], coûtant la vie à 40 personnes, plus de la moitié des enfants surveillés souffraient d'un syndrome de stress post-traumatique modéré et plus d'un tiers d'une forme sévère ; dans les zones à fort impact, vingt et un mois après cette tempête de catégorie 5, 70 % des enfants atteignaient le niveau modéré à sévère. Triste contraste, les soldats de retour[29] de zone de guerre sont « seulement » entre 11 et 31 % à souffrir de stress posttraumatique.

Une étude particulièrement détaillée[30] a examiné les conséquences de l'ouragan Mitch, de catégorie 5, sur la santé mentale. Il a frappé l'Amérique centrale en 1998, laissant derrière lui 11 000 victimes, ce qui en a fait la tempête atlantique la plus meurtrière. À Posoltega, la région la plus durement touchée au Nicaragua, le risque pour les enfants d'être grièvement blessés était de 27 %, d'avoir perdu un membre de leur famille de 31 % et de voir leur domicile endommagé ou détruit, de 63 %. Vous imaginez les contrecoups. 90 % des adolescents, localement, souffraient de stress post-traumatique, l'adolescent masculin moyen relevant du stress « sévère » et la jeune fille, en moyenne, franchissant le seuil de « très sévère ». Six mois après, quatre adolescents survivants sur cinq à Posoltega étaient victimes de dépression ;

plus de la moitié, selon une étude, nourrissaient compulsivement « des pensées de vengeance », disaient les auteurs.

À cela s'ajoutent quelques conséquences plus étonnantes sur la santé mentale. Le climat affecte à la fois l'apparition et la gravité de la dépression[31], a montré *The Lancet*. La hausse des températures et de l'humidité sont liées[32], dans les données, aux visites aux urgences pour problèmes de santé mentale. Plus il fait chaud, plus les hôpitaux psychiatriques connaissent, eux aussi, des pics d'internement[33]. Les schizophrènes[34], en particulier, sont davantage admis lorsque les températures montent et, à l'intérieur de ces institutions, la température accroît la sévérité de leurs symptômes. Les vagues de chaleur s'accompagnent d'autres vagues : troubles de l'humeur, de l'anxiété[35], démence…

La chaleur engendre la violence et les conflits entre les gens, nous le savons, nous ne devrions donc pas nous étonner qu'elle génère également la violence contre soi-même. Chaque hausse d'un seul degré[36] des températures mensuelles est associée à presque un point d'augmentation du taux de suicide aux États-Unis et plus de deux au Mexique ; si les émissions ne sont pas limitées, cela pourrait signifier, pour ces deux pays, 40 000 suicides supplémentaires d'ici à 2050. Un article saisissant rédigé par Tamma Carleton expliquait que le réchauffement climatique est d'ores et déjà responsable de 59 000 suicides[37], principalement chez les fermiers, en Inde – pays où se produit désormais un cinquième de tous les suicides du monde et où le taux a doublé depuis 1980. Lorsque les températures sont déjà hautes, détaillait la chercheuse, un simple degré de plus, un seul jour durant, est la cause de 70 suicides d'agriculteurs.

Si vous êtes arrivé jusque-là, cher lecteur, vous ne manquez pas de courage. N'importe lequel de ces douze chapitres contient, en toute justice, suffisamment d'horreurs pour susciter une crise de panique chez le plus optimiste des observateurs. Mais voilà, votre rôle ne se limitera pas à observer ; vous êtes sur le point de vivre ces horreurs. Dans de nombreux cas, de nombreux endroits, nous les vivons déjà.

En fait, ce qui est peut-être le plus remarquable dans l'ensemble des recherches résumées dans ces pages, qu'il s'agisse des réfugiés, de la santé, mentale ou non, des conflits, des réserves alimentaires ou du niveau de la mer et des divers éléments associés au chaos climatique, c'est que tout découle de l'environnement tel que nous le connaissons aujourd'hui. C'est-à-dire un monde à peine 1 °C au-dessus de la normale. Un monde pas encore déformé, défiguré au point qu'on ne puisse plus le reconnaître ; un monde encore largement maintenu par des conventions établies à une période de stabilité climatique, qui s'apprête désormais à basculer la tête la première dans une ère plus chaotique, un monde que nous entrapercevons seulement.

Certains travaux de recherche sont bien entendu spéculatifs, ils projettent nos meilleures hypothèses sur des processus physiques, des dynamiques humaines, au sein de conditions planétaires qu'aucun être humain, à aucun moment de notre histoire, n'a jamais expérimentées. Certaines seront sûrement réfutées ; c'est ainsi que fonctionne la science. Mais nous tirons toutes nos connaissances scientifiques de précédents, or en matière de changement climatique, la nouvelle ère n'en a aucun. Les douze éléments du chaos climatique sont « les inconnues connues », pour reprendre l'expression incongrue de Donald Rumsfeld.

C'est la catégorie la moins inquiétante ; il en existe deux autres.

Ces ébauches peuvent paraître exhaustives, parfois même écrasantes. Ce ne sont pourtant que des ébauches, que les décennies à venir se chargeront de compléter et d'étoffer – si notre passé est une indication de ce qui nous attend dans ce domaine, les découvertes risquent de ne pas être rassurantes. Car malgré toute la confiance que nous avons dans notre connaissance du réchauffement climatique – il existe bel et bien, il est anthropocène, il est à l'origine de la hausse du niveau de la mer, de la fonte des glaces et du reste –, elle n'en reste pas moins limitée. Il y a vingt ans, il n'existait aucune recherche significative sur le lien entre dérèglement climatique et croissance économique ; il y a dix ans, pas grand-chose entre le climat et les conflits. Il y a cinquante ans, il n'existait pour ainsi dire aucune recherche sur le climat.

Il est enthousiasmant de voir à quel rythme l'érudition en la matière a progressé, mais cela invite à l'humilité ; il reste tant de choses que nous ignorons sur la façon dont le changement climatique va affecter notre mode de vie actuel. Maintenant, imaginez tout ce que nous saurons d'ici cinquante ans – et à quel point notre immolation nous paraîtra encore plus horrible, même si nous limitons les dégâts. Le réchauffement déclenchera-t-il des rétroactions rapides du fait de la libération du méthane arctique ou bien du ralentissement dramatique du système de circulation des océans ? Impossible d'en être certain. Nous protégerons-nous en dispersant du soufre dans notre atmosphère devenue rouge, soumettant la planète entière aux effets incertains de ces particules sur la santé ? Ou en érigeant des plantations aspirant le CO_2 sur des surfaces dignes d'un continent ? Difficile à prédire. Tout cela fait en tout cas partie des « inconnues connues ». Et Rumsfeld l'oracle nous a proposé une catégorie conceptuelle encore plus effrayante.

Les douze menaces que je viens de décrire brossent le portrait de l'avenir du mieux que l'on peut à l'heure actuelle. Ce qui nous attend, en réalité, pourrait bien être plus effroyable – mais l'inverse est également possible, bien sûr. La carte de notre nouveau monde sera tracée en partie par les processus naturels, qui demeurent mystérieux, mais avant tout par la main de l'homme. À quel moment la crise climatique deviendra-t-elle impossible à nier ? À compartimenter ? Quels dégâts aurons-nous déjà égoïstement provoqués ? À quelle vitesse agirons-nous pour nous sauver et préserver autant que possible notre mode de vie ? Par souci de clarté, j'ai traité chacune de ces menaces – hausse du niveau de la mer, pénurie alimentaire, stagnation économique... – comme des événements distincts, ce qu'ils ne sont pas. Certains seront peut-être compensés, d'autres se renforceront peut-être mutuellement, d'autres resteront simplement indépendants les uns des autres. Mais, ensemble, ils forment une treille sous laquelle vivront certains humains, des milliards probablement. Comment ?

III

Le kaléidoscope climatique

L'art du récit

Peut-on vraiment se réjouir d'avoir raison sur la fin du monde ? Les hommes se racontent ces histoires depuis des millénaires et les leçons à en tirer diffèrent selon les Armageddons imaginés. On aurait pu penser qu'une culture rompue aux avis d'apocalypse comme la nôtre saurait comment recevoir les informations d'alerte environnementale. Au lieu de ça, nous avons préféré croire que les scientifiques, lorsqu'ils lançaient leurs vibrants appels à sauver la planète, criaient au loup. Aujourd'hui, les films sont peut-être millénaristes, mais quand il s'agit de contempler les dangers du réchauffement dans la réalité, nous souffrons d'un invraisemblable manque d'imagination. C'est le kaléidoscope du climat : nous pouvons être hypnotisés par la menace directement sous nos yeux sans jamais la percevoir clairement.

À l'écran, la dévastation due au climat[1] est omniprésente et pourtant jamais au centre de l'attention, comme si nous déplacions nos inquiétudes sur le changement climatique en les mettant en scène dans des décors créés de toutes pièces, donc contrôlés par nos soins – dans l'espoir peut-être que la fin des temps relève à jamais de la catégorie « fantasy ». *Game Of Thrones* s'ouvre sur une prophétie forcément climatique, mais l'avertissement ne concerne que l'hiver, qui vient « *Winter is coming* ». *Interstellar* commence par un fléau environnemental, mais il ne touche que les récoltes. *Les Fils de l'homme* décrit un semi-effondrement de la civilisation, mais à cause d'une menace sur la fertilité. *Mad Max : Fury Road* se présente bel et bien comme un panorama du réchauffement climatique, une saga qui se déroule dans un monde désertique, mais sa crise politique est née, en réalité, d'une pénurie de pétrole. Le protagoniste de *The Last Man on Earth* est seul à cause d'un virus ravageur, la famille de *Sans un bruit* est réduite au silence par des insectes prédateurs géants tapis dans la nature et le cataclysme central de la saison « Apocalypse » de *American Horror Story* nous ramène loin en arrière – vers un hiver nucléaire. Dans les nombreuses apocalypses zombies que l'on nous propose, en ces temps d'éco-anxiété, les zombies sont toujours montrés comme une force étrangère, non endémique. C'est-à-dire, pas comme nous.

Comment se fait-il que nous soyons divertis par une apocalypse de fiction alors même que face à nous se dresse la possibilité d'une autre, véritable ? Une des missions de la culture pop est de proposer des histoires distrayantes et engagées – pour permettre sublimation et divertissement. Dans une période où s'enchaînent les répercussions du changement climatique, Hollywood aussi essaie de comprendre l'évolution de notre relation à la nature, longtemps contemplée de loin, voire de très loin – mais qui revient telle une force chaotique dont nous comprenons tout de même, à un certain niveau, que c'est par notre faute. C'est par l'industrie du divertissement qu'intervient le jugement, quand échouent la loi et la politique publique – cela dit, notre culture, comme nos politiques, s'est fait une spécialité de rejeter la faute sur les autres, de projeter plutôt qu'accepter la culpabilité. Une forme de prophylaxie émotionnelle est également engagée : dans les fictions de catastrophes climatiques, nous recherchons peut-être une sorte de catharsis, ou peut-être aussi à nous persuader collectivement que la survie est possible.

Notre planète n'a subi que 1 °C de hausse et, déjà, les incendies, les vagues de chaleur et les ouragans ont inondé les actualités. Bientôt, ils se répandront sur nos histoires, nos vies intérieures, transformant ce qui aujourd'hui semble une culture imprégnée d'apocalypse, par comparaison, en un âge d'innocence. Des cauchemars de fin du monde s'épanouiront, jusque dans les chambres d'enfants, où frères et sœurs autrefois échangeaient à mi-voix leurs inquiétudes sur la mort, l'impiété ou la possibilité d'une interminable guerre nucléaire ; chez leurs parents, le traumatisme climatique rejoindra les notions de psychologie populaire, généralement en guise de prétexte pour expliquer des frustrations et anxiétés d'ordre plus personnel. Que se passera-t-il après + 2 ou 3 °C ? À mesure que le changement climatique étendra son emprise, assombrira nos vies et notre monde, la non-fiction subira le même sort à tel point que le réchauffement pourrait être considéré, du moins par certains, comme le seul et unique sujet sérieux.

Du côté de la fiction, du divertissement populaire ou dans ce qui était salué autrefois comme de la « haute » culture, une voie différente, plus étrange, semble se dessiner. Tout commencera peut-être par le retour d'un genre littéraire tombé en désuétude : « *Dying Earth*[2] » – « la Terre mourante ». Lord Byron en fut l'un des initiateurs avec son poème « Darkness » (« Les ténèbres »), écrit après une éruption volcanique aux Indes néerlandaises qui a donné lieu dans l'hémisphère Nord à « l'année sans été ». Cette alerte environnementale a eu quelque écho dans des fictions similaires de l'ère victorienne, notamment *La Machine à voyager dans le temps* d'H. G. Wells qui décrivait un lointain futur dans lequel la plupart des humains étaient des troglodytes réduits en esclavage, travaillant sous terre, au bénéfice d'une toute petite élite choyée, évoluant à la surface ; dans un futur encore plus lointain, quasiment toute vie avait disparu de la planète. Notre nouvelle version du genre inclura peut-être des lamentations épiques, une prolifération de ce que l'on appelle déjà « l'existentialisme climatique[3] ». Une scientifique me résumait récemment le livre sur lequel elle travaille comme « un croisement entre *Le Grand Combat* et *La Route* ».

Mais l'ampleur des transformations qui attendent le monde pourrait tout aussi bien, et assez rapidement, signer la fin de ce genre – éliminer tout effort, en fait, pour narrer le réchauffement, devenu trop envahissant, trop encombrant, même pour Hollywood. On peut raconter des histoires « sur » le changement climatique tant qu'il semble encore un élément marginal de la vie humaine ou un élément essentiel dans des vies marginales par rapport à la vôtre. Mais avec une hausse de 3 ou 4 °C, rares seront ceux qui se sentiront déconnectés de ses impacts – ou qui auront envie de voir à l'écran ce qu'ils peuvent contempler depuis leur fenêtre. Ainsi, dès lors que le changement climatique aura envahi l'horizon – lorsqu'il commencera à paraître inéluctable, total –, il cessera peut-être d'être une histoire pour devenir, au lieu de ça, l'incontournable toile de fond. Il perdra alors son statut de récit pour prendre celui de métarécit, comme disent les théoriciens de la littérature[4], succédant à ceux qui régnaient sur la culture des ères précédentes – la vérité religieuse ou la foi dans le progrès. Dans ce monde, on n'aura guère d'appétit pour les drames épiques sur le pétrole et la cupidité et même les comédies romantiques auront lieu sous les auspices du réchauffement, tout comme les comédies burlesques[5] sont nées des angoisses de la Grande Dépression. La science-fiction sera considérée d'autant plus prophétique, pourtant les livres les plus visionnaires ne seront plus lus, un peu comme *La Jungle* ou *Sister Carrie* aujourd'hui : pourquoi lire sur le monde que l'on a sous les yeux ? Pour le moment, les histoires illustrant le réchauffement climatique offrent encore un certain plaisir d'évasion, même sous la forme de récits horrifiques. Mais lorsqu'on ne pourra plus prétendre que les souffrances sont lointaines – dans le temps ou l'espace –, on cessera d'imaginer le monde d'après pour imaginer ce qui se passe en son sein au moment présent.

Dans son essai non traduit, *The Great Derangement*[6], l'écrivain indien Amitav Ghosh s'interroge : pourquoi le réchauffement climatique et les catastrophes naturelles ne sont-ils pas encore devenus des préoccupations de la fiction contemporaine ? Pourquoi semblons-nous incapables d'imaginer vraiment des catastrophes liées au climat dans le monde réel ? Pourquoi la fiction n'a-t-elle pas encore rendu les dangers du réchauffement suffisamment « réels » à nos yeux ? Pourquoi ne nous a-t-on pas déjà proposé des romans dans un genre que Ghosh fait à moitié exister à lui seul et baptise « l'étrange environnemental » ?

D'autres parlent de « cli-fi[7] » : une fiction de genre sonnant l'alarme environnementale, des aventures didactiques prêchant la bonne parole. Ghosh, lui, a autre chose en tête : le grand roman climatique. « Pensez, par exemple, à ces histoires centrées autour de questions telles que “Où étiez-vous quand le mur de Berlin est tombé ?” ou “le 11 septembre ?” », écrit-il. « Sera-t-il jamais possible de s’interroger, dans la même veine “Où étiez-vous à 400 parties par million ?” “Où étiez-vous quand la barrière de glace Larsen B s’est effondrée ?” »

Sa réponse : probablement pas, parce que les dilemmes et les drames du changement climatique sont tout simplement incompatibles avec le genre d’histoires que l’on se raconte sur nous-mêmes, en particulier dans les romans conventionnels[8], qui se terminent généralement sur une note positive, un espoir, et tendent à mettre en avant le voyage d’une conscience individuelle plutôt que les miasmes du destin social. Il s’agit là d’une définition assez étroite de la notion de roman, mais presque tout dans notre culture narrative générale suggère que le dérèglement climatique jure atrocement avec les outils qui sont les nôtres. La question de Ghosh s’applique même aux films adaptés de comics : qui seraient les héros ? Comment agiraient-ils ? Cette énigme explique en creux pourquoi tant de divertissements populaires qui s’essayent à aborder le thème du changement climatique, depuis *Le Jour d’après*, se révèlent aussi tartes et pédants : l’action collective est, d’un point de vue dramatique, à mourir d’ennui.

Le problème se pose de manière encore plus aiguë dans les jeux vidéo, désormais au même rang culturel, si ce n’est plus, que les romans, le cinéma et la télévision. En effet, ils sont avant tout construits, en tant que genre narratif, sur une obsession principale, les impératifs du protagoniste – vous.

Cependant, ils promettent également une simulation de l'exercice du pouvoir, ce qui pourrait avoir des effets rassurants pour les années à venir si jamais nous poursuivons ainsi, tels des zombies, droit sur le chemin de la ruine. Déjà le jeu le plus populaire du monde, *Fortnite*, invite les joueurs à participer à une lutte pour des ressources limitées lors d'un événement météorologique extrême – comme si la résolution du problème pouvait revenir à une seule personne.

Après le problème du héros vient celui du méchant. La fiction littéraire ne propose peut-être pas encore de récits épiques sur fond de changement climatique, mais par le biais de la fiction de genre et des blockbusters de cinéma au moins, nous avons un certain nombre de modèles à notre disposition, depuis les sagas de superhéros jusqu'aux histoires d'invasions extraterrestres. Il n'existe rien de plus fondamental et familier que les récits qui autrefois étaient classés dans la catégorie « l'homme contre la nature[9] ». Mais dans *Moby Dick* ou *Le Vieil Homme et la mer* ou bien d'autres exemples moins prestigieux, la nature, typiquement, est une métaphore qui contient une force théologique ou métaphysique. Parce que la nature, alors, restait mystérieuse, inexplicable. Le réchauffement a tout changé. Nous connaissons maintenant la signification des conditions météorologiques extrêmes et des catastrophes naturelles, même si elles arrivent avec une sorte de majesté prophétique : le pire est à venir et c'est notre faute. Il n'y aurait pas grand-chose à réécrire pour faire un reboot d'*Independence Day* en cli-fi. Mais qui pour remplacer les extraterrestres face aux héros ? Nous-mêmes ?

Le méchant est plus facile à repérer lorsque les histoires sont centrées sur la perspective d'un Armageddon nucléaire, qui a régné sur la culture américaine pendant une génération et évoque, par analogie, celle du réchauffement climatique. C'est tout le sens de la caricature de *Docteur Folamour*. Puisque le destin du monde repose entre les mains de quelques cinglés, en cas d'explosion, nous saurons exactement qui tenir pour responsable. Cette clarté morale n'était pas du fait de Stanley Kubrick, ce n'est pas non plus une projection de son nihilisme, mais quelque chose comme l'opposé : la sagesse classique qui prévalait alors en matière de géopolitique, du temps de l'adolescence de l'ère nucléaire. Cette même logique de responsabilité se retrouve dans *Treize jours*, le texte de Robert Kennedy sur la crise des missiles de Cuba. Une partie du succès de cet ouvrage tient aux résonances qu'il avait avec l'expérience vécue par le lecteur moyen lors de ces semaines de 1962 ; on y est confronté à la perspective d'une annihilation globale qui vient puis s'en va et tout cela ne tient qu'à de longs échanges téléphoniques entre deux hommes entourés de leurs équipes relativement réduites.

La responsabilité morale du changement climatique est beaucoup moins nette. Il n'advient pas à cause des calculs insensés d'une poignée de personnes ; il est déjà en cours, partout, et sans aucun superviseur direct. L'Armageddon nucléaire, en théorie, est l'œuvre de quelques dizaines de personnes ; la version climatique, de plusieurs milliards, dont la responsabilité s'étire à la fois dans le temps et sur toute la surface de la planète. Cela ne signifie pas pour autant que la distribution est équitable : le changement climatique atteindra ses dimensions ultimes à cause de l'industrialisation des pays en voie de développement, mais la part du lion de la culpabilité revient aux riches – les 10 % les plus fortunés[10] produisent la moitié des émissions de GES. Cette distribution suit de près la trajectoire des inégalités de revenus dans le monde, une des raisons qui expliquent que beaucoup, à gauche, blâment le système dans son ensemble, à savoir le capitalisme industriel[11]. Et c'est vrai. Mais dire cela ne permet pas de nommer l'ennemi, cela désigne simplement un véhicule d'investissement toxique dont la majeure partie du monde est actionnaire et, avec joie, pour beaucoup. Ceux-ci apprécient énormément leur mode de vie actuel. Il y a fort à parier d'ailleurs que nous en faisons partie, vous, moi et tous ceux qui se payent une tranche d'évasion avec leur abonnement Netflix. Pendant ce temps, on ne peut pas dire que les pays socialistes[12] se comportent de manière plus responsable en ce qui concerne les émissions de GES, et ça n'a jamais été le cas.

La complicité ne produit pas une bonne dramaturgie. La morale moderne a besoin d'adversaires et plus le partage des torts deviendra une nécessité politique, ce qui arrivera sûrement, plus ce désir d'un ennemi sera fort. C'est un problème pour les histoires, fictives ou non – chacune tirant sa logique et son énergie de l'autre. Les méchants[13] auxquels on pense naturellement sont les sociétés pétrolières – un récent panorama des films[14] ayant pour sujet une apocalypse climatique a montré que la majorité concernait en réalité la cupidité industrielle. Mais il devient difficile de reporter sur eux la responsabilité complète dès lors que l'on sait que le transport et l'industrie représentent moins de 40 % des émissions globales[15]. Il y a beaucoup à dire, en matière de nocivité, sur les campagnes de désinformation et de déni des grosses sociétés – on a du mal à imaginer malfaisance plus grossière de la part d'entreprises et, dans une génération, le déni alimenté par le pétrole nous semblera probablement l'une des conspirations les plus haineuses qui soit contre la santé et le bien-être de l'humanité jamais perpétrée dans le monde moderne. Cependant, la malfaisance, ce n'est pas la responsabilité et le climatoscepticisme n'a pris que dans un seul parti, dans un seul pays – celui qui détient seulement deux des dix plus grandes sociétés pétrolières au monde[16]. L'inaction américaine, pas de doute, a ralenti le progrès global sur le climat à une époque où il n'existait qu'une seule et unique superpuissance. Nulle part en dehors des frontières de ce pays, qui produit à lui seul 15 % des émissions mondiales[17], le déni en matière de réchauffement est aussi fort. Croire que le réchauffement est la faute exclusive du parti républicain ou de ses soutiens pétroliers est une forme de narcissisme américain.

Ce narcissisme, j'imagine, trouvera ses limites dans le réchauffement. Dans le reste du monde aussi, l'action sur le dioxyde de carbone est lente et la résistance aux changements de politique forte, mais le climatoscepticisme n'est pas un enjeu. L'influence des entreprises sur le combustible fossile est présente, bien sûr, mais aussi l'inertie, l'appât du gain à court terme et les préférences des travailleurs et consommateurs mondiaux, entre égoïsme conscient, véritable ignorance et suffisance réfléchie, quoique naïve. Comment transformer cela en récit ?

Derrière cette quête d'un méchant se cache l'histoire de la nature et de la relation que l'on entretient avec elle[18]. Longtemps, elle a paru contenue dans la logique simple des paraboles et des allégories. Le changement climatique promet de transformer tout ce que nous pensions savoir sur la nature, y compris l'infrastructure morale de ces contes. Nous continuons de les raconter à tous les âges ou presque, par le biais des dessins animés que les tout-petits regardent avant même de connaître l'alphabet, des contes de fées d'autrefois, des films catastrophes, des reportages dans les magazines papier sur le destin des espèces en danger ou télévisés, lorsque se produit un événement météorologique extrême, à propos duquel on mentionne rarement le réchauffement.

Une parabole fonctionne à la manière des vitrines de mise en situation dans les muséums d'histoire naturelle : on passe devant, on jette un œil, on se dit que cette scène d'animaux empaillés signifie quelque chose – mais seulement sous forme de métaphore, puisqu'on n'est pas empaillé, qu'on ne vit pas cette scène, qu'on est dehors ; on l'observe sans y prendre part. Le réchauffement vient tordre cette logique, parce qu'il fait s'effondrer la distance perçue entre les humains et la nature – entre soi et la vitrine du muséum. Un des messages du changement climatique est le suivant : tu ne vis pas en dehors de la scène, mais dedans, tu es soumis aux mêmes horreurs que celles que les animaux subissent sous tes yeux. En réalité, le changement climatique frappe déjà les humains avec une telle violence qu'il ne devrait pas être nécessaire de braquer notre regard vers les espèces en danger ou les écosystèmes en péril pour remonter la trace de la progression de l'effroyable offensive climatique. Et pourtant, nous pleurons le sort des ours polaires égarés, nous nous lamentons du danger qui guette la barrière de corail. En matière de parabole climatique, nous avons un faible pour celles dont les stars sont des animaux, qui ont le bon goût d'être muets à moins que nous ne les fassions nous-mêmes parler, qui meurent, par notre faute – éteints pour la moitié d'ici à 2100, estime E. O. Wilson[19].

Alors même que nous sommes confrontés aux impacts écrasants sur la vie humaine, nous nous tournons toujours vers ces animaux en partie à cause de ce que John Ruskin a appelé « l'erreur pathétique » : curieusement, il peut être plus facile d'éprouver de l'empathie pour eux. Peut-être pour éviter de penser à notre responsabilité, nous préférons compatir à leur douleur, brièvement du moins. Face à la tempête déclenchée par les humains, et redéclenchée chaque jour, la posture intellectuelle de l'impuissance semble particulièrement nous convenir.

Autre parabole climatique exemplaire : la panique sur le plastique – une simple diversion par rapport au climat. Cette panique est née du désir, admirable, au demeurant, de réduire notre empreinte sur la planète, et d'une répulsion naturelle face à un environnement trop pollué par les détritus, qui s'insinuent dans notre air, notre nourriture, notre chair. Une réaction tout à fait dans la lignée de l'obsession moderne de l'hygiène ou de l'allégé comme forme de grâce consumériste (une obsession familière associée au recyclage). Mais si le plastique a bien une empreinte carbone, la pollution par le plastique n'est pas un problème lié au réchauffement – pourtant elle s'est imposée au centre de notre vision et l'interdiction des pailles jetables est parvenue à occulter, pendant un temps, la menace bien plus grande, bien plus vaste, représentée par le climat.

Autre parabole, la mort des abeilles[20]. Depuis 2006, les lecteurs les plus curieux ont découvert une nouvelle fable environnementale. Aux États-Unis, chaque année ou presque, les abeilles mellifères périssent en masse : 36 % sont mortes la première année, puis 29 celle d'après, 46 la suivante et 34 par la suite. Il suffit de s'armer d'une calculatrice pour s'en rendre compte : ces chiffres ne riment à rien. Si autant de colonies d'abeilles disparaissaient chaque année, le nombre total approcherait rapidement de zéro, au lieu d'augmenter régulièrement, comme cela a été le cas. Pourquoi ? Les apiculteurs, qui pour la plupart ne sont pas d'adorables amateurs mais des gestionnaires de colonies à l'échelle industrielle transportant leurs abeilles par camions d'un bout à l'autre du pays dans une boucle infinie de pollinisation à la demande, organisent la reproduction de leurs abeilles chaque année pour compenser les hécatombes. Les profits qu'ils tirent de leur activité de masse suffisent amplement à payer ces nouveaux essaims.

Il est naturel, pour ainsi dire, de considérer les animaux avec anthropomorphisme – toute notre industrie imaginaire est basée là-dessus pour commencer. Mais il y a quelque chose d'étrange, de fataliste, même, à voir des êtres aussi vains que nous s'identifier à ce point à des créatures qui opèrent sans libre arbitre aucun, sans autonomie individuelle. À leur sujet, de nombreux scientifiques sur le terrain ne parviennent même pas à trancher pour savoir laquelle, de l'abeille ou de la colonie, constitue l'organisme. Lors d'un reportage que j'ai moi-même réalisé sur l'effondrement des colonies, les amoureux des abeilles ne cessaient de me répéter que si leur bien-être suscite autant d'inquiétude, c'est parce qu'on apprécie le grand spectacle de leur civilisation. Personnellement, je ne pouvais m'empêcher de me demander si ce n'était pas justement le contraire qui donnait à l'effondrement des colonies toute sa force de parabole :

l'absolue impuissance des individus confrontés à l'inévitable suicide à l'échelle d'une civilisation. Car il ne s'agit pas seulement de la volatilisation des abeilles, après tout : dans cette éradication nous voyons la nôtre, ces décès mystérieux provoqués par Ebola, la grippe aviaire et autres pandémies. Mais aussi notre angoisse autour d'une éventuelle apocalypse robot, de l'État islamique, de la Chine, des théories du complot ; d'une inflation galopante qui ne s'est jamais réellement produite depuis qu'intervient l'assouplissement quantitatif ou la ruée vers l'or que de telles craintes suscitent, qui elle a bien eu lieu en revanche. Lorsqu'on consulte la page Wikipedia sur les abeilles, on ne s'attend pas forcément à y rencontrer le millénarisme. Mais plus on en apprend sur l'effondrement des colonies, plus on a l'impression qu'Internet est devenu une sorte de pendule par lequel nous choisissons de deviner comment arrivera la fin des temps.

En réalité, le mystère concernant l'hécatombe des abeilles n'en est pas vraiment un, cette hécatombe s'explique par leurs conditions de travail : en premier lieu, elles se frottent au quotidien à un insecticide d'un nouveau genre, les néonicotinoïdes qui, comme son nom l'indique, a fini par les rendre accros à la cigarette. Conclusions, des insectes volants disparaissent peut-être à cause du réchauffement[21] (75 % d'entre eux seraient déjà morts, à en croire une étude récente – ce qui nous rapproche d'un monde sans pollinisateur, un « Armageddon écologique », disent les chercheurs), mais l'effondrement des colonies n'a, en gros, aucun rapport. Cependant, jusqu'en 2018, on consacrait encore des articles entiers à la fable des abeilles[22]. Non que les gens aiment se tromper, mais le fait de traiter n'importe quelle crise comme une allégorie semble les réconforter – comme si cela permettait d'inscrire le problème dans une histoire dont nous contrôlons le sens.

Lorsque Bill McKibben a déclaré « La Fin de la Nature » en 1989, il proposait par cette hyperbole une sorte d'énigme épistémologique : comment appeler cette situation, quelle qu'elle soit, dans laquelle les forces de la nature et de la météorologie, du règne animal et végétal, ont été tellement transformées par l'activité humaine qu'elles ne sont plus véritablement « naturelles » ?

La réponse est venue quelques années plus tard avec ce terme, « Anthropocène », créé dans l'esprit de l'alarme environnementale et suggérant un état plus fouillis, plus instable que le mot « fin ». Les écologistes, les amateurs de nature et de grand air, les romantiques de tout poil seraient nombreux à pleurer la fin de la nature. Mais nous sommes, au sens propre, des milliards qui sous peu serons terrifiés par les forces lâchées par l'Anthropocène. Partout dans le monde, certains humains le sont déjà, confrontés comme au Moyen-Orient ou en Asie du Sud aux vagues de chaleur fatales et quasi annuelles, ou à la menace omniprésente des inondations comme au Kerala, en 2018, responsables de centaines de victimes. L'événement n'a pas vraiment marqué les populations en Europe ou aux États-Unis, ces gros consommateurs d'informations ayant été entraînés au fil du temps à considérer ces catastrophes comme des tragédies, certes, mais aussi comme une caractéristique inévitable du sous-développement – un phénomène donc à la fois « naturel » et lointain.

L'arrivée de souffrances climatiques de cette ampleur dans l'Occident moderne constituera l'une des grandes et terribles histoires des décennies à venir. Dans cette partie du monde au moins, croyions-nous, la modernité avait tout à fait dompté la nature, usine après usine, un centre commercial après l'autre. Les adeptes de géo-ingénierie solaire voudraient désormais régner sur le ciel, pas uniquement pour stabiliser la température de la planète, mais potentiellement pour créer des « climats sur mesure[23] » localisés selon les besoins spécifiques – sauver tel écosystème corallien, préserver telle culture… On peut même imaginer des climats encore plus micro, concernant une ferme bien précise, un stade de foot ou un village vacances.

Ces interventions, si tant est qu'elles soient un jour réalisables, ne se produiront pas avant plusieurs décennies au minimum. Mais même les projets rapides et apparemment quotidiens façonnent le monde chacun à leur manière. Au XIXe siècle, l'environnement bâti de la plupart des pays développés reflétait les prérogatives de l'industrie – pensez aux voies de chemin de fer installées à travers des continents entiers pour transporter le charbon. Au XXe siècle, ces mêmes environnements ont évolué au diapason des besoins du capital – pensez à l'urbanisation globale, qui agglomère la force de travail au bénéfice d'une nouvelle économie de service. Les constructions du XXIe siècle refléteront la crise climatique : digues, plantations pour la captage de carbone, panneaux solaires à l'échelle de pays entiers. L'exercice du droit de préemption dans le cadre de la lutte contre le réchauffement ne semblera plus un abus du gouvernement, même si cela ne manquera pas de susciter des contestations de la part des riverains – crise climatique ou pas, le progressiste trouvera toujours le moyen de jouer la carte du « chacun pour soi ».

Nous évoluons déjà dans un environnement déformé – très déformé, même. Durant leur XXe siècle fanfaronnant, les États-Unis ont créé deux États paradisiaques : la Floride, sur un affreux marais, et la Californie du Sud, sur un désert. D'ici à 2100, ni l'un ni l'autre ne ressembleront plus à leurs cartes postales idylliques.

Nous avons tant et si bien réinventé la nature que nous avons tourné la page d'une ère géologique – voilà ce qu'il faut retenir de l'Anthropocène. L'étendue de cette transformation reste étonnante, même aux yeux de ceux qui ont été élevés en son sein et ont tenu pour acquises toutes ses valeurs impériales. 22 % de la masse continentale[24] de la Terre ont été modifiés par les humains entre 1992 et 2015. 96 % des mammifères du monde[25], par leur poids, sont maintenant des humains et leur bétail ; seuls 4 % sont sauvages. Nous avons tout simplement envahi – ou bousculé, voire brutalisé – toutes les autres espèces jusqu'à ce qu'elles reculent, s'éteignent partiellement ou totalement. E. O. Wilson estime que l'ère mériterait presque d'être rebaptisée « Érémocène » – l'âge de la solitude[26].

Mais le réchauffement nous signifie également ceci, plus inquiétant : nous n'avons pas du tout vaincu l'environnement. Il n'y a pas de conquête finale, de domination établie. C'est même le contraire : quoi que cela implique pour les animaux sur la planète, avec le réchauffement climatique, nous avons sans le savoir revendiqué la propriété d'un système que nous sommes incapables de maîtriser ou de dompter au jour le jour. Plus que ça : à cause de notre activité continuelle, le système est devenu encore plus incontrôlable.

La nature appartient au passé, mais nous appartenons à la nature qui est partout, qui nous domine et nous punit – voilà la grande leçon à tirer, celle que le réchauffement climatique nous répète quasiment au quotidien. Si nous poursuivons ainsi, il finira par imposer sa patte sur tout ce que nous faisons sur cette planète, de l'agriculture aux migrations, des entreprises à la santé mentale, transformant non seulement notre relation à la nature, mais aussi à la politique et à l'histoire, mettant à l'épreuve un système de connaissance aussi total que l'est la « modernité ».

Les scientifiques le savent depuis un moment. Mais ils ne l'ont pas souvent exprimé en ces termes.

Pendant des décennies, « l'alarmisme » a eu mauvaise presse chez les spécialistes du changement climatique. Certains parmi eux jugeaient cela étrange ; par comparaison, les experts en santé publique s'entourent rarement de précautions oratoires pour décrire les risques des substances cancérigènes. James Hansen, qui a été le premier à témoigner devant le Congrès à propos du réchauffement en 1988, a parlé de « réticence scientifique[27] » et, en 2007, il a accusé ses confrères d'avoir si consciencieusement sabré leurs observations que celles-ci ne parvenaient plus à décrire l'ampleur de la menace. Cette tendance s'est métastasée au fil du temps, à mesure, ironiquement, que les nouvelles scientifiques devenaient plus effroyables. Longtemps, chaque publication majeure s'est trouvée entourée d'un nuage de commentaires débattant du calibrage précis de la perspective et du ton – nombre de ces articles, qui ne semblaient pas équilibrer suffisamment mauvaises nouvelles et optimisme, ont été jugés « fatalistes ». Certains avaient même été tournés en ridicule et taxés de « pornographie climatique ».

Les termes sont retors, comme toutes les bonnes insultes, mais ils ont servi à limiter le périmètre des perspectives « raisonnables » sur le climat. La réticence scientifique explique en partie que nous ne voyions pas bien la menace – certains spécialistes signalent avec virulence qu'il est irresponsable de communiquer ouvertement sur les possibilités les plus préoccupantes, comme s'ils ne faisaient pas assez confiance au monde pour lui transmettre leurs informations, ou au moins au public pour les interpréter et y réagir correctement. Quoi qu'il en soit : trente ans ont passé depuis le premier témoignage d'Hansen et la mise en place du GIEC, l'inquiétude sur le climat a connu quelques petits pics et plusieurs petites vallées, mais elle n'a jamais fait de significatifs bonds en avant. Pour ce qui est des réactions du public, le résultat est encore plus lamentable. Aux États-Unis, le climatoscepticisme l'a emporté dans un des deux grands partis, qui a pour l'essentiel mis son veto aux actions législatives ambitieuses. À l'étranger, les conférences, les traités, les accords à fort retentissement s'enchaînent, mais ils ressemblent de plus en plus à du vent ; les émissions de CO_2 se poursuivent, sans relâche.

La réticence scientifique est parfaitement raisonnable, à sa manière ; c'est un torrent de prudence rhétorique aux multiples affluents. Le premier est affaire de tempérament : les climatologues sont avant tout des scientifiques, d'abord sélectionnés pour leur perspicacité, puis entraînés à la développer. Le deuxième affluent tient à l'expérience : ils sont nombreux maintenant à avoir affronté, aux États-Unis particulièrement, et parfois pendant des dizaines d'années, les rangs des sceptiques qui se gargarisent de la moindre exagération ou prévision erronée, dont ils font des preuves de l'illégitimité ou de la mauvaise foi des chercheurs ; ceux-ci en deviennent plus prudents, et on peut les comprendre. Malheureusement, à force de craindre de verser dans l'alarmisme, ils ont fini par donner dans l'excès de prudence, jusqu'à l'ériger en une sorte de principe professionnel – ce qui a alimenté, dans les faits, le laisser-faire.

Cette réticence scientifique était aussi une forme de sagesse personnelle, même si le fait de cacher les répercussions les plus effrayantes des dernières découvertes a un côté politiquement rétrograde. Les chercheurs, lorsqu'ils endossaient le rôle de soutien, ont vu leurs confrères et leurs collaborateurs traverser de nombreuses nuits obscures de l'âme, eux-mêmes ont parfois sombré dans le désespoir en songeant à la tempête du changement climatique qui bientôt s'abattrait sur le monde sans que celui-ci ne prenne les mesures pour le combattre. Résultat, tous s'inquiètent d'un éventuel burn out et de la possibilité qu'un récit honnête sur le climat n'en fasse basculer beaucoup vers le découragement. Au point que l'effort pour éviter la crise ne s'éteigne sitôt l'étincelle apparue. En généralisant à partir de cette expérience, ils se sont tournés vers une série d'ouvrages de sciences sociales suggérant que « l'espoir » peut être plus motivant que « la peur » – oubliant au passage que l'alarme n'est pas le fatalisme, que l'espoir n'impose pas de taire les défis les plus effrayants et que la peur, elle aussi, peut être motrice. Ce sont les conclusions d'un article paru dans *Nature*[28], qui passait en revue toute l'étendue de la littérature scientifique : malgré un fort consensus parmi les climatologues entre « l'espoir » et « la peur » ainsi que sur ce qui est considéré comme un récit responsable, il n'existe pas de solution unique pour parler du changement climatique, ni une approche rhétorique qui seule serait susceptible de fonctionner sur le public, aucune qui soit trop dangereuse pour être essayée. Si l'histoire est marquante, elle vaut le coup d'être racontée.

En 2018, les scientifiques ont commencé à opter pour la peur. Le GIEC a publié un rapport alarmiste[29] illustrant la différence dramatique entre un réchauffement à + 2 °C comparé à seulement 1,5 °C : des dizaines de millions de personnes supplémentaires seraient exposées aux vagues de chaleur mortelles, aux pénuries d'eau, aux inondations… Les recherches résumées dans ces pages n'étaient pas inédites, les températures au-delà des 2 °C même pas incluses. Mais même sans aborder les possibilités les plus terrifiantes, le GIEC a délivré au monde scientifique une forme de nouvelle permission, d'autorisation. C'était comme dire, en substance : *vous avez enfin le droit de paniquer*. Après ça, on a presque du mal à imaginer comment éviter un torrent de panique de la part de scientifiques enfin incités à crier autant qu'ils le veulent.

Mais leur prudence préalable est compréhensible. Pendant des années, les chercheurs ont présenté des données très claires prouvant à qui voulait bien l'entendre toute la gravité de la crise qui attendait la planète si rien n'était fait. Puis, année après année, ils ont constaté qu'aucune mesure n'était prise. Il n'est pas étonnant, dans ces conditions, qu'ils n'aient cessé de repenser leur communication, de se gratter la tête pour trouver la meilleure stratégie rhétorique, de retravailler « le message ». S'ils pouvaient être aux commandes, ils sauraient exactement comment agir et nous n'aurions pas besoin de paniquer. Alors pourquoi personne ne les écoute ? Forcément, c'était affaire de rhétorique. Quelle autre explication ?

Le capitalisme de crise

L'inventaire des biais cognitifs identifiés par les psychologues behavioristes[1] et leurs compagnons de route ce dernier demi-siècle ressemble un peu à une timeline sur les réseaux sociaux : il est apparemment infini et chaque nouvelle publication déforme et distend notre perception du réchauffement. La menace est aussi imminente et immédiate qu'un prédateur à l'approche, mais toujours perçue à travers une cloche de verre.

Il y a, pour commencer, l'*effet d'ancrage*, qui explique comment nous construisons nos modèles mentaux à partir d'un ou deux exemples initiaux, pas plus parfois, bien que ça ne suffise pas pour être représentatif – dans le cas du réchauffement climatique, il s'agit du monde tel que nous le connaissons aujourd'hui, assez tempéré pour être rassurant. Il y a également l'*effet d'ambiguïté* : la majorité des gens seraient tellement mal à l'aise face à l'incertitude qu'ils feraient tout pour ne pas s'y trouver confrontés, quitte à accepter des issues moins positives. En théorie, quand il s'agit du climat, l'incertitude devrait être un argument pour l'action. L'ambiguïté tient aux différentes actions possibles dans lesquelles pourraient s'engager les humains, des choix très concrets que nous faisons mine de ne pas comprendre, ce qui nous décourage.

Parmi les autres biais, la *pensée anthropocentrique*, avec laquelle nous construisons notre vue de l'univers à partir de notre propre expérience, réflexe qualifié par les plus impitoyables écologistes de « suprématie humaine », influençant notre capacité à comprendre véritablement les menaces existentielles qui pèsent sur notre espèce. Un défaut dont se sont moqués beaucoup de scientifiques : « La planète survivra, mais les humains peut-être pas. »

Il y a également le *biais d'automatisation*, qui décrit la préférence pour les algorithmes et autres prises de décision non dévolues à l'homme. Cela s'applique par exemple à notre déférence, depuis plusieurs générations déjà, aux forces du marché auxquelles l'on confère des pouvoirs de régulation à peu près infaillibles, ou au moins imbattables. Dans le cas du climat, cela s'est traduit par une confiance dans les systèmes économiques débarrassés de toute régulation ou restriction que l'on charge de résoudre le problème du réchauffement aussi naturellement, aussi sûrement qu'ils ont résolu les problèmes de la pollution, des inégalités, de la justice et de la guerre.

Ces biais sont tirés du premier volume de la littérature – et encore, il ne s'agit que d'un échantillon. Voici quelques-uns des effets les plus destructeurs qui apparaissent plus tard dans la bibliothèque de l'économie comportementale. Tout d'abord, l'*effet du témoin*, ou notre propension à attendre que les autres agissent plutôt qu'à agir nous-mêmes ; ou encore le *biais de confirmation*, qui nous incite à rechercher des preuves de ce dont nous ne doutons pas, comme la promesse que la vie humaine va continuer vaille que vaille, plutôt que de supporter la douleur cognitive consistant à reconceptualiser notre monde. S'y ajoute l'*effet par défaut*, ou la tendance à choisir l'option présente par rapport aux alternatives, ce qui est lié au biais de *statu quo*, c'est-à-dire la préférence pour les choses telles qu'elles sont, aussi atroces soient-elles et lié également à l'*aversion à la dépossession*, pour abandonner un bien qui nous appartient, notre instinct tend à exiger davantage que la valeur que nous lui accordons (ou avons payé pour l'acquérir ou l'atteindre). Nous avons une *illusion de contrôle*, nous apprennent les spécialistes de l'économie comportementale, nous souffrons également d'un *excès de confiance* et d'un *biais d'optimisme*. Cela dit, nous avons aussi un biais de pessimisme, quoique insuffisant pour compenser – il nous incite à considérer les défis comme des défaites prédéterminées et les cris d'alarme comme fatalistes, particulièrement dans le cas du climat, semble-t-il. L'opposé du biais cognitif, en d'autres termes, n'est pas la clarté d'esprit, mais un autre biais cognitif. Notre vision consiste en un aveuglement à plusieurs foyers.

Toutes ces conclusions peuvent sembler intuitives et familières, relever du bon sens – et d'ailleurs dans certains cas, c'est ce qu'elles sont, enjolivées par le langage académique. L'économie comportementale est un mouvement intellectuel anticonformiste pas tout à fait comme les autres : elle démonte des croyances (de personnes très rationnelles) qui sont au cœur de la discipline économique et qui ont été celles des spécialistes de la question, du temps où ils étaient étudiants en économie du moins. Mais en soi, ce domaine ne consiste pas exclusivement en une révision de l'économie existante. C'est une contradiction complète de la proposition centrale de sa discipline mère, et même de l'image rationaliste que l'Occident moderne a de lui-même, issue des universités du début de la période industrielle – une coïncidence, sûrement. Pour l'économie comportementale, la raison humaine est un pis-aller maladroit, aveuglément égocentrique et autodestructeur, curieusement efficace dans certains cas, exaspérant d'incompétence dans d'autres. Franchement, comment avons-nous réussi à envoyer un homme sur la Lune ?

Le changement climatique exige une expertise en laquelle on ait foi, au moment précis où la confiance du public en la matière s'effondre ; c'est encore une des ironies de l'histoire. Le fait que l'on y retrouve chacun des biais n'est pas simplement une curiosité, ou une coïncidence, ni une anomalie. Cela montre à quel point ce phénomène est important, à quel point son impact touche la vie humaine – dans à peu près tous ses aspects.

On pourrait commencer le second volume par l'énormité – la menace climatique est si vaste, si intense[2] que par réflexe, nous détournons le regard, comme face au soleil.

L'énormité, comme excuse au laisser-faire, voilà qui semblera familier à tous ceux qui auraient entendu un étudiant débattre du capitalisme. La taille du problème, son omnipotence, l'apparente absence d'alternatives toutes prêtes et l'attrait des bénéfices éphémères – telles sont les composantes de l'argument subliminal qui depuis des décennies cible la classe moyenne occidentale. Parmi ses membres, le mécontentement gronde au point que, sur une autre planète, ils auraient peut-être pu former l'avant-garde intellectuelle d'un mouvement opposé à la financiarisation infinie et aux marchés dérégulés. « Il est plus facile d'imaginer[3] la fin du monde que celle du capitalisme », a écrit le critique littéraire Fredric Jameson, attribuant évasivement cette phrase à « quelqu'un » qui « un jour l'a dite ». Cette personne pourrait dire aujourd'hui : « Pourquoi choisir ? »

En matière d'autorité et de responsabilité, l'échelle et la perspective nous brouillent souvent l'esprit – nous ne parvenons plus à savoir quelle poupée russe va dans quelle autre ou sur quelle étagère doit être posé l'ensemble. Face aux grandes réalités, nous avons l'impression d'être petits et assez impuissants, même si nous sommes théoriquement « aux manettes ». À l'ère moderne, au moins, il existe aussi la tendance connexe qui consiste à voir les vastes systèmes humains, parmi lesquels Internet ou l'économie industrielle, comme des domaines bien plus inattaquables, intouchables même, que les systèmes naturels comme le climat qui pourtant, littéralement, nous englobent. Voilà pourquoi la rénovation du capitalisme afin qu'il récompense moins l'extraction de combustible fossile paraît moins improbable que la suspension de soufre dans l'air pour rafraîchir la planète d'1 ou 2 °C et teinter le ciel en rouge. Pour certains, il semble même plus compliqué de couper les milliards de subventions aux combustibles fossiles que de déployer des technologies qui aspirent le CO_2 de l'atmosphère un peu partout sur terre.

C'est une sorte de problème de Frankenstein, lié aux craintes très répandues de l'intelligence artificielle : nous sommes plus intimidés par les monstres que nous créons que par ceux dont nous héritons. Assis face à notre ordinateur dans notre bureau climatisé, à la lecture de la rubrique sciences du journal, nous nous sentons, sans logique aucune, totalement maîtres des écosystèmes naturels ; nous nous estimons capables de protéger la population en déclin des espèces en danger, de préserver leur habitat, pourvu que nous en ayons la volonté, de gérer correctement les abondantes réserves d'eau, pour éviter qu'elles ne soient gâchées avant d'atteindre la bouche des hommes – mais, là aussi, pourvu que nous en ayons la volonté. Nous n'avons pas cette impression face à Internet, qui semble tout à fait hors de contrôle, alors même qu'il a été conçu et fabriqué par nous, et récemment ; encore moins face au réchauffement climatique, que nos actions chaque jour, chaque minute, aggravent. Et la taille ressentie du capitalisme de marché est une forme d'obstacle pour les critiques depuis au moins une génération, lorsque même ceux qui en percevaient les failles ont commencé à penser qu'il était peut-être trop gros pour échouer.

On n'en est plus vraiment là aujourd'hui, encore dans l'ombre de la crise financière, à contempler l'horizon qui se charge sous l'effet du dérèglement climatique. Pourtant, nous avons tendance à envisager le climat comme contenu ou gouverné par le capitalisme, peut-être en partie parce que la grille de lecture du réchauffement se reporte parfaitement sur celle familière, existante, du capitalisme. D'un côté les gauchistes appellent à tout brûler, de l'autre les conservateurs en recherche de rente, kleptocrates, ne jurent que par la croissance, et au milieu les technocrates bornés font preuve d'un optimisme naïf. Le climat n'est pas gouverné par le capitalisme, il représente pour lui un danger.

Le fait que le capitalisme occidental doive sa domination aux énergies fossiles est loin de faire l'unanimité dans les milieux économiques, cependant ce n'est pas qu'une lubie de la gauche socialiste[4]. C'était la thèse centrale du livre *Une grande divergence* de Kenneth Pomeranz, récit incontournable qui relate la façon dont l'Europe a dominé le reste du monde à partir du XIXe siècle, alors que le continent jusque-là n'était qu'un trou perdu de province face à des empires tels que la Chine, l'Inde et le Moyen-Orient. À la question essentielle « Pourquoi l'Europe ? » *Une grande divergence* propose une réponse simple qui tient pour ainsi dire en un seul mot : le charbon.

En tant que compte-rendu de l'histoire industrielle, la version réductrice sous-entendue derrière le « capitalisme fossile » (ce que nous concevons comme l'économie moderne serait en réalité un système nourri par les énergies fossiles) est d'une certaine manière convaincante, mais aussi incomplète. Bien entendu, ce n'est pas la seule combustion du pétrole qui fait apparaître une rangée entière de yaourts dans nos supermarchés. (Peut-être un peu plus que vous ne le pensez, cela dit.) Mais ce raccourci du « capitalisme fossile » se révèle bien pratique pour signifier la profonde relation entre ces deux forces et comment le destin de l'un définit celui de l'autre. Ce qui soulève la question, purement rhétorique pour certaines parties de la gauche : le capitalisme peut-il survivre au changement climatique[5] ?

Cette question est un prisme qui projette des réponses différentes d'un bout à l'autre du spectre politique et, selon où vous vous situez, le sens du mot « capitalisme » ne sera sûrement pas le même. Le réchauffement climatique pourrait cultiver des formes émergentes d'écosocialisme à une extrémité du spectre et, pourquoi pas ? produire un effondrement de toute confiance hormis en celle du marché, à l'autre extrêmité. Le commerce, sûrement, survivra, il prospérera peut-être même, comme c'était le cas avant le capitalisme – les individus faisant commerce et échanges sans qu'un système unique organise leurs activités. La recherche de rente se poursuivra également, ceux qui le peuvent s'empresseront d'accumuler tous les avantages à portée de leur bourse – encore plus âpres au gain, dans un monde plus pauvre en ressources et portant le deuil de la récente abondance apparente, désormais disparue.

Ceci est plus ou moins le modèle tracé par Naomi Klein[6] dans *La Stratégie du choc*, dans lequel elle documente la réaction monolithique des forces du capital lorsqu'elles sont confrontées à une crise, quelle qu'elle soit – exigeant davantage de place, de pouvoir et d'autonomie pour le capital. Ce livre ne concerne pas particulièrement les réponses des intérêts financiers aux catastrophes climatiques – il est plutôt centré sur l'effondrement politique et les crises créées par les technocrates eux-mêmes. Mais il nous donne un aperçu très clair du genre de ripostes auxquelles nous attendre de la part de l'élite financière mondiale lorsque nous nous trouverons en crise écologique permanente. Plus récemment, Klein a proposé d'utiliser Porto Rico[7], encore sous le coup de l'ouragan Maria, comme cas d'école, au-delà de sa malencontreuse situation géographique en plein sur le trajet des ouragans générés par le réchauffement. Voici une île dotée d'énergie verte en abondance et qui néanmoins importe tout son pétrole, un paradis agricole qui néanmoins importe toute sa nourriture, l'un et l'autre en provenance d'une puissance quasi coloniale qui considère l'île comme un simple marché. Cette puissance a en réalité délégué le gouvernement de l'île à sa compagnie électrique, une poignée de porteurs d'obligations qui n'ont d'autre intérêt en tête que le remboursement de la dette.

On peut difficilement imaginer meilleure illustration de l'empire du capital au temps du changement climatique. Et ce n'est pas simplement rhétorique. En 2017, juste après la tempête, Solomon Hsiang et Trevor Houser ont calculé que, à lui tout seul, l'ouragan Maria pouvait réduire de 21 % les revenus portoricains[8] sur quinze ans et que l'économie de l'île pourrait mettre vingt-six ans pour retrouver le niveau qui était le sien juste avant le sinistre – un niveau, rappelle Naomi Klein, déjà tendu. Ces données n'ont pas suscité une expansion spectaculaire des dépenses sociales ou la mise en place d'un plan Marshall en direction des Caraïbes ; au lieu de ça, Donald Trump a lancé quelques rouleaux d'essuie-tout aux citoyens de San Juan, puis les a laissés aller quémander la pitié de ceux ayant fait main basse sur les caisses de l'État, pitié qui n'est jamais advenue. Cela rappelle immanquablement une crise financière, notent Hsiang et Houser. De telles crises permettent en définitive le meilleur modèle conceptuel pour se préparer aux châtiments du changement climatique. « Pour Porto Rico, écrivent-ils, Maria pourrait représenter un coût économique équivalant à ce que la crise financière de 1997 a fait subir à l'Indonésie et à la Thaïlande, plus de deux fois celui de la crise du peso de 1994 pour le Mexique. »

Quant à la stratégie du choc telle que théorisée par Naomi Klein… à l'ère du nouveau régime climatique, lorsque les économies mondiales subiront les assauts des conditions météorologiques extrêmes et des catastrophes naturelles à un rythme sans précédent et lorsque les récoltes risqueront d'être dévastées et la productivité du travailleur entamée – restera-t-elle appliquée, durant ces pauses entre les ouragans, les inondations, les vagues de chaleur et les sécheresses ? La question est ouverte, comme toujours lorsqu'il s'agit de réactions humaines au changement climatique, au présent et au futur. Mais, là encore, des ajustements même infimes aux principes de base de l'Occident vis-à-vis du monde des affaires et du capitalisme financier feront probablement l'effet de tremblements de terre, tant ils sont structurants dans notre culture.

Il n'est pas exclu que, retranchés derrière la règle du capital, les plus puissants se démènent encore davantage pour s'emparer des profits pourtant en chute libre ; au vu de leur comportement ces dernières décennies, on n'a guère de mal à l'imaginer. Mais, au fil de ces années, les capitalistes ont toujours compté sur une alliée en matière de relations publiques : la promesse d'une croissance allant crescendo. En réalité, malgré nos nombreuses et divergentes variétés de marchés, cette promesse a tenu lieu d'infrastructure idéologique au monde depuis au moins 1989 – ce n'est d'ailleurs pas une coïncidence si les émissions de dioxyde de carbone ont explosé depuis la fin de la guerre froide[9].

Le réchauffement accélérera deux tendances qui déjà sapent cette promesse : d'abord, en produisant une stagnation économique globale qui dans certains endroits fera l'effet d'une récession colossale et permanente ; et, ensuite, en punissant les pauvres de façon bien plus grave que les riches, à l'échelle du monde, mais aussi des États, où les inégalités de revenus seront de plus en plus marquées, et très vite intolérables pour beaucoup. Dans un futur économique doublement secoué par ces forces, le quasi-monopole de la puissance sociale dont bénéficient les très riches aura de sérieux comptes à rendre, pour le moins.

Et quelle réponse apportera-t-il ? Au-delà des nouveaux appels au darwinisme social qui voient dans ces issues inégales une forme de « justice » – une vision du monde bien connue qui est celle des 1 % –, la force du capital n'aura sûrement pas grand-chose à dire. Le marché a justifié les inégalités des générations durant en mettant en avant les perspectives, invoquant le mantra d'une prospérité nouvelle, qui, promettait-il, bénéficierait à tous. Une vérité qui ressemble surtout à de la propagande. D'ailleurs, la crise économique de 2008 et la reprise profondément inégalitaire qui a suivi en ont été la démonstration parfaite : les augmentations de revenus dans les pays capitalistes les plus avancés ont toujours profité, exclusivement ou presque, aux plus riches, et ce depuis plusieurs décennies. Ce seul fait trahit une crise du système tout entier, c'est une évidence. La preuve en est que depuis le krach, d'une part, un populisme enragé, tant à gauche qu'à droite, balaye l'Europe et les États-Unis et, d'autre part, les plus hautes citadelles de l'économie de marché manifestent un scepticisme et un doute lancinants. En 2016, le FMI a publié un article intitulé « Le néolibéralisme : surcoté[10] ? » – le FMI ! Et Paul Romer, qui deviendrait par la suite économiste en chef de la Banque mondiale a affirmé que la macroéconomie, la « science du capitalisme », s'apparentait à un domaine imaginaire[11], l'équivalent de la théorie des cordes, et n'avait plus aucune légitimité pour décrire le fonctionnement de l'économie réelle avec exactitude. En 2018, Romer a remporté le prix Nobel. Il le partageait avec William Nordhaus, pionnier dans l'étude de l'impact économique du changement climatique. Nordhaus, économiste[12], est en faveur d'une taxe carbone, mais peu élevée – avec son tarif « optimal », nous atteindrions tout de même les 3,5 °C de hausse.

À l'heure actuelle, les impacts économiques du changement climatique restent relativement légers : aux États-Unis en 2017, le coût estimé était de 306 milliards[13] de dollars. Les impacts les plus lourds sont devant nous. Et si, par le passé, la promesse de croissance a justifié l'inégalité, l'injustice et l'exploitation, dans le futur proche, il y aura bien d'autres plaies à panser : catastrophes, sécheresses, famines, guerres, déplacements de réfugiés partout sur la planète et la confusion politique que cela génère. En guise de remède, le changement climatique propose une absence de croissance mondiale ; et, dans la majeure partie du monde le plus durement frappée, une récession.

Notre tendance à croire aujourd'hui dans la résilience de l'humain face à de telles catastrophes est l'héritage de plusieurs siècles de richesse industrielle produite par notre utilisation des combustibles fossiles. Les rois au Moyen Âge n'ont jamais cru pouvoir échapper à la peste ou à la famine grâce à la croissance et les populations qui vivaient dans l'ombre du Vésuve ou du Krakatoa ne sont pas parties du principe qu'elles survivraient allègrement à l'éruption volcanique. Mais la révision à la baisse des attentes pour l'avenir pourrait bien être plus importante que la prospérité diminuée aujourd'hui. Et si ce que vous entendez par « capitalisme » ne se résume pas à l'opération des forces du marché, mais élève au rang de religion le libre-échange considéré comme un système social juste, voire parfait, alors vous allez devoir vous préparer à une réforme majeure, pour le moins. Les difficultés économiques prévues sont énormes, souvenez-vous – 551 000 milliards de dégâts[14] pour un réchauffement à 3,7 °C, soit 23 % de perte de revenu mondial[15] potentiel d'ici à 2100, si jamais rien n'est fait. Un impact beaucoup plus sévère que celui de la crise de 1929, dix fois plus grave que celle, plus récente, de 2008, dont nous sentons encore les effets. Et cela n'aurait rien de temporaire. Il est difficile d'imaginer qu'un système quelconque, aussi « gros » soit-il, puisse survivre intact à ce type de déclin.

Si le capitalisme survit, qui paiera ?

Déjà aux États-Unis, les tribunaux sont submergés par des vagues d'actions en justice visant à dégager les responsabilités des préjudices causés par le climat – un pari audacieux étant donné que la plupart des torts énumérés ne se sont pas encore produits. Les plus médiatisés sont les procès engagés contre les compagnies pétrolières par le ministère public, en croisade – dans ces affaires il est question de santé publique, elles sont portées par les citoyens, ou au moins en leur nom, contre des sociétés connues pour leurs pratiques de désinformation et campagnes de lobbying politique. C'est le premier vecteur de la responsabilité climatique : contre les entreprises qui en ont profité.

Un autre type d'accusation est porté dans l'affaire *Juliana vs The United States*, aussi appelé le « procès de la jeunesse pour le climat », ingénieux recours en justice pour non-respect du droit à l'égalité de protection. Les plaignants arguent qu'en n'agissant pas pour lutter contre le réchauffement, le gouvernement fédéral a reporté de fait l'équivalent de nombreuses années de coûts environnementaux sur la jeunesse d'aujourd'hui – une action inspirante, à sa manière, menée par un groupe de mineurs au bénéfice de toute une génération et de celles qui suivront, contre le gouvernement élu par leurs parents et grands-parents. C'est le deuxième vecteur de la responsabilité climatique : contre les générations qui en ont profité.

Mais il en existe un troisième, pour l'heure pas encore verbalisé en dehors des salles de conférence où ont été négociés les accords de Paris : contre les nations qui grâce aux combustibles fossiles sont devenues, pour certaines, de véritables empires. Un vecteur particulièrement sensible puisque ce sont les descendants des sujets de ces empires qui accuseront le traumatisme le plus lourd dû au climat – il a déjà inspiré la mobilisation politique organisée autour de la « justice climatique ».

Comment ces procès vont-ils se jouer ? Plusieurs scénarios sont possibles selon, principalement, ce que seront les choix et engagements des humains sur les prochaines décennies. Par le passé, certains empires exploiteurs se sont effondrés et ont opéré dans la foulée avec les nations concernées des rapprochements relativement apaisés, les énergies punitives étant amorties par des réparations financières, le rapatriement, la vérité, la réconciliation. Ce même type d'approche pourrait émerger, appliquée aux souffrances liées au climat – un réseau de soutien coopératif tissé dans l'esprit du mea culpa. Mais voilà, les riches nations occidentales n'ont encore jamais vraiment admis avoir une dette climatique vis-à-vis des pays pauvres qui pâtiront davantage du réchauffement. Leur souffrance et l'exploitation que cela traduit pourraient bien être trop éprouvantes pour susciter une coopération noble entre nations ; beaucoup préféreront sûrement détourner le regard ou se réfugier dans le déni.

Nous ne connaissons pas encore, bien sûr, l'étendue des souffrances mondiales liées au climat, mais l'ampleur des dévastations pourrait être telle que la dette serait immense – plus, peut-être que n'importe quelle dette historique vis-à-vis d'un pays ou d'un peuple par un autre, dont aucune ou presque, d'ailleurs, n'a jamais été dignement remboursée.

Si cette affirmation vous paraît excessive, dites-vous que l'Empire britannique est apparu dans la fumée des combustibles fossiles et qu'aujourd'hui, à cause de cette fumée, le destin du marais bangladais est de finir englouti, celui des villes indiennes de cuire en l'espace d'une vie. Au XXe siècle, les États-Unis n'ont pas établi de domination politique explicite équivalente, mais leur empire global a néanmoins transformé de nombreux pays du Moyen-Orient en États-clients réduits au rang de simples oléoducs. Ces nations brûlent désormais chaque été sous des chaleurs qui dans certaines régions ne sont pas loin d'être classées comme invivables. À La Mecque, par exemple, il fera bientôt si chaud que les pèlerinages, autrefois un rite annuel pour des millions de musulmans, deviendront aussi fatals qu'un génocide. Il faudrait être plus qu'idéaliste pour croire que le sujet des responsabilités ne façonnera pas notre géopolitique à l'ère de la crise climatique. L'idéalisme risque d'être assez vite balayé par le flot des répercussions qui s'abattront sur nous – à moins que nous ne décidions d'ériger un barrage d'ici là.

Bien entendu, on peut compter sur les arrangements politiques actuels, aidés en cela par la loi sur la faillite, pour limiter les responsabilités climatiques – que ce soit à l'encontre des sociétés pétrolières, des gouvernements ou des nations. Ces arrangements pourraient tomber – sous pression politique ou suite à une insurrection. Cela pourrait avoir pour effet inattendu de débarrasser la scène de tous les méchants les plus incontestables et de leurs gardiens, effaçant du même coup tous les repères simples pour répartir les torts et permettre une rétribution proportionnée. La question de la responsabilité deviendrait alors une munition politique particulièrement puissante, susceptible de frapper sans distinction – une rage climatique permanente.

Si nous réussissons, si nous arrêtons le réchauffement en dessous de 2 ou même de 3 °C, la facture la plus salée ne sera pas celle présentée au nom des responsabilités, mais celle de l'adaptation et de la réduction des émissions – autrement dit, le coût de la construction et de l'administration des systèmes, quels qu'ils soient, que nous improviserons pour réparer les dégâts qu'un siècle de capitalisme industriel impérieux a causés à la seule planète sur laquelle nous pouvons tous vivre.

Le coût est important : une économie décarbonée, un système énergétique parfaitement renouvelable, une agriculture réimaginée et peut-être, même, une planète sans viande. En 2018, le GIEC a comparé la transformation nécessaire à la mobilisation pour la Seconde Guerre mondiale, mais impliquant véritablement la totalité des pays. Il a fallu quarante-cinq ans à la ville de New York pour construire trois nouvelles stations sur une seule ligne de métro ; la menace du changement climatique catastrophique nous oblige à rebâtir l'infrastructure mondiale en beaucoup moins de temps.

C'est ce qui explique qu'on soit à ce point séduit par l'idée d'un remède de cheval qui résoudrait tout d'un coup – nous ramenant à ce concept magique des « émissions négatives ». Parmi les méthodes d'émissions négatives (que ce soient les approches « naturelles », forêts revitalisées et nouvelles pratiques agricoles ou technologiques, nécessitant le déploiement de machines pour prélever le CO_2 de l'atmosphère), aucune n'impose de transformation radicale de l'économie mondiale telle qu'elle est à présent constituée. C'est sûrement pour cette raison que ces émissions négatives, autrefois considérées comme une stratégie de la dernière chance, ont récemment fait leur apparition parmi les objectifs d'action conventionnels en faveur du climat. Sur les 400 modèles d'émissions du GIEC[16] qui nous amènent sous les 2 °C, 344 comptent des émissions négatives, significatives pour la plupart. Malheureusement, elles sont aussi, pour l'heure, presque entièrement théoriques. L'efficacité n'a encore été prouvée pour aucune de ces méthodes, à l'échelle nécessaire. Qui plus est, l'approche naturelle, que les écologistes adorent, se trouve confrontée à des obstacles encore plus raides : un chercheur a suggéré que, pour réussir, il faudrait utiliser un tiers des terres arables de la planète[17] ; un autre a avancé que, selon la façon dont le système serait précisément conçu et déployé, il pourrait avoir l'effet inverse, c'est-à-dire émettre du gaz carbonique au lieu d'en aspirer.

La voie du captage de CO_2, qui recouvrirait la planète d'usines anti-industrielles tout droit sorties d'un rêve cyberpunk, semble, par contraste, plus séduisante. Pour commencer, la technologie, bien que coûteuse, existe déjà. Les machines, aimait à souligner Wallace Smith Broecker, sont à peu près aussi complexes qu'une voiture et d'une valeur équivalente – autour de 30 000 dollars chacune. Rien que pour capter la quantité de gaz carbonique que nous rejetons actuellement dans l'atmosphère, calculait Broecker, il faudrait 100 millions de machines. Et cela ne servirait qu'à gagner du temps – pour une dépense de 30 000 milliards de dollars, soit 40 % du PIB mondial. Afin de réduire le niveau de dioxyde de carbone de quelques parties par million seulement – et ainsi repousser un tout petit peu plus l'échéance, assez pour capter nos émissions présentes ainsi que celles à notre niveau estimé d'ici quelques années – il faudrait 500 millions de machines. Pour réduire le niveau de CO_2 de 20 parties par million par an, calcule-t-il encore, il nous faudrait un milliard de machines. Cela nous éloignerait immédiatement du seuil de bascule, et même nous permettrait d'émettre un peu plus longtemps encore – un contre-argument brandi par certains recoins de la gauche environnementale. Mais, peut-être, avez-vous déjà fait le calcul, il nous en coûterait 300 000 milliards de dollars, près de quatre fois le PIB mondial total.

Ces prix vont probablement baisser, mais pendant ce temps les émissions et la pollution atmosphérique continueront d'augmenter. En 2018, un article de David Keith[18] a démontré l'efficacité d'une méthode pour prélever le dioxyde de carbone à un coût qui pourrait ne pas dépasser les 94 dollars par tonne – soit une dépense d'environ 3 000 milliards de dollars pour neutraliser nos 32 gigatonnes d'émissions mondiales annuelles. Si le chiffre peut paraître intimidant, songez que les subventions allouées aux combustibles fossiles[19] se montent chaque année, à l'échelle mondiale, à pas moins de 5 000 milliards de dollars. En 2017, l'année même où les États-Unis se sont retirés de l'accord de Paris, le pays a aussi approuvé une baisse d'impôts de 2 300 milliards[20] – principalement en faveur des plus riches, qui réclamaient un peu de répit.

L'Église de la technologie

S'il est bien une chose qui pourrait nous sauver, c'est la technologie. Mais les tautologies ne suffiront pas à sauver la planète et, en particulier parmi le boys' club futuriste qui règne sur la Silicon Valley, les adeptes de la technologie n'ont guère plus que des contes de fées à nous offrir. Ces dix dernières années, l'adoration consumériste a consacré ces fondateurs, ces spécialistes du capital-risque, les élevant quasiment au rang de chamans capables de décider par sorcellerie de la direction que devrait prendre l'avenir du monde. Mais, de toute évidence, peu d'entre eux se sentent véritablement concernés par le dérèglement climatique. Leurs investissements dans l'énergie verte restent parcimonieux (à l'exception de Bill Gates et Elon Musk), sans parler de leur philanthropie, plus rare encore (là encore, Bill Gates fait exception). Pis, ils n'hésitent pas à dire, comme le fait remarquer Eric Schmidt[1], que le changement climatique a déjà été résolu, dans le sens où, au rythme où progresse la technologie, une solution est inévitable – voire, grâce à l'apparition d'une technologie bien particulière et autodidacte, j'ai nommé l'intelligence artificielle, ou IA.

On pourrait parler de foi aveugle pour décrire cette vision du monde, même s'ils sont nombreux, dans la Silicon

Valley, à être au contraire aveuglés de terreur par l'intelligence artificielle. On pourrait également voir cela sous un angle différent : les futuristes en sont venus à considérer la technologie comme la superstructure au sein de laquelle tous les autres problèmes et leurs solutions sont contenus. Dans cette perspective, la technologie ne peut être menacée que par la technologie, raison pour laquelle une bonne partie des employés de la Silicon Valley paraît peut-être moins concernée par l'emballement lié au réchauffement que par un éventuel détraquement de l'intelligence artificielle : le seul pouvoir redoutable qu'ils semblent prendre au sérieux est celui qu'ils ont eux-mêmes créé. Étrange étape dans l'évolution pour une vision du monde qui doit la vie, dans la contre-culture permanente qui règne sur les environs de San Francisco, au *Whole Earth Catalog* de Stewart Brand, sorte de bible du piratage de la nature. Cela pourrait expliquer pourquoi les dirigeants de réseaux sociaux ont été aussi lents à comprendre la menace que la politique du monde réel posait à leurs plateformes. Et aussi pourquoi, comme le suggère l'auteur de science-fiction Ted Chiang, les craintes émises par la Silicon Valley vis-à-vis des futurs grands maîtres de l'intelligence artificielle ressemblent étrangement à un autoportrait inconscient, une panique concernant des pratiques que les géants de la tech incarnent eux-mêmes.

Réfléchissez : qui poursuit son but avec une concentration monomaniaque[2], sans jamais envisager d'éventuelles conséquences négatives ? Qui adopte une approche de la terre brûlée face à l'augmentation des parts de marché ? Cette hypothétique intelligence artificielle fait exactement ce que rêve de faire toute start-up technologique – elle grossit à un rythme exponentiel et détruit ses concurrents jusqu'au monopole absolu. L'idée de superintelligence est une notion tellement mal définie que chacun peut la visualiser à sa manière, aussi valables les unes que les autres : tantôt génie bienveillant qui résout tous les problèmes du monde, tantôt mathématicien qui consacrerait tout son temps à prouver des théorèmes si abstraits que les humains ne parviendraient même pas à les comprendre. Mais quand la Silicon Valley s'essaie à son tour à imaginer la superintelligence, elle y voit un capitalisme où tous les coups sont permis.

Il est parfois difficile de garder en tête plus d'une menace de niveau d'extinction à la fois. Nick Bostrom, le philosophe pionnier en matière d'IA, y est parvenu. Dans un article de 2002 qui a connu un fort retentissement[3], il a établi une taxonomie de ce qu'il appelle les « risques existentiels », qu'il estime au nombre de vingt-trois ; il s'agit des risques qu'« une issue défavorable soit annihile toute vie intelligente d'origine terrestre, soit réduise de façon permanente et radicale son potentiel ».

Bostrom n'est pas un intellectuel de l'apocalypse isolé, c'est un des principaux penseurs qui cherchent à stratégiser des manières de cadrer ou au moins de conceptualiser ce qu'ils considèrent comme une menace contre l'espèce de la part d'une IA hors de contrôle. Cependant, il n'oublie pas, dans sa vision d'ensemble, d'inclure le changement climatique. Il le classe dans la sous-catégorie « bangs » qu'il définit comme la possibilité que « la vie intelligente d'origine terrestre s'éteigne lors d'une catastrophe relativement soudaine résultant soit d'un accident, soit d'un acte délibéré de destruction ». Les bangs forment la plus longue de ses sous-listes ; le changement climatique partage cette catégorie avec, entre autres, *Défaut de programmation d'une superintelligence* et *Interruption de la simulation dans laquelle nous vivons.*

Dans son article, Bostrom considère également le risque adjacent au dérèglement climatique de « diminution des ressources ou destruction écologique ». Il place cette menace dans la catégorie suivante, les « crunchs », qu'il décrit comme un épisode après lequel « le potentiel de l'humanité à se développer en posthumanité est en permanence réduit à néant, bien que la vie humaine continue sous une certaine forme ». Son risque de crunch le plus représentatif est certainement l'*arrêt technologique* : « Les difficultés technologiques permettant la transition au monde posthumain se révèlent si grandes que nous ne l'atteignons jamais. » Les deux ultimes catégories de Bostrom sont les « shrieks » qu'il définit ainsi : « Une forme de posthumanisme est atteinte, mais dans une fraction extrêmement réduite de ce qui est possible et désirable », comme dans le cas de *prise de contrôle par un téléchargement transcendant* ou *superintelligence défaillante* (ne pas confondre avec une *superintelligence mal programmée*), ainsi que les « whimpers » qu'il définit comme « l'apparition d'une civilisation posthumaine qui évolue dans une direction menant progressivement, mais irrévocablement, soit à la complète disparition des choses auxquelles nous accordons de la valeur ou à un état dans lequel ces choses sont réalisées à 1 °C minuscule de ce qui aurait pu être atteint ».

Vous l'aurez peut-être remarqué, bien que son article prétende analyser « les scénarios de l'extinction de l'humanité », aucune des menaces évaluées, en dehors des bangs, ne mentionne le mot « humanité ». Au lieu de ça, elles se concentrent sur ce que Bostrom appelle la « posthumanité », que d'autres nomment souvent « transhumanisme » – la possibilité que la technologie puisse rapidement nous permettre de franchir un palier vers un nouvel état, tellement différent de celui que nous connaissons aujourd'hui que nous serions forcés de considérer cela comme une vraie rupture dans notre évolution. Pour certains, il s'agit simplement d'une vision de nanobots naviguant dans notre système sanguin, filtrant les toxines et à l'affût des tumeurs ; pour d'autres, c'est une vision de la vie humaine extraite de toute réalité tangible et téléchargée entièrement sur ordinateur. Vous remarquerez ici un écho de l'Anthropocène. Dans cette dernière option, cependant, les humains font peu de cas de l'anéantissement de l'environnement, ils ne se demandent pas comment l'appréhender ; au lieu de ça, nous accédons tout simplement à une vitesse de libération technologique.

Il est difficile de savoir quel sérieux accorder à ces visions, bien qu'elles soient quasi universelles[4] parmi l'avant-garde futuriste de la Silicon Valley, architectes officiels de notre futur imaginé – au siècle précédent, ce rôle était dévolu à la NASA et aux laboratoires Bell. La principale divergence entre ces visions concerne le temps qu'il faudra pour que tout cela advienne. Peter Thiel se plaint du rythme auquel se produisent les transformations technologiques, mais peut-être parce qu'il s'inquiète qu'elles n'aillent pas assez vite pour lutter contre la dévastation écologique et politique. Il continue d'investir dans de douteux programmes de jeunesse éternelle, d'acheter des terres en Nouvelle-Zélande (où il espère échapper à l'effondrement social à l'échelle de la civilisation). Sam Altman de Y Combinator, connu pour sa philanthropie dans le milieu de la technologie, notamment pour avoir financé un petit programme pilote de revenu universel, a récemment lancé un appel à projets en géo-ingénierie. Il aurait aussi apparemment versé un acompte pour un programme de téléchargement cérébral censé extraire son esprit de ce monde. Un projet dans lequel il a également investi, bien entendu.

Pour Bostrom, le but premier de « l'humanité » est si manifestement de créer une « posthumanité » qu'il utilise le second terme comme un synonyme du premier. Ce n'est pas une faute d'inattention, c'est la clé de son succès dans la Silicon Valley : la croyance que la plus grande des tâches qui attend les technologues est non pas de travailler à la prospérité et au bien-être de l'humanité, mais de bâtir une sorte de portail au travers duquel nous pourrions accéder à une autre existence potentiellement éternelle, un effacement par la technologie dont beaucoup seraient probablement exclus – à commencer par les milliards d'humains privés de bande passante. Il serait très difficile, après tout, de télécharger son cerveau dans le cloud quand on achète sa connexion à Internet au jour le jour via sa carte SIM.

Le monde que nous laisserions derrière nous serait celui qui subit actuellement les coups du changement climatique. Et Bostrom n'est pas le seul, bien sûr, à identifier ce risque comme concernant l'espèce entière. Des milliers, peut-être des centaines de milliers de scientifiques semblent le crier au quotidien, à chaque événement météorologique extrême, à chaque nouvelle étude publiée, dans l'espoir d'attirer l'attention des lecteurs profanes. Une personnalité qu'on ne pourrait pas davantage qualifier d'hystérique, Barack Obama, utilisait régulièrement l'expression « menace existentielle. » Est-ce un signe de l'héliotropisme de notre culture envers la technologie ? Cependant, en dehors peut-être des propositions pour coloniser d'autres planètes ou des visions de technologies susceptibles de libérer les humains de la plupart de leurs besoins environnementaux et biologiques, nous n'avons pas encore développé de religion centrée sur le changement climatique susceptible de nous réconforter, de nous guider face à la potentielle annihilation.

Bien entendu, ces deux propositions s'apparentent au fantasme religieux : échapper au corps, transcender le monde.

La première est presque une caricature tant elle relève du privilège ; il était presque inévitable qu'elle trouve sa place dans la vie rêvée d'une nouvelle caste de milliardaires. La seconde semble une réponse stratégique à la panique liée au climat – assurer un écosystème de secours pour esquiver la possibilité d'un effondrement ici – et c'est précisément en ces termes que la décrivent ses partisans.

Mais cette solution n'a rien de rationnel. Le changement climatique menace effectivement la base même de la vie sur cette planète, or un environnement largement dégradé sur la Terre ressemblera toujours beaucoup, beaucoup plus à un lieu vivable que tout ce que nous pourrions tirer du sol rouge et sec de Mars. Là-bas, même l'été, à l'équateur, les températures nocturnes tournent autour de – 70 °C, on n'y trouve ni eau ni végétaux. Avec un financement suffisant, une petite colonie fermée pourrait certes y être installée, ou sur une autre planète ; mais les coûts seraient beaucoup plus élevés que pour un écosystème artificiel équivalent sur terre, donc l'échelle est beaucoup plus limitée. Autrement dit, tous ceux qui suggèrent le voyage dans l'espace comme une solution au réchauffement climatique souffrent visiblement d'illusion climatique. Imaginer qu'une telle colonie puisse offrir une prospérité matérielle aussi abondante que celle dont profitent les ploutocrates de la tech dans leur banlieue cossue d'Atherton, Californie, c'est s'enfoncer plus profondément dans le narcissisme de cette illusion – comme s'il n'était pas plus compliqué d'importer le luxe sur Mars qu'au festival Burning Man.

La foi prend une forme différente parmi les laïques, incapables de se payer un ticket pour l'espace. Mais certains articles de foi sont gentiment proposés à des tarifs plus raisonnables : smartphones, services de streaming, covoiturage et l'Internet lui-même, plus ou moins gratuit. Et chacun se pare d'une promesse d'évasion face aux luttes et aux conflits qui agiteront le monde dégradé.

Dans *An Account of My Hut*[5], récit d'une recherche immobilière dans la région de la baie de San Francisco sur fond d'apocalypse lors de la saison des incendies de Californie en 2017 (qui se trouvait également être la saison des ouragans Harvey, Irma et Maria), Christina Nichol rapporte une conversation avec un jeune membre de sa famille qui travaille dans la tech, à qui elle tentait d'expliquer en vain la menace sans précédent que constituait le changement climatique. Sa réponse ? « Pourquoi s'inquiéter ? »

« La technologie réglera tout ça. Si la Terre meurt, nous vivrons dans des vaisseaux spatiaux, voilà tout. Nous aurons des imprimantes 3D pour imprimer notre nourriture. Il nous suffira de réarranger les atomes pour créer de l'eau ou de l'oxygène. Elon Musk. »

Elon Musk – non pas l'homme, mais la stratégie de survie à l'échelle de l'espèce. La réponse de Nichol ? « Mais je *ne veux pas* vivre dans un vaisseau spatial. »

Il en a été sincèrement étonné. Parmi ses collègues, tout le monde souhaitait ce destin, c'était la première fois qu'on tenait ce genre de propos devant lui.

Que la technologie puisse nous libérer, collectivement, de la fatigue du travail et des privations matérielles : un rêve au moins aussi ancien que John Maynard Keynes[6], qui prédisait que ses petits-enfants ne travailleraient plus que quinze heures par semaine, et pourtant jamais véritablement accompli. En 1987, l'année de son prix Nobel, l'économiste Robert Solow a fait ce commentaire célèbre : « On voit des ordinateurs partout[7], sauf dans les statistiques de productivité. »

Durant les décennies qui ont suivi, les habitants du monde développé en ont d'ailleurs fait l'expérience – le changement technologique rapide transformant l'ensemble des aspects de la vie quotidienne ou presque sans que cela se traduise en amélioration notable dans les mesures conventionnelles de bien-être économique. Cela peut expliquer le mécontentement politique contemporain – une perception que le monde est en train d'être complètement reconfiguré, mais d'une manière qui vous laisse, vous, plus ou moins exactement tels que vous étiez auparavant – aussi ravis soyez-vous d'avoir accès à Netflix, Amazon, Instagram et Google Maps.

On peut en dire autant, croyez-le ou non, de la « révolution » de l'énergie verte tant vantée, qui a permis des gains de productivité, des réductions des coûts au-delà des prédictions des optimistes les plus béats, sans réussir à infléchir la courbe des émissions de CO_2. Des milliards de dollars, des milliers d'innovations incroyables plus tard, nous en sommes précisément au même stade que du temps où les hippies fixaient des panneaux solaires sur leurs dômes géodésiques. Le marché aurait pu profiter de ces développements pour retirer en douceur les sources d'énergie polluantes et les remplacer par des propres, mais non. Sa réaction a été d'ajouter cette nouvelle capacité à l'ancien système, tout simplement.

Au fil des vingt-cinq dernières années, le coût à l'unité de l'énergie renouvelable a tellement baissé qu'on n'en mesure plus le prix aujourd'hui avec les mêmes instruments (depuis 2009 seulement, par exemple, le coût de l'énergie solaire a chuté de plus de 80 %). Ces vingt-cinq dernières années, la proportion d'énergie utilisée, à l'échelle de la planète, dérivée des énergies renouvelables n'a pas progressé d'un iota. En d'autres termes, le solaire ne vient pas grignoter la part du combustible fossile, pas même lentement ; il vient simplement le seconder. Pour le marché, il s'agit de croissance ; pour la civilisation humaine, c'est presque un suicide. Nous brûlons aujourd'hui 80 % de charbon de plus qu'en l'an 2000.

Et l'énergie n'est en fait pas grand-chose. Comme l'a judicieusement formulé le futuriste Alex Steffen, dans une performance sur Twitter qui fonctionne sur le modèle du court-métrage *Powers of Ten* (Puissances de dix), mais adaptée à la crise du climat, la transition de l'électricité polluante aux sources propres ne constitue pas le défi dans son ensemble. Ce n'est que le fruit le plus facile à cueillir : « Moins important que le défi d'électrifier la totalité de ce qui consomme de l'énergie ou presque », dit Steffen, c'est-à-dire tout ce qui utilise des moteurs au gaz beaucoup plus polluants. Cette tâche, poursuit-il, est elle-même moins importante que la réduction de la demande énergétique, elle-même inférieure au défi de la réinvention de la distribution des biens et des services – étant donné que les chaînes logistiques mondiales sont construites à partir d'infrastructures polluantes et de marchés du travail partout alimentés par des énergies sales. Il nous faut également réduire à zéro les émissions de toutes les autres sources – déforestation, agriculture, bétail, enfouissement des déchets… Et protéger tous les systèmes humains des attaques à venir des catastrophes naturelles et des conditions météorologiques extrêmes. Mais aussi ériger un système de gouvernement global ou au moins de coopération internationale pour gérer un projet de cette ampleur. Tout cela reste une tâche moins importante, dit Steffen que « l'entreprise culturelle monumentale consistant à imaginer ensemble un avenir prospère, dynamique, durable qui non seulement semble possible, mais qui mérite qu'on se batte pour lui. »

Sur ce dernier point, je vois les choses différemment – l'imagination n'est pas le plus compliqué, surtout pour ceux moins informés sur le défi que Steffen. Si nous pouvions mettre en place une solution par la seule force de notre imagination, nous aurions déjà réglé le problème. D'ailleurs, nous avons déjà imaginé les solutions ; mieux que ça, nous les avons même développées, au moins sous la forme de l'énergie verte. Simplement, il nous manque encore la volonté politique, la puissance économique et la flexibilité culturelle pour les activer, parce que, pour ce faire, il faut quelque chose de beaucoup plus gros, de beaucoup plus concret que l'imagination – rien de moins qu'une refonte complète et, à l'échelle de la planète, des systèmes énergétiques, du transport, des infrastructures, de l'industrie et de l'agriculture. Sans aborder le sujet, au hasard, de notre régime alimentaire ou de notre goût pour le Bitcoin. Aujourd'hui, la cryptomonnaie produit chaque année autant de CO_2 qu'un million de vols transatlantiques[8].

Nous pensons que le changement climatique progresse lentement, alors qu'il avance à une rapidité troublante. Nous pensons que l'évolution technologique nécessaire pour l'éviter est imminente, malheureusement elle est d'une lenteur trompeuse – surtout au vu des brefs délais dans lesquels nous en avons besoin. C'est ce que veut dire Bill McKibben lorsqu'il dit que gagner lentement équivaut à perdre : « Si nous n'agissons pas très vite[9] et à l'échelle de la planète, alors le problème deviendra littéralement insoluble, écrit-il. Les décisions que nous prendrons en 2075 n'auront pas d'importance. »

L'innovation, bien souvent, est la partie la plus facile. Le romancier William Gibson l'exprimait en ces termes : « Le futur est déjà là[10], simplement il n'est pas équitablement distribué. » Des gadgets comme l'iPhone, le talisman des technologues, donnent une fausse image quant au rythme de l'adaptation. Pour un riche Américain, Suédois ou Japonais, la pénétration du marché peut paraître totale, mais, plus de dix ans après son apparition, cet appareil est utilisé par moins de 10 % de la population mondiale[11] ; quant aux smartphones dans leur ensemble, même « bon marché », le chiffre se situe entre un quart et un tiers de la population[12]. Si vous définissez la technologie en des termes encore plus basiques tels que « téléphones portables » ou « Internet », la saturation globale n'interviendra pas avant plusieurs décennies au moins – or nous n'en avons plus que deux ou trois pour éliminer complètement les émissions de dioxyde de carbone à l'échelle de la planète. À en croire le GIEC, il nous reste douze ans pour les diviser par deux. Plus nous attendons, plus ce sera difficile. Si nous avions commencé la décarbonisation globale en 2000[13], l'année où Al Gore a perdu de peu l'élection à la présidence américaine, nous n'aurions eu qu'à réduire nos émissions d'environ 3 % par an pour assurer un réchauffement inférieur à 2 °C. En commençant aujourd'hui, alors que les émissions globales continuent de progresser, le rythme devra être de 10 %. Si nous retardons encore de dix ans, il nous faudra les baisser de 30 % chaque année. Voilà pourquoi le Secrétaire général de l'ONU, António Guterres, estime qu'il nous reste seulement un an[14] avant de nous y mettre pour pouvoir changer le cours des choses.

À côté de la transformation technologique requise, toutes les réussites issues de la Silicon Valley semblent ridicules – en fait, il en est de même pour toutes les révolutions technologiques conçues par l'homme au cours de son histoire, y compris l'électricité, les télécommunications et même l'invention de l'agriculture il y a dix mille ans. Par définition, tout cela paraît dérisoire puisque la transformation devra les contenir toutes – chacun de ces progrès devra être remplacé à la racine, puisque chacun fonctionne grâce au CO_2, comme par respirateur.

Pour réinventer tous ces systèmes, il ne faut pas, contrairement à ce que prévoit Google, distribuer des smartphones ou faire flotter des ballons Wi-Fi au-dessus du Kenya ou de Porto-Rico, mais plutôt construire un système d'autoroute inter-États ou un réseau de métro ou d'électricité d'un nouveau genre connecté à toute une série de nouveaux producteurs d'énergie et de consommateurs d'énergie d'un nouveau genre. Voilà ce qu'il faut faire. Ça et plus, beaucoup plus encore, des projets d'infrastructures à tous les niveaux et dans tous les domaines de l'activité humaine : avions nouvelle génération, nouveaux usages de la terre, et même nouvelle façon de fabriquer du ciment, une production qui aujourd'hui se place au deuxième rang des industries émettrices de gaz carbonique dans le monde – et en pleine expansion, grâce à la Chine qui, récemment, a coulé plus de ciment en trois ans que les États-Unis durant tout le XXe siècle[15]. Si l'industrie du ciment était un pays, ce serait le troisième plus gros émetteur dans le monde.

En d'autres termes, il faudrait en passer par des projets d'infrastructures d'une ampleur on ne peut plus éloignée de notre expérience, aux États-Unis au moins, puisque nous n'espérons même plus voir leurs corollaires existants réparés, préférant encore apprendre à vivre avec les nids-de-poule et les retards de service. Sans compter que, contrairement à Internet ou aux smartphones, les technologies requises ne sont pas additives, mais substitutives, du moins elles devraient l'être, si nous avions le bon sens de retirer les anciennes variétés polluantes. Donc, toutes ces nouvelles alternatives seront forcément confrontées à la résistance des intérêts corporatistes retranchés et au biais de statu quo des consommateurs, relativement satisfaits de la vie qui est la leur actuellement.

Heureusement, la révolution de l'énergie verte est déjà, comme on dit, « en chemin ». En réalité, parmi toutes les composantes nécessaires à la vaste révolution zéro dioxyde de carbone, l'énergie propre est probablement la plus inaccessible. À quel point ? En 2003, Ken Caldeira, aujourd'hui à la Carnegie Institution for Science, estimait que le monde aurait besoin d'ajouter[16] des sources d'énergie propre équivalant à la capacité totale d'une centrale nucléaire chaque jour entre 2000 et 2050 pour éviter un changement climatique catastrophique. En 2018, le *MIT Technology Review* a examiné notre progression ; il ne nous reste plus que trois décennies, mais le monde était lancé pour accomplir son indispensable révolution énergétique en quatre siècles[17].

Le fossé est si grand qu'il pourrait engloutir des civilisations entières, c'est d'ailleurs ce qui nous guette. En toile de fond se faufile ce rêve de captage du CO_2 : si nous ne parvenons pas à reconstruire l'infrastructure complète du monde moderne à temps pour lui épargner l'autodestruction, peut-être pourrons-nous au moins gagner un peu de temps en débarrassant l'air d'une partie de ses fumées toxiques. Étant donné l'ampleur dantesque de l'approche conventionnelle et l'étroite fenêtre de tir qu'il nous reste pour l'accomplir, les émissions négatives sont peut-être, à présent, une forme de pensée magique pour le climat. Elles semblent aussi être un ultime meilleur espoir. Et, si elles fonctionnent, les usines de captage de CO_2 nous offriront l'absolution par où nous avons péché, par l'industrie – et marqueront ainsi le début d'une toute nouvelle romance théologique avec le pouvoir de la machine.

En filigrane derrière la rêverie du captage de dioxyde de carbone apparaît le fantasme de l'absolution industrielle – le fait qu'une technologie quasiment née d'un rêve puisse purifier le legs écologique de la modernité, peut-être même éliminer entièrement son empreinte.

Le boniment semi-subliminal qui accompagne l'éolien et le solaire n'est pas si différent – l'énergie propre, naturelle, renouvelable et donc durable, inépuisable, même irréductible, une énergie domptée plutôt qu'extraite, une énergie abondante, gratuite. Et tout ça ressemble à s'y méprendre à ce qui se disait du nucléaire, du moins tel qu'il était présenté et reçu à l'origine. Bien sûr, cela remonte aux années 1950 et voilà plusieurs dizaines d'années déjà que le nucléaire n'est plus considéré comme une voie vers le salut énergétique, mais plutôt invariablement à travers le spectre de la contagion métaphysique.

Cela n'a pas toujours été le cas. Dans son discours de 1953 devant les Nations unies intitulé « Des atomes pour la paix », Dwight Eisenhower traçait les grandes lignes d'un commerce des armes en offre permanente qui était aussi un compromis moral : à toutes les nations qui s'engageaient à renoncer à développer l'arme nucléaire, et en guise de pénitence pour avoir été parmi les premiers à maîtriser l'effroyable technologie, les États-Unis proposaient leur aide sous la forme d'énergie nucléaire, qui pourrait être développée à domicile.

Ce discours, prononcé par un président qui était aussi un militaire, il constitue une lamentation remarquablement lyrique, qui est aussi un appel aux armes en temps de paix – en fait, pour un lecteur moderne, cela évoque assez magnifiquement la menace du changement climatique. Après avoir brièvement décrit l'expansion dramatique de la capacité de la flotte nucléaire américaine, qui durant les huit années écoulées depuis la guerre était devenue vingt-cinq fois plus puissante, ce qu'il jugeait tout bonnement terrifiant, puis avoir expliqué ce que signifiait pour les États-Unis d'avoir désormais la Russie soviétique pour rivale, Eisenhower continue :

« S'arrêter là serait accepter, impuissant, la probabilité de voir la civilisation détruite, l'annihilation de l'irremplaçable héritage que nous a transmis l'humanité, d'une génération à une autre, et condamner l'humain à reprendre à zéro cette lutte antique depuis la sauvagerie jusqu'à la décence, au droit, puis à la justice. À n'en pas douter, aucun membre sain d'esprit de la race humaine ne pourrait voir une victoire dans cette désolation. Qui pourrait bien souhaiter voir son nom accolé pour la postérité à de telles dégradations et destructions humaines ? Quelques pages de l'Histoire gardent la trace et le visage des "grands destructeurs", mais les livres dans leur ensemble s'attachent à la quête éternelle de l'humanité pour la paix et à son don de Dieu, sa capacité à construire. »

Voilà au moins une génération que les Américains ne lisent plus ce dernier passage « son don de Dieu, sa capacité à construire » comme une référence au nucléaire – une génération que le monde ne croit plus que le nucléaire est, dans un sens environnemental, « gratuit », mais l'envisage en termes de guerre, fusion, mutation, cancer. Le fait que nous nous souvenions du nom des catastrophes nucléaires montre bien à quel point elles nous font peur : Three Mile Island, Tchernobyl, Fukushima…

Il s'agit pourtant quasiment de cicatrices fantômes, étant donné le nombre de victimes. Le bilan de l'incident de Three Mile Island n'est pas clair, beaucoup de militants sont persuadés que le véritable impact des radiations a été étouffé – une hypothèse raisonnable, peut-être, puisque le rapport officiel affirme qu'il n'a eu aucune conséquence néfaste sur la santé. Mais les chercheurs les plus capés suggèrent, pour leur part, que la fusion a augmenté les risques de cancers dans un rayon de quinze kilomètres, de moins d'un dixième de 1 %. Pour Tchernobyl, le décompte des morts s'élève à 47[18], bien que d'autres estimations soient au-dessus – jusqu'à 4 000 pour certaines[19]. Pour Fukushima, à en croire un rapport des Nations unies, « aucune incidence accrue détectable d'effets sur la santé liés aux radiations ne devrait se produire parmi les membres du public exposés ou leurs descendants[20]. » Si aucune des 100 000 personnes vivant dans la zone d'évacuation n'était partie, quelques centaines peut-être seraient décédées des suites de cancers liés aux radiations.

Quel que soit le nombre de morts, cela reste une tragédie, mais plus de dix mille personnes succombent chaque jour dans le monde à cause de la pollution aux particules fines issue de la combustion du charbon. Ce n'est même pas affaire de réchauffement ou de ses impacts. Une modification des normes en matière de pollution pour les producteurs de charbon, proposée par l'Agence de protection de l'environnement version Trump en 2018, provoquerait la mort de 1 400 Américains[21] supplémentaires chaque année, l'agence elle-même l'a reconnu ; à l'échelle de la planète, la pollution tue pas moins de 9 millions[22] de personnes par an.

Nous vivons avec cette pollution, avec ces victimes, sans les remarquer ; les tours de béton courbes des centrales nucléaires, par contraste, s'élèvent à l'horizon comme le fusil de Tchekhov. Aujourd'hui, malgré une variété de projets visant à produire une énergie nucléaire bon marché, le prix des nouvelles centrales demeure assez élevé, à tel point qu'il paraît difficile de trouver un argument en leur faveur plutôt que des installations solaires ou éoliennes dans le cadre d'un investissement plus « vert ». Mais les arguments pour le déclassement et le démantèlement des centrales existantes sont beaucoup moins solides ; pourtant c'est bel et bien ce qui est en train de se passer : que ce soit aux États-Unis, où Three Miles Island et Indian Point sont en phase de fermeture ou en Allemagne, qui a tant réduit son énergie nucléaire récemment que le pays a augmenté ses émissions de dioxyde de carbone[23]. Pourtant, son programme d'énergie verte est le meilleur qui soit, il a valu à Angela Merkel le surnom de « chancelière du climat ».

Le nucléaire sous l'angle de la prolifération ressemble à une parabole erronée sur le climat, néanmoins issue d'une perspective écologiste perspicace – la nature, saine et propre, est rendue toxique par les intrusions et les interventions de l'industrie humaine. Mais la grande leçon à tirer de l'Église de la technologie va dans l'autre sens : elle nous incite de façon subtile (ou pas) à considérer le monde hors de notre téléphone comme un univers moins réel, moins urgent, moins significatif que ceux que l'on nous met à disposition par le biais des écrans, qui se trouvent être tout à fait protégés de la dévastation climatique. Pour reprendre l'interrogation d'Andreas Malm : « Combien joueront encore à des jeux de réalité augmentée sur une planète 6 °C plus chaude[24] ? » La poétesse et musicienne Kate Tempest[25] le chante ainsi : « Les yeux fixés sur l'écran pour ne pas être forcés de voir la planète crever. »

Vous sentez sûrement déjà cette évolution de façon concrète dans votre vie – il vous arrive de parcourir des photos de votre bébé alors que le vrai est là, juste devant vous, ou de lire des fils Twitter sans intérêt pendant que votre conjoint vous parle. Dans la Silicon Valley, même les critiques de la tech ont tendance à voir le problème sous la forme d'une addiction. Comme toutes les addictions, cela exprime un jugement de valeur, même si celui-ci rend le non-addict mal à l'aise : nos écrans nous paraîtraient plus gratifiants ou plus sûrs jusqu'à l'injustifiable, l'inexplicable, ce qu'on ne parviendrait à exprimer autrement que par ce mot, « préférable ». Cette préférence a plus de chances de s'accentuer que de disparaître, ce qui pourrait sembler une dégénérescence culturelle, particulièrement aux yeux des déclinistes enragés. Cela pourrait aussi servir de mécanisme de défense pour continuer à vivre selon la tradition consommatrice bourgeoise, au sein d'une nature spectaculairement dégradée. D'ici une génération, Dieu nous en garde, mais l'addiction à la tech pourrait même ressembler à un talent d'adaptation.

Politique de la consommation

Juste avant l'aube, le 14 avril 2018, un samedi, un homme âgé de soixante ans est entré dans Prospect Park, à Brooklyn, il s'est aspergé d'essence puis il s'est immolé par le feu. À côté du corps, près d'une zone d'herbe circulaire noircie par les flammes, on a trouvé une note écrite à la main[1] : « Je m'appelle David Buckel et je viens de me suicider par protestation. Pardon pour les dégâts. » Ceux-ci étaient relatifs ; il avait disposé autour de lui un cercle de terre pour que le feu ne se propage pas trop loin.

Dans une lettre plus longue[2], imprimée, qu'il avait également envoyée aux journaux de la ville, Buckel développait : « La plupart des humains sur la planète respirent un air rendu toxique par les combustibles fossiles, à cause desquels beaucoup meurent prématurément – ma mort prématurée par combustible fossile reflète ce que nous nous infligeons […] La pollution ravage notre planète. Notre présent devient plus désespéré, notre avenir a besoin que nous en fassions davantage. »

Les Américains connaissent le suicide politique depuis le Vietnam, lorsque Thích Quảng Đưc, moine bouddhiste subvertissant la tradition spirituelle de la purification pour en faire une protestation contemporaine, est mort de son immolation par le feu à Saigon. Quelques années plus tard, Norman Morrison, un quaker de trente et un an a fait la même chose devant le Pentagone, non loin de sa fille d'un an. Une semaine plus tard, Roger Allen LaPorte, ancien séminariste et ouvrier catholique âgé de vingt-deux ans, l'a imité devant le siège des Nations unies. Nous n'aimons pas y penser, mais la tradition continue. Aux États-Unis, il y a eu six suicides de protestation par immolation depuis 2014 ; en Chine, le geste est encore plus répandu, en particulier chez les opposants à la politique du régime vis-à-vis du Tibet, on en a compté douze lors des trois derniers mois de 2011, vingt dans les trois premiers mois de 2012. Sans oublier, bien entendu, celle du vendeur de fruits et légumes tunisien qui a marqué le début du Printemps arabe.

Buckel était devenu militant écologiste sur la fin de sa vie. Il avait consacré la majeure partie de sa carrière d'avocat-conseil à la défense des droits homosexuels ; à la lecture de ses notes, on lui a découvert deux convictions profondes : d'abord que la nature a été empoisonnée par l'activité industrielle et ensuite que le passant moyen de Prospect Park était loin de se rendre compte de tout ce qu'il fallait faire pour arrêter et, idéalement, inverser les dégâts. Dans les jours qui ont suivi son suicide, c'est la première proposition qui a surtout attiré l'attention du pays – on a vu sa mort comme un signal d'alerte, un indicateur qui a marqué un déplacement amorphe dans la santé de la planète peut-être, mais en tout cas a marqué les esprits des habitants de Brooklyn. La seconde proposition relève plus du défi : la crise climatique exige un engagement politique qui va bien au-delà du soutien facile des sympathies rhétoriques, du tribalisme partisan confortable et de la consommation éthique.

On accuse fréquemment les écologistes de vivre dans l'hypocrisie – ils mangeraient de la viande, prendraient l'avion et puis ils voteraient progressiste, le tout sans même avoir acheté de Tesla. Mais parmi la gauche consciente, les accusations inverses sont aussi souvent vraies : nous suivons notre boussole politique pour notre régime alimentaire, nos amitiés, même notre consommation de culture populaire, mais sommes rarement enclins à faire un raffut politique significatif en faveur de causes allant à l'encontre de notre intérêt personnel ou de notre sentiment d'être à part – éclairés, en fait. Ainsi dans les années à venir, le désengagement pourrait constituer la première salve dans la course à l'armement moral[3] entre les universités, les municipalités et les nations. Des villes entreront en compétition pour être les premières à bannir les voitures, à peindre les toits en blanc, à produire toute l'agriculture nécessaire à la consommation des résidents dans des fermes verticales qui n'impliquent aucun transport postrécolte par camion, train ou avion. Mais les riverains contestataires progressistes eux aussi sortiront du bois à coup sûr, comme en 2018 lorsque les électeurs américains dans le très démocrate État de Washington ont choisi dans l'urne de rejeter une taxe carbone ou lorsqu'en France les gilets jaunes se sont soulevés contre une taxe sur le gasoil, dans des manifestations sans équivalent depuis la quasi-révolution de 1968. Sur nul autre sujet que le climat, la posture éclairée de la gauche aisée ne ressemble à ce point à un geste défensif : quelle que soit votre opinion politique ou vos choix de consommation, plus vous êtes riche, plus votre empreinte carbone est importante.

Mais lorsque les critiques d'Al Gore comparent son usage de l'électricité à celle de l'Ougandais moyen, ils ne visent pas une consommation personnelle qu'ils jugeraient ostensible et hypocrite, c'est une manière de le dénigrer personnellement. Au passage, ils attirent l'attention sur la structure d'un ordre politique et économique qui non seulement permet la disparité, mais s'en nourrit et en tire des profits – ce que Thomas Piketty appelle « l'appareil de justification[4] ». Et il justifie beaucoup de choses. Si les émetteurs les plus manifestes, les 10 % plus gros au monde, réduisaient leurs émissions pour atteindre ne serait-ce que la moyenne européenne, le total des émissions mondiales baisserait de 35 %. Nous n'y parviendrons pas grâce aux choix alimentaires des individus, mais grâce aux changements de politiques. À une époque de politiques personnelles, l'hypocrisie peut sembler un péché cardinal, mais elle peut aussi traduire une aspiration du public. Manger bio, c'est bien, mais si votre but est de sauver le climat, le plus important, c'est votre vote. La politique, c'est un multiplicateur de morale. Quand on perçoit les maux du monde sans s'engager politiquement, cela donne le « bien-être ».

De prime abord, il peut être difficile de prendre au sérieux le bien-être en tant que mouvement, ce qui explique qu'il ait été à ce point tourné en dérision ces dernières années – SoulCycle, Goop, Moon Juice[5]... Aussi manipulé par les consultants marketing soit-il, aussi douteuses ses prétentions en matière de santé soient-elles, le bien-être permet de donner un nom et une forme clairs à une perception de plus en plus répandue selon laquelle même, ou plutôt surtout, parmi les personnes assez riches pour être à l'abri des premiers assauts du changement climatique, le monde contemporain est toxique. En conséquence, pour supporter ou prospérer en son sein, des mesures extraordinaires d'autorégulation et de purification s'imposent.

Ce que l'on a appelé le « nouveau New Age » est né d'une intuition similaire – la méditation, les trips à l'ayahuasca, les cristaux, Burning Man et le LSD microdosé constitueraient des voies vers un monde considéré comme plus pur, plus propre, plus substantiel et, par-dessus tout, plus complet. Cette arène de pureté risque de s'étendre, peut-être de façon spectaculaire, à mesure que le climat continue sa route cahin-caha vers la dégradation visible – et les consommateurs en réaction tenteront de s'extraire de ce magma par tous les moyens possibles. On ne devra pas s'étonner de trouver dans les rayons de supermarché l'année prochaine, à côté des étiquettes « bio » ou « élevé en plein air », certains aliments marqués « décarbonés ». Les OGM ne sont pas un signe que la planète va mal, ils sont une solution partielle possible à la crise à venir de l'agriculture ; l'énergie nucléaire aussi. Mais l'un et l'autre sont déjà des repoussoirs au même titre que les substances cancérigènes dans l'esprit des plus purs écologistes, de plus en plus nombreux et concentrant une écoanxiété toujours plus grande.

L'anxiété est cohérente, rationnelle même, quand on sait que de nombreuses grandes marques américaines de céréales, parmi lesquelles Cheerios et Quaker Oats, contiennent du Roundup, pesticide lié au cancer[6]. Imaginez : la météorologie nationale élabore des guides sophistiqués[7] précisant quels masques disponibles dans le commerce permettent ou non de vous protéger de la fumée des incendies qui engloutissent quasiment tout votre pays. Il paraîtrait en somme assez logique, en théorie, que nos pulsions de pureté soient en pleine expansion dans notre culture et destinées à poursuivre leur conquête, partie des marges, pour gagner le cœur culturel de nos civilisations, à mesure que progresse, elle aussi, l'écoanxiété.

Mais la consommation consciente et le bien-être représentent deux manières de se défiler, issues d'une promesse basique offerte par le néolibéralisme. Cette promesse pourrait se résumer ainsi : le choix des consommateurs peut se substituer à l'action politique, permettant non seulement d'afficher son identité, mais également sa vertu politiques ; le but ultime et partagé du marché et des forces politiques serait la mise au placard concrète des affrontements politiques en faveur du consensus du marché qui remplacerait les querelles idéologiques. Et en parallèle, dans nos supermarchés, nos grands magasins, nous pourrions agir en faveur de la planète simplement en achetant bien.

Le terme de « néolibéralisme » est devenu un gros mot pour la gauche depuis la crise de 2008. Avant cela, il était utilisé la plupart du temps comme une simple description : de la puissance exponentielle des marchés, en particulier financiers, dans les démocraties libérales occidentales durant la seconde moitié du XXe siècle ; et du durcissement du consensus centriste au sein de ces pays engagés dans la propagation de cette puissance, sous la forme de privatisations, dérégulations, politique fiscale en faveur des entreprises et promotion du libre-échange.

Ce programme a été vendu, cinquante années durant, sur une promesse de croissance – et pas seulement pour une minorité. De cette manière, c'était une sorte de philosophie politique totale, étendant une bâche idéologique unique et simple si largement au-dessus de la Terre que celle-ci s'en retrouvait englobée d'une couverture plastifiée de gaz à effets de serre.

Une philosophie si totale qu'elle se traduisait de diverses manières : incapable de trouver où placer le curseur pour faire une différence significative entre des expériences aussi diamétralement différentes que l'Angleterre postkrach de 2008 et Porto-Rico après Maria, incapable d'avouer ses défauts, ses paradoxes, ses angles morts, ne proposant au lieu de ça qu'une dose supplémentaire de néolibéralisme. C'est à cause du néolibéralisme que les forces à l'origine du dérèglement climatique – j'ai nommé « la sagesse illimitée du marché » – ont été néanmoins présentées comme les forces qui sauveraient la planète de ses ravages. C'est aussi à cause de lui que parmi les très riches, le « philantrocapitalisme[8] », qui recherche le profit en plus des bénéfices humains, a remplacé le modèle phare de la philanthropie morale ; que les gagnants de notre économie de tournoi, dans laquelle le vainqueur remporte toute la mise, utilisent la philanthropie pour étayer leur statut ; que « l'altruisme effectif », qui mesure même les ONG non lucratives par des paramètres de rendement empruntés à la finance, a transformé la culture du don bien au-delà de la classe des milliardaires ; et que « l'économie morale[9] », question rhétorique qui autrefois exprimait une critique radicale du capitalisme, est devenue la carte de visite des bonnes âmes capitalistes comme Bill Gates. À l'autre bout du spectre, le néolibéralisme, c'est aussi exiger des citoyens en difficulté, qu'ils deviennent des entrepreneurs[10], autrement dit qu'ils démontrent leur valeur en tant que citoyens via le rude labeur de l'entrepreneuriat, dans un système social éreintant défini surtout par une concurrence implacable.

C'est en tout cas la véritable critique que formule la gauche – et c'est, d'une certaine manière, incontestablement vrai. Mais en passant à la moulinette du marché l'ensemble des conflits et des concurrences, le néolibéralisme a aussi propulsé sur la scène internationale une nouvelle manière de faire des affaires – et qui n'émergerait ni ne tendrait vers une éternelle rivalité entre États-nations.

Il ne faut pas confondre cause et corrélation ; dans le tumulte laissé par la Seconde Guerre mondiale, particulièrement, il serait difficile d'isoler la cause unique d'à peu près tout. Mais l'ordre coopératif international qui a dominé depuis lors, établi à cause, ou du moins émergeant en parallèle, de la paix relative et d'une abondante prospérité, correspond presque parfaitement au règne de la mondialisation et à l'empire du capital financier que nous regroupons désormais sous l'appellation de néolibéralisme. Et si nous avions tendance à confondre cause et corrélation, il existe une théorie tout à fait intuitive et plausible qui relie les deux. Les marchés peuvent être problématiques, dirons-nous, mais ils apprécient aussi la sécurité, la stabilité et, toutes choses égales par ailleurs, une croissance économique fiable. Sous forme de croissance, le néolibéralisme a promis une récompense pour la coopération, transformant efficacement, du moins théoriquement, ce qui était autrefois considéré comme des concurrences à somme zéro en collaborations à somme positive.

Le néolibéralisme n'a jamais tenu sa part du marché, ainsi que l'a finalement prouvé la crise financière. Ou comment réduire en lambeaux l'étendard rhétorique d'une société d'abondance toujours plus vaste, toujours plus riche (et une économie politique orientée vers un même but). Ceux qui continuent de le brandir haut sont beaucoup plus vacillants sur leurs appuis qu'il n'était permis de l'imaginer il y a dix ou vingt ans, comme des athlètes qui soudain se révéleraient sur le retour. Le réchauffement climatique promet de leur porter un nouveau coup, potentiellement fatal. Si le Bangladesh coule et que la Russie en profite, le résultat ne plaidera pas en faveur du néolibéralisme – et encore moins en faveur de l'internationalisme libéral, qui a toujours été son fidèle aide de camp.

Quel type de politique apparaîtra lorsque la promesse de la croissance aura disparu ? Un ensemble de possibilités flotte au loin devant nous, parmi lesquelles de nouveaux accords commerciaux bâtis sur l'infrastructure morale du changement climatique, avec des quotas commerciaux sur les réductions des émissions et des sanctions pour les comportements peu sérieux en matière de CO_2. Autre éventualité : l'apparition d'un nouveau régime légal global qui viendrait en complément, voire supplanterait le principe central des droits humains qui a présidé à l'échelle de la planète depuis la Seconde Guerre mondiale, du moins en théorie. Mais le néolibéralisme a été vendu sur la proposition d'une coopération à somme positive tous azimuts, et le terme en soi suggère le successeur naturel en guise de régime : une politique à somme nulle. Aujourd'hui, nous n'avons même pas à scruter le futur ou à être persuadés qu'il sera déformé par le changement climatique, pour voir à quoi il pourrait ressembler. Le futur est déjà là, en avant-première : il prend la forme du tribalisme chez soi, du nationalisme à l'étranger et du terrorisme, dont l'étincelle naît sur le petit bois des États défaillants. Il ne reste plus qu'à attendre les tempêtes.

Si le néolibéralisme est le dieu qui a échoué sur le changement climatique, quels dieux juvéniles engendrera-t-il ? Telle est la question à laquelle s'attaquent Geoff Mann et Joel Wainwright dans *Climate Leviathan : A Political Theory of Our Planetary Future*[11] (« Léviathan climatique : une théorie politique de notre avenir planétaire », non traduit). Dans cet ouvrage, ils utilisent Thomas Hobbes pour esquisser les formes politiques les plus susceptibles d'apparaître suite à la crise du réchauffement et aux traces laissées par ses impacts.

Dans son *Léviathan*, Hobbes raconte une fausse histoire de consentement politique pour illustrer ce qu'il voyait comme le marché fondamental du pouvoir étatique : le peuple abandonnant sa liberté pour la protection, offerte par un roi. Le réchauffement climatique suggère le même marché de la part d'autoritaristes en puissance : dans un monde devenu dangereux, les citoyens échangeront leurs libertés pour la sécurité et la stabilité, plus une assurance contre une privation climatique, faisant apparaître une nouvelle forme de souveraineté conçue pour livrer bataille contre la menace nouvelle venue de la nature. Cette nouvelle souveraineté ne sera pas nationale, mais planétaire – seule puissance susceptible d'offrir une réponse plausible à une menace mondiale.

Mann et Wainwright sont de gauche et leur livre est en partie un appel aux armes, mais le souverain planétaire vers lequel, vraisemblablement, le monde risque de se tourner, concluent-ils avec regret, est celui qui nous a vendu le changement climatique au départ – c'est-à-dire le néolibéralisme. En fait, un néolibéralisme au-delà du néolibéralisme, un véritable État mondial qui aurait le flux des capitaux pour seule préoccupation – il est peu probable qu'il fournisse les moyens de gérer les dégâts et dégradations du changement climatique, mais il présentera l'avantage de ne pas entamer son autorité. C'est le « Léviathan du climat » du titre, bien que les auteurs ne croient pas son succès inévitable. Ils estiment que trois variations sont possibles. Ces quatre catégories réunies forment une matrice pour l'avenir climatique suivant les axes d'une foi relative dans le capitalisme (d'une part) et d'un certain degré de soutien à la souveraineté de l'État-nation (d'autre part).

Le « Léviathan climatique » serait la proposition définie par une relation positive au capitalisme et négative vis-à-vis la souveraineté nationale. Pour décrire ce qui ressemblerait à notre situation actuelle, Mann et Wainwright parlent du « Béhémoth climatique », qui se caractérise par un soutien mutuel entre le capitalisme et l'État-nation : le capitalisme dépasse les frontières mondiales pour affronter la crise planétaire tout en protégeant ses propres intérêts.

La troisième option, selon eux, serait un « Mao climatique », un système défini par des leaders censément bienveillants, mais autoritaires et anticapitalistes, exerçant leur autorité dans les limites des nations telles qu'elles existent aujourd'hui.

La dernière option : les nations capitalistes mènent une diplomatie du climat erratique – un système international négativement disposé envers le capitalisme *et* la souveraineté des États-nations. Ce système serait garant de la stabilité et de la sécurité – il assurerait au moins une distribution minimale des ressources, protégerait contre les ravages des événements climatiques extrêmes et arbitrerait les inévitables conflits qui éclateraient autour des produits de base plus précieux que jamais, comme l'eau, la nourriture, la terre. Ce système effacerait complètement les frontières entre nations pour ne reconnaître que son propre pouvoir et sa propre souveraineté. Cette possibilité, qu'ils baptisent « climat X », ils l'appellent de leurs vœux : une alliance à l'échelle de la planète qui travaillerait au nom d'une humanité commune, plutôt que dans l'intérêt du capital ou des nations. Mais il en existe aussi une version sombre : cela pourrait permettre l'avènement d'un dictateur planétaire sous la forme d'un parrain de la mafia et d'une gouvernance globale qui n'adopterait pas un modèle bien intentionné, mais un racket de protection pur et simple.

En théorie, du moins. Deux leaders relevant de l'option « Mao climatique » sont d'ores et déjà à l'œuvre, et l'un comme l'autre sont des avatars imparfaits de cet archétype : Xi Jinping et Vladimir Poutine, qui ne sont pas tant anticapitalistes que capitalistes d'État. Ils ont tous deux des perceptions très différentes sur l'avenir du climat et la façon de l'aborder, ce qui suggère une autre variable, au-delà de la forme que prend le gouvernement : l'idéologie climatique. C'est ce qui explique qu'Angela Merkel et Donald Trump, qui tous les deux évoluent au sein du système du « Béhémoth climatique », peuvent néanmoins sembler à des années-lumière l'un de l'autre – quoique, les petits pas allemands sur le charbon peuvent laisser entendre, effectivement, qu'ils sont plus proches qu'on ne pourrait le croire.

Avec la Chine et la Russie, le contraste idéologique est plus clair. Poutine, chef d'un État pétrolier qui se trouve être, par sa géographie, l'une des rares nations sur terre susceptible de bénéficier du réchauffement continu, ne voit pour ainsi dire aucun intérêt à contraindre les émissions de CO_2 ou à verdir l'économie – ni celle de la Russie, ni celle du monde. Xi, désormais leader à vie du superpouvoir en devenir de la planète semble s'être fixé une double obligation de mener son pays vers une prospérité croissante et de veiller sur la santé et la sécurité de son peuple – si nombreux, faut-il le rappeler.

Dans le sillage de Trump, la Chine est devenue un leader beaucoup plus incontestable – du moins beaucoup plus bruyant – en matière d'énergie verte. Mais il n'est pas certain que le pays soit à la hauteur de ses velléités. En 2018, une étude éclairante[12] a été publiée qui comparait les impacts économiques attendus du changement climatique sur un pays selon sa responsabilité dans le réchauffement, mesurée en émissions de gaz carbonique. Le destin de l'Inde démontrait toute l'absurdité de la logique morale du changement climatique : le pays devrait être, et de loin, le plus gravement touché, la charge qui pèsera sur lui sera deux fois plus lourde que sur les autres nations. La part du fardeau climatique de l'Inde sera quatre fois supérieure à sa culpabilité climatique. La Chine se trouve dans la situation inverse, sa culpabilité est quatre fois plus lourde que sa part du fardeau. Malheureusement, elle risque donc d'être tentée de ralentir sa révolution de l'énergie verte. Selon cette même étude, les États-Unis constituent un triste cas d'équilibre karmique : ses dégâts climatiques seront presque exactement équivalents à sa part d'émissions de CO_2 à l'échelle du monde. Ce qui ne veut pas dire que l'une ou l'autre de ces parts sont réduites ; en fait, de toutes les nations au monde, les États-Unis devraient être la deuxième plus touchée.

Depuis des dizaines d'années, l'essor de la Chine a été prédit avec inquiétude si régulièrement et si prématurément qu'on pourrait presque pardonner aux Occidentaux, aux Américains en particulier, d'avoir cru à une illusion – ce doute occidental serait davantage une prémonition de l'effondrement qu'une vérité étayée concernant la prochaine grande puissance ou le moment où elle adviendra. Mais, en matière de changement climatique, la Chine détient presque toutes les cartes. S'il est acquis que le monde dans son ensemble a besoin d'un climat stable pour survivre ou prospérer, son destin sera déterminé davantage par la trajectoire des émissions de CO_2 du monde en voie de développement que par celle des États-Unis ou de l'Europe, dont la courbe des émissions est devenue plus plate et devrait très probablement commencer à redescendre bientôt – même si le plus grand flou règne encore sur l'ampleur de cette baisse et le moment où elle interviendra. Sans compter ce qu'on appelle « l'externalisation des émissions de CO_2 », qui signifie qu'une large portion de ce que rejette la Chine est due à la fabrication de biens qui seront consommés par les Américains et les Européens : à qui la responsabilité de ces gigatonnes de gaz carbonique incombe-t-elle ? La question pourrait ne pas rester rhétorique très longtemps, si l'accord de Paris donne lieu à une structure de gouvernance plus rigoureuse sur les émissions de dioxyde de carbone, comme c'était prévu, et ajoute au passage un mécanisme de mise en application, militaire ou autre.

La rapidité et la manière avec lesquelles la Chine réussira sa propre transition d'une économie industrielle à une économie postindustrielle « verdira » l'industrie restante, remodèlera les pratiques agricoles et son régime alimentaire, orientera les préférences des consommateurs de ses classes moyennes et supérieures en pleine expansion pour les éloigner de l'intensité en carbone, tout ceci contribuera à déterminer la forme que prendra le climat du XXIe siècle – mais pas seulement. Les voies que choisiront de suivre l'Inde et le reste de l'Asie du Sud, mais aussi le Nigeria et le reste de l'Afrique subsaharienne comptent énormément. Cependant la Chine est à l'heure actuelle la plus grande de ces nations et de loin la plus riche et la plus puissante. Par son initiative sur « la Nouvelle Route de la soie[13] », le pays s'est déjà placé en position de fournisseur incontournable et parfois même unique des infrastructures de l'industrie, de l'énergie, du transport dans une grande partie du monde en voie de développement. Et il est assez facile d'imaginer, à la fin d'un siècle chinois, un consensus instinctif se consolider à l'échelle de la planète : ce pays, qui est la plus grosse économie au monde (donc responsable de la production d'énergie la plus importante) et la plus peuplée (donc responsable plus que les autres de la santé publique et du bien-être de l'humanité), devrait être investi de plus de pouvoir sur la politique climatique globale, et le reste de la « communauté des nations » n'aurait plus qu'à l'imiter.

Parmi tous ces scénarios, même le plus affreux présume d'un nouvel équilibre politique. La possibilité d'un déséquilibre[14] existe aussi, bien sûr – ou ce que l'on appellerait en temps normal « désordre » ou « conflit ». C'est l'analyse avancée par Harald Welzer dans *Les Guerres du climat*, qui prédit une « renaissance » des conflits violents dans les décennies à venir. Son sous-titre est éloquent : *Pourquoi on tue au XXIe siècle.*

Déjà, dans les sphères locales, l'effondrement politique est une conséquence répandue des crises climatiques – simplement, nous utilisons les termes de « guerre civile ». Et nous avons tendance à l'analyser sous un angle idéologique – comme nous l'avons fait au Darfour, en Syrie ou au Yémen. Ce genre d'effondrements est susceptible de rester en théorie « local » sans atteindre de dimension « mondiale », même si, en période de crise climatique, ils auraient beaucoup moins de mal à métastaser au-delà des frontières que par le passé. En d'autres termes, un univers totalement *Mad Max* n'est pas près d'arriver, puisque même un changement climatique catastrophique n'ébranlera pas l'ensemble du pouvoir politique – en fait, certains en sortiront même vainqueurs, de façon relative. Ceux dotés de grandes armées ou de systèmes de surveillance en pleine expansion – grâce à son logiciel de reconnaissance faciale, la Chine est par exemple capable d'aller chercher des criminels dans un concert pop[15] et déploie des drones d'espionnage domestique[16] impossibles à distinguer d'un oiseau. Voilà un empire en devenir qui risque de ne pas tolérer l'existence de no man's land dans sa sphère d'influence.

Ailleurs, les régions à la *Mad Max* sont une autre affaire. D'une certaine manière, elles existent déjà, dans certaines parties de la Somalie, de l'Irak ou du Soudan du Sud, à différents moments de la décennie qui vient de s'écouler, y compris à des moments où, vue de Los Angeles ou de Londres, la géopolitique mondiale semblait « stable ». L'idée d'un « ordre mondial » a toujours relevé plus ou moins de la fiction, ou au moins du vœu pieux, même du temps où les forces de l'internationalisme libéral de la mondialisation et l'hégémonie américaine œuvraient toutes dans ce sens lors du siècle précédent. Il est fort probable que lors du siècle prochain, le changement climatique inverse le cours des choses.

L'Histoire après le progrès

Le fait que l'Histoire aille dans une seule direction compte parmi les credos les plus inébranlables de l'Occident moderne[1] – ayant survécu, à peine modifié, aux contre-arguments que constituaient au fil des siècles les génocides et les goulags, les famines et les épidémies, et les conflagrations mondiales responsables de morts par dizaines de millions. L'imaginaire politique est si imprégné de cette façon d'envisager les choses que les injustices et inégalités flagrantes, raciales ou autres, sont souvent invoquées non pas comme des raisons de douter de l'arc de l'Histoire, mais pour nous remémorer sa forme – en d'autres termes, pourquoi nous inquiéter de ces problèmes, puisque l'Histoire « avance dans la bonne direction » et les forces du progrès sont, si l'on peut se permettre cette métaphore bancale, « du bon côté de l'Histoire ». Mais de quel côté est le changement climatique ?

De son propre côté – il suit sa propre courbe. Il n'y a rien de bon à attendre du changement climatique. La liste des effets négatifs est en revanche très longue. Nous n'en sommes qu'aux premiers temps de la crise écologique, mais il existe déjà toute une littérature animée d'un profond scepticisme – suggérant non seulement que l'Histoire peut repartir en sens inverse, mais aussi que le projet tout entier de la civilisation humaine, que nous connaissons sous le terme « Histoire » et qui a produit le dérèglement climatique, n'a été, en réalité, qu'un recul à vitesse grand V. Tandis que s'accumulent les horreurs climatiques, cet angle de l'antiprogrès est sûrement promis à un certain succès.

Les Cassandres sont déjà là. Dans *Sapiens*[2], récit de l'ascension de la civilisation humaine observée depuis un point de vue extérieur, l'historien Yuval Noah Harari explique que cette ascension est plutôt à comprendre comme une succession de mythes, à commencer par celui concernant ce qu'on appelle souvent la révolution néolithique, l'invention de l'agriculture équivalant au progrès. (« Nous n'avons pas domestiqué le blé. C'est lui qui nous a domestiqués », affirme-t-il, laconiquement.) Dans *Homo Domesticus*[3], le scientifique politique et anthropologue anarchiste James C. Scott propose une critique plus lourde de sous-entendus de cette même période : la culture du blé serait responsable de l'arrivée de ce que nous comprenons maintenant être la puissance étatique et, dans son sillage, de la bureaucratie, de l'oppression et des inégalités. Ces récits ne sont plus considérés aujourd'hui comme des aberrations par rapport à ce que vous avez pu apprendre au collège sous le nom de révolution agricole, dont on vous a certainement dit qu'elle marquait le véritable début de l'Histoire. Les humains modernes sont présents sur terre depuis 200 000 ans, l'agriculture depuis 12 000 ans seulement – une innovation qui a mis fin à la chasse et à la cueillette, entraînant l'apparition des villes, des structures politiques, et avec elles tout ce que nous regroupons sous le vocable de « civilisation ». Jared

Diamond – dont le livre *De l'inégalité parmi les sociétés* a proposé un récit géographique et écologique de l'ascension de l'Occident industriel et dont *Effondrement* semble un texte précurseur au vu des récentes réévaluations – a qualifié la révolution néolithique de « pire erreur dans l'histoire de l'humanité[4]. »

L'argument ne repose même pas sur tout ce qui a suivi, bien plus tard : l'industrialisation, les énergies fossiles ou les dégâts que celles-ci provoquent sur notre planète et sur la fragile civilisation brièvement érigée sur son instable surface. Au lieu de ça, le réquisitoire à l'encontre de la civilisation, d'après cette nouvelle catégorie de sceptiques, vise avant tout l'agriculture : la vie sédentaire qu'a produite l'agriculture a fini par mener à des agglomérations plus denses, mais durant des millénaires, leur population n'a pas augmenté, leur croissance potentielle, générée par l'agriculture, étant tempérée par les maladies et les guerres. Cela n'a pas été un interlude bref et douloureux qu'ont traversé les humains avant d'accéder à une nouvelle ère d'abondance, mais une histoire de postérité qui s'est étirée sur une très longue période, jusqu'à ce jour à vrai dire. Aujourd'hui encore, dans une grande partie du monde, nous restons plus petits, en moins bonne santé et nous mourons plus jeunes que nos ancêtres chasseurs-cueilleurs qui, au passage, étaient également de meilleurs gardiens de la planète sur laquelle nous vivons tous. De plus, ils ont veillé sur elle beaucoup plus longtemps – durant la quasi-totalité de ces 200 000 ans. Cette ère épique, « préhistorique », raillait-on autrefois, représente 95 % de l'histoire de l'humanité. Durant la quasi-totalité de ce temps, les humains ont traversé la planète sans laisser d'empreinte significative. Pour le coup, l'histoire qui a laissé une trace – c'est-à-dire l'histoire entière de la civilisation, l'histoire que nous appelons « Histoire » – ressemble moins à un inévitable crescendo qu'à une anomalie. De même, l'industrialisation et la croissance économique, les deux forces qui ont donné au monde moderne la sensation étourdissante du progrès matériel, semblent à leur tour une anomalie dans l'anomalie. Mais qui, celle-là, nous a amenés tout au bord d'une catastrophe climatique sans fin.

James Scott aborde ce sujet en antiétatiste radical, sur la fin d'une carrière qui a produit des œuvres de dissidence académique étincelantes, dont *Zomia ou l'art de n'être pas gouverné*, *La Domination et les arts de la résistance* ou *Two Cheers For Anarchism* (« Hourra pour l'anarchisme »). L'approche d'Harari est plus étrange, mais plus révélatrice – une sorte de remise à zéro de notre foi collective dans le progrès humain, portée aux nues et engloutie au beau milieu d'une crise écologique que nous avons nous-mêmes créée. Harari a expliqué avec émotion comment son coming out en tant qu'homosexuel avait influencé son scepticisme au sujet des métarécits humains, aussi omniprésents que l'hétérosexualité et le progrès ; et bien qu'ayant reçu une formation d'historien militaire, il doit la reconnaissance du public et les louanges de Bill Gates, Barack Obama ou Mark Zuckerberg à son talent pour expliquer les mythes. Sa thèse centrale est la suivante : la société est et a toujours été liée par des fictions collectives, c'est aussi vrai aujourd'hui que ça l'était autrefois, des valeurs comme le progrès et la rationalité ayant pris la place qu'occupaient la religion et la superstition. Harari est historien, mais sa vision du monde greffe une prétention scientifique au scepticisme philosophique bien connu et professé par des anticonformistes aussi variés que

David Hume et John Gray. Auxquels on peut également ajouter une série de théoriciens français allant de Lyotard à Foucault, entre autres.

« Nous pourrions appeler l'histoire qui a dominé notre monde ces dernières décennies l'histoire progressiste[5] », écrivait Harari en 2016, un mois avant l'élection de Donald Trump, dans un essai qui en gros prédisait le résultat du vote et soulignait du même coup ce que cela signifierait pour la foi collective du monde dans l'establishment. « C'était un conte simple et séduisant, mais désormais il s'effondre et pour l'instant aucun nouveau récit n'a émergé pour combler le vide. »

Si l'on enlève la perception du progrès de l'Histoire, que reste-t-il ?

D'ici, il est compliqué, quoique pas impossible, de distinguer clairement ce qui émergera des nuages d'incertitude qui entourent le réchauffement – quelles formes nous le laisserons prendre, sans parler de ce que ces formes provoqueront sur nous. Nul besoin du scénario du pire pour que les ravages occasionnés soient assez dramatiques pour nous débarrasser de cette impression générale qu'à mesure que le temps passe, la vie s'améliore, inéluctablement. Il est très probable que ces ravages se produiront assez vite : nouveau tracé des côtes derrière les villes englouties par la mer, sociétés déstabilisées dégorgeant des millions de réfugiés chez leurs voisins, eux-mêmes déjà privés de ressources élémentaires. Ces derniers siècles, que beaucoup en Occident ont considérés comme une ligne de progrès et de prospérité croissante, seront alors dépeints, au contraire, comme un prélude aux souffrances climatiques massives. Notre manière d'envisager l'Histoire à l'époque du changement climatique sera façonnée par nos efforts pour l'éviter et par la latitude que nous lui accorderons pour remodeler nos vies. Entre-temps, le champ des possibles s'étire, aussi bigarré que la gamme des couleurs sur le cercle chromatique.

Nous ne savons toujours pas vraiment comment les humains, avant l'arrivée de l'agriculture, de l'État, de la « civilisation » considéraient le cours de l'Histoire – un des passe-temps favoris des philosophes du début de l'époque moderne était pourtant d'imaginer les vies intérieures des peuples précivilisés, qui allaient de « vile, brutale et brève » à « idyllique, insouciante, libre ».

Une autre perspective propose un modèle différent de l'histoire : le cycle, que l'on retrouve dans le calendrier des moissons, la théorie grecque stoïcienne de l'ekpyrotique[6] et le « cycle dynastique[7] » chinois. Tous ont été adaptés pour l'ère moderne par des penseurs apparemment téléologiques comme Friedrich Nietzsche, qui a fait des cycles de la vie une parabole morale avec sa « récurrence éternelle[8] » ; Albert Einstein, qui considérait la possibilité d'un modèle « cyclique » de l'univers ; Arthur Schlesinger qui envisageait l'histoire américaine comme une alternance de périodes d'« utilité publique » et d'« intérêts privés[9] » ; et enfin Paul Michael Kennedy, avec son cours d'histoire circonspect sur la fin de la guerre froide, *The Rise and Fall of the Great Powers*[10] (« L'essor et la chute des grandes puissances »). Les Américains contemporains voient peut-être l'histoire comme progressiste seulement parce que nous avons été élevés du temps de son empire, en ayant plus ou moins emprunté à la perspective britannique du temps où le Royaume-Uni régnait sur le monde.

Mais le changement climatique ne promet pas un retour net ou total à une vision cyclique de l'histoire, du moins pas dans le sens prémoderne – en partie parce que rien ne sera net, à l'ère du réchauffement. Le risque, avant tout, c'est un immense flou des perspectives, la téléologie rétrogradée de sa place en tant que théorie organisatrice, unificatrice et supplantée par des récits contradictoires non cadrés et partant dans tous les sens comme des animaux libérés d'une cage. Mais si la planète atteint 3, 4, 5 °C de réchauffement, le monde convulsera sous l'effet de souffrances humaines de grande ampleur – des réfugiés par millions, plus de guerres, de sécheresses, de famines, une croissance économique impossible sur une grande partie de la planète. À tel point que ses citoyens auront du mal à voir le passé récent sous l'angle du progrès ou même comme une phase dans un cycle ou, en fait, quoi que ce soit d'autre qu'un authentique et radical recul.

Nous sommes tellement imprégnés, encore aujourd'hui, de la propagande du progrès humain et de l'amélioration générationnelle qu'il semble presque inconcevable d'imaginer que nos petits-enfants vivent à jamais parmi les ruines d'un monde naguère plus riche et plus paisible. C'était pourtant une expérience relativement banale au cours de l'histoire humaine, avant l'industrialisation. C'est ce qu'ont vécu les Égyptiens après l'invasion des peuples de la mer, les Incas après Pizarro, les Mésopotamiens après l'empire d'Akkad et les Chinois après la dynastie Tang. C'était aussi ce qu'ont connu les Européens après la chute de l'Empire romain – à tel point que c'en est devenu une caricature, qui a engendré des siècles de critique rhétorique. Mais, dans notre cas, l'âge des ténèbres arriverait à peine une génération après la lumière – si près que l'on pourrait encore toucher, partager des histoires et pointer du doigt les fautifs.

Voilà ce que cela signifie, quand on parle du changement climatique comme d'une vengeance du temps. « La météo créée par l'homme ne se fabrique jamais au présent », écrit Andreas Malm dans *The Progress of This Storm*[11] (« La progression de cette tempête »), sa puissante projection d'une théorie politique à l'ère du dérèglement climatique. « Le réchauffement est le résultat des actions du passé. »

La formulation est claire, nette, elle illustre de façon marquante toute l'ampleur du problème qui apparaît comme le produit de plusieurs siècles de combustion du carbone, source de ce que nous considérons aujourd'hui comme les paramètres les plus réconfortants de la vie moderne. De cette manière, le changement climatique nous rend prisonniers de la révolution industrielle – on pense alors à un modèle carcéral de l'histoire –, le progrès mis aux arrêts, comme une conséquence de notre comportement passé. La crise climatique trouve son origine dans le passé récent ; quant au degré de transformation qu'elle infligera au monde de nos petits-enfants, il ne s'est pas décidé au XIXe siècle à Manchester, il se décide aujourd'hui et dans les décennies à venir.

De façon assez déconcertante, le changement climatique nous propulsera vers un futur inexploré – et s'il n'est pas maîtrisé, vers un si lointain futur qu'on en imagine mal la portée. Ce n'est tout de même pas le « choc technologique » de l'époque victorienne, où l'on était dépassé par le rythme et le nombre de changements subis au cours d'une seule vie – cela dit, nous commençons à être confrontés à ce type de transformation nous aussi. Notre ressenti s'apparenterait plus à l'ébahissement complet des naturalistes contemplant la grandeur historique de la terre plus ancienne qu'ancienne, « le temps profond », pour reprendre leur expression.

Mais le changement climatique inverse la perspective – nous donnant non pas un temps profond de permanence, mais un temps profond de réactions en chaîne, de changements perturbants et si radicaux qu'ils ridiculisent toute prétention de permanence humaine sur cette planète. Des régions dédiées au plaisir comme Miami Beach, qui n'ont que quelques dizaines d'années, disparaîtront, tout comme tant d'installations militaires bâties un peu partout dans le monde depuis la Seconde Guerre mondiale pour défendre et sécuriser la richesse qui leur a donné naissance. Des villes beaucoup plus anciennes, comme Amsterdam, sont également menacées de submersion, des infrastructures extraordinaires sont déjà nécessaires à leur maintien hors de l'eau, infrastructures incapables de défendre les temples et villages du Bangladesh. Les terres arables qui ont produit telles ou telles variétés de céréales ou de raisins pendant des siècles s'adapteront, avec un peu de chance, à des cultures tout à fait nouvelles ; en Sicile, le grenier de l'Antiquité, les cultivateurs se tournent déjà vers les fruits tropicaux. La glace arctique formée sur des millions d'années sera réduite à l'état d'eau, changeant littéralement la physionomie de la planète, remodelant des voies de communication sans lesquelles la simple idée de la mondialisation n'existerait pas. Pour des millions de personnes – des dizaines de millions, même – les migrations de masse créeront une rupture nette avec la terre de leurs ancêtres, qui disparaîtra à jamais.

Combien de temps les écosystèmes de la terre auront-ils à subir les flux et les désordres créés par le changement climatique anthropocène ? Tout dépend de la quantité de changement que nous choisissons de produire en plus – et peut-être également de ce que nous parvenons à empêcher. Mais le réchauffement à un niveau nécessaire pour faire fondre banquises et glaciers entiers et élever le niveau de la mer de plusieurs dizaines de mètres provoquera très certainement des changements en série, radicalement transformateurs sur une durée qui ne se mesure ni en décennies, ni en siècles, ni même en millénaires, mais bien en millions d'années. Le long de cette frise chronologique, la durée entière de la civilisation humaine est ajoutée, de fait, après coup et le changement climatique, par son envergure beaucoup plus importante, devient l'éternité.

L’éthique à la fin du monde

Les villes jumelles de San Ignacio et Santa Elena, à Belize, sont situées à quatre-vingts kilomètres de la côte, soixante-seize mètres au-dessus de la mer, mais le climatologue alarmiste Guy McPherson n’a pas choisi de vivre ici, dans une ferme située au milieu de la jungle qui entoure les deux villes, par peur de l’eau. D’autres périls l’attendent avant cela, dit-il ; il a abandonné tout espoir de survivre au changement climatique et estime que le reste du monde devrait faire comme lui. Les humains auront disparu d’ici dix ans, m’affirme-t-il via Skype ; lorsque j’interroge sa compagne, Pauline, pour savoir si elle partage son avis, elle rit. « Je dirais plutôt dix mois. » C’était il y a deux ans.

McPherson a commencé sa carrière comme biologiste de conservation à l’université d’Arizona où, mentionne-t-il plusieurs fois, il a été titularisé à l’âge de vingt-neuf ans ; et où, répète-t-il encore, il a été surveillé par ce qu’il appelle « l’État profond » dès 1996 et où, également, en 2009, il a été forcé de quitter son département pour laisser sa place à un nouveau titulaire. Il travaillait déjà depuis une propriété du Nouveau-Mexique – lieu de compromis avec son ex-femme –, mais en 2016 il a rejoint la jungle d’Amérique centrale, pour vivre en compagnie de Pauline et pratiquer le polyamour sur un domaine baptisé Stardust Sanctuary Farm.

Ces dix dernières années, principalement via YouTube, McPherson a acquis ce que Bill McKibben décrit, avec son art de la litote, comme « une audience ». Ces jours-ci, McPherson voyage un peu, il donne des conférences sur « l'extinction humaine à court terme », une expression qu'il est fier d'avoir inventée ; mais il anime de plus en plus d'ateliers centrés sur ce que nous devrions faire de cette idée que la fin du monde est proche. Ces ateliers s'intitulent « Seul l'amour demeure » et proposent une sorte de millénarisme postthéologique, des leçons que nous connaissons déjà, héritées du New Age d'autrefois. La métaleçon tient en cette idée : prendre conscience de la mort imminente de notre espèce devrait susciter chez nous la même réaction que celle préconisée par le dalaï-lama lorsqu'on prend conscience de notre mort personnelle imminente – à savoir compassion, émerveillement et, par-dessus tout, amour. Il y a pire comme valeurs pour bâtir un modèle éthique et en plissant les yeux, on parvient presque à distinguer une instruction civique dont elles seraient les bases. Mais pour ceux qui voient la planète au bord du précipice et de souffrances de proportions bibliques, elles servent aussi d'excuse pour se retirer de la politique – et du climat, en fait, aussi complètement que cela puisse être concevable – au nom d'un quiétisme hédoniste fuyant.

En d'autres termes, McPherson a tout, moustache comprise, de l'original isolé – du genre qu'on trouverait volontiers un peu suspect. Mais pourquoi ? Nous avons depuis si longtemps, des dizaines d'années pour ne pas dire des siècles, classé les prédictions de l'effondrement de la civilisation ou de la fin du monde comme quelque chose qui se rapprocherait de la folie, et les communautés qui se fédèrent autour de ces idées comme des « sectes », que nous sommes désormais incapables de prendre le moindre avertissement de catastrophe au sérieux – particulièrement quand ceux qui tirent la sonnette d'alarme eux aussi « abandonnent la partie ». Il n'y a rien que le monde moderne abhorre autant que ceux qui baissent les bras, mais ce préjugé ne résistera probablement pas au réchauffement. Si la crise climatique se déroule comme prévu, nos tabous sur les prophéties de malheur tomberont, de nouvelles sectes apparaîtront et des pensées sectaires s'insinueront dans certains secteurs de la culture institutionnelle. Car si la fin du monde n'est pas pour demain et si la civilisation est très certainement plus résiliente que ne le croit McPherson, la dégradation indéniable de notre planète inspirera forcément beaucoup d'autres prophètes dans son genre et beaucoup de gens raisonnables commenceront à trouver censés leurs avertissements sur l'imminence de l'apocalypse environnementale.

C'est en partie parce qu'ils n'apparaissent pas si déraisonnables, même aujourd'hui. Si vous cherchez une première lecture à propos des mauvaises nouvelles sur le climat, vous pouvez vous attaquer à la page sommaire du site web de McPherson – « Nature Bats Last » « La nature frappe la dernière » (à l'heure où j'écris, un encart précise : « Mise à jour la plus récente, probablement pour la dernière fois, le 2 août 2016 »). Une fois imprimé, il compte soixante-huit pages de paragraphes remplis de liens. L'ensemble est truffé d'interprétations fallacieuses de recherches sérieuses, de renvois vers des posts de blogs hystériques non accrédités présentés comme des références de science solide. On y trouve de simples erreurs concernant les inquiétantes rétroactions climatiques (qui peuvent s'ajouter, non « se multiplier », comme le dit McPherson) ; des attaques sur des groupes écologistes modérés, accusés d'être politiquement compromis ; et, dans l'esprit du grand fourre-tout des données, McPherson cautionne quelques observations qui ont été prouvées fausses (par exemple, une de ses préoccupations récurrentes est que ces « rots de la mort » au méthane ne se produisent tous simultanément, une possibilité que les spécialistes ont écartée il y a environ cinq ans). Mais, parmi cette liste de lectures angoissantes, il reste assez de vraie science pour tirer la sonnette d'alarme : un bon résumé de l'effet albédo, une collection utile de lectures rigoureuses sur la calotte glaciaire de l'Arctique, l'équivalent des feuilles de thé pour la catastrophe climatique.

De bout en bout, le style intellectuel est paranoïaque – la masse de données impressionnante vient tantôt au secours des grandes lignes de logique causale censées donner à la masse une forme analytique organisée, tantôt les obscurcir. Ce type de raisonnements pullulent sur Internet, nourrissant notre âge d'or des théories du complot, bête insatiable qui vient à peine de s'attaquer au climat. Vous connaissez peut-être déjà la forme que prend ce genre de pensée à l'autre bout du spectre, du côté des climatosceptiques. Mais elle s'est aussi imposée sur la frange écologiste. Prenez le charismatique John B. McLemore, décliniste écologiste, homosexuel refoulé, homme du Sud en proie à la haine de soi, dont la descente vers le suicide, déclenchée par une panique pour la planète, a été documentée dans le podcast « S-Town[1] ». « J'appelle parfois cela un savoir toxique[2] », a remarqué Richard Heinberg du site web Post Carbon Institute, sur lequel McLemore commentait fréquemment. « Une fois qu'on ouvre les yeux sur la surpopulation, le dépassement de la Terre, la couche d'ozone, le changement climatique et la dynamique de l'effondrement sociétal, on ne peut plus l'ignorer et tout ce que vous penserez après sera teinté de cette connaissance. »

McPherson lui-même n'est pas tout à fait clair quant à la manière dont tous ces problèmes finiront par causer notre extinction – il parie sur une crise alimentaire ou financière qui d'abord mettrait à terre la civilisation puis la vie humaine dans la foulée. Il faut une imagination apocalyptique pour parier que ceci se produira d'ici une dizaine d'années, à n'en pas douter. Mais, étant donné les tendances de base, cela soulève aussi une question : pourquoi nous autres n'imaginons-nous pas de telles issues apocalyptiques ?

Cela va arriver, c'est certain, et d'ici peu de temps. Déjà, on aperçoit les premières pousses qui s'épanouiront en ésotérisme climatique chez des personnages comme McPherson et McLemore – presque toujours des hommes, d'ailleurs – et, au-delà, toute une flopée d'auteurs, de penseurs qui semblent, dans leur anticipation des désastres à venir, presque acclamer les forces de l'apocalypse.

Dans certains cas, ils les appellent de leurs vœux tout à fait littéralement. Quelques-uns, comme McLemore, sont les Travis Bickle de la crise climatique, espérant voir s'abattre sur le monde une pluie violente qui nettoierait toute la crasse. D'autres, comme Jem Bendell, évoquent l'effondrement de la civilisation comme un danger aussi proche qu'inévitable, et tragique – mais avec néanmoins des termes qui semblent presque exhaltants. Chez les environnementalistes et anarchistes, il y a aussi des théoriciens comme Jason Hickel qui espèrent que le changement climatique nous obligera à abandonner notre addiction à la croissance économique coûte que coûte. Mais il existe également quelques connaisseurs optimistes du réchauffement climatique, comme l'écologiste Chris D. Thomas, qui argue que, dans le vide en temps réel de la sixième extinction de masse, « la nature prospère[3] » – elle invente de nouvelles espèces, crée de nouvelles niches écologiques. Certains technologues et leurs fans vont plus loin, nous conseillant d'abandonner notre biais pour le présent – même dans le sens géologique atténué de « présent » – pour adopter à la place un optimisme quasi taoïste saupoudré d'un casting futuriste. Ainsi, s'interroge la journaliste suédoise Torill Kornfeldt dans *The Re-Origin of Species*, son livre sur la course en avant pour « dés-éteindre » des créatures comme les dinosaures ou les mammouths laineux : « Pourquoi la nature telle qu'elle existe aujourd'hui devrait être plus précieuse que celle d'il y a 10 000 ans ou que les espèces qui existeront d'ici 10 000 ans ? »

Mais pour ceux qui perçoivent que la crise du climat est déjà en cours et devinent donc la métamorphose plus totale encore du monde à venir, la vision est effroyable. C'est une sorte de patchwork d'imagerie eschatologique éternelle héritée de textes apocalyptiques existants comme le Livre des révélations, source incontournable en matière d'angoisse occidentale sur la fin du monde ou encore la version laïque qu'en donne Yeats dans son poème « Le Second avènement[4] ». En réalité, ces divagations ont tellement prédominé dans l'imaginaire occidental – au point de devenir une sorte de papier peint gnostique de nos vies intérieures bourgeoises – que nous oublions souvent qu'elles étaient à l'origine rédigées comme d'authentiques prophéties, des visions de ce qui était à venir et de ce qu'il adviendrait du monde en une génération.

Parmi les nouveaux gnostiques climatiques, l'un des plus éminents est certainement l'auteur britannique Paul Kingsnorth, cofondateur, image publique et poète lauréat du Dark Mountain Project. Il s'agit d'une communauté de renonciation d'écologistes mécontents qui tient son nom du poème « Réarmement », écrit en 1935 par l'auteur américain Robinson Jeffers :

Je brûlerais ma main droite dans un feu lent
Pour changer l'avenir… Je serais déraisonnable.
La beauté de l'homme moderne
Ne réside pas dans l'individu, mais dans le Rythme funeste,
les masses lourdes et mouvantes, la danse des masses Guidées
par les rêves le long de la montagne sombre.

Jeffers a été pendant un temps une célébrité littéraire en Amérique – une liaison chroniquée dans le *Los Angeles Times*, une maison de granit sur la côte californienne appelée Tor House et Hawk Tower, bâtie de ses mains. Mais il est aujourd'hui surtout connu comme prophète d'un désaveu civilisationnel et pour la philosophie qu'il appelle brutalement « inhumanisme » : en bref, la croyance que les gens sont plus concernés par le fait d'être des gens et par leur place dans le monde que par la majesté naturelle du cosmos non humain qui les entoure. Le monde moderne, estimait-il, n'a fait qu'aggraver considérablement le problème.

Edward Abbey adorait le travail de Jeffers, Charles Bukowski aussi, décrétant qu'il était son poète favori. Il a également influencé les grands photographes de la nature américaine – Ansel Adams, Edward Weston – et dans *L'Âge séculier*, le philosophe Charles Taylor identifiait Jeffers, aux côtés de Nietzsche et de Cormac McCarthy, en tant que personnalité significative de ce qu'il appelait « l'anti-humanisme immanent[5] ». Dans son œuvre la plus célèbre, *The Double Axe*, Jeffers met ses propres mots dans la bouche d'un personnage : « L'Inhumaniste », qui décrit « un déplacement de l'importance et de la signification de l'humain au non-humain ; le rejet du solipsisme humain et la reconnaissance de la magnificence transhumaine. » Ce serait une authentique révolution en perspective, écrit-il, qui « propose un détachement raisonnable en tant que règle de conduite en lieu et place de l'amour, la haine, l'envie ».

Ce détachement forme le principe clé de Dark Mountain – nous devrions peut-être plutôt parler d'« élan ». Il est probable qu'il animera beaucoup d'autres mouvements d'adeptes des retraites environnementales dans les décennies à venir si le réchauffement rend le spectacle global de la vie sur terre de plus en plus insupportable, même contemplé par le biais des médias. « Ceux qui font l'expérience directe d'un effondrement social rapportent rarement de grandes révélations concernant les vérités profondes de l'existence humaine. En revanche, ils constatent avec un certain étonnement qu'il est finalement si simple de mourir. Les motifs de la vie ordinaire, dans laquelle tant de choses restent les mêmes d'un jour à l'autre, dissimulent la fragilité de son tissu. »

Dans ce manifeste, écrit par Kingsnorth et Dougald Hine, publié pour la première fois en 2009, le groupe identifie son parrain en la personne de Joseph Conrad, en particulier pour la manière dont il a pourfendu les illusions égoïstes de la civilisation européenne à son apogée industrialo-coloniale. Ils citent Bertrand Russell résumant Conrad : l'auteur de *Au cœur des ténèbres* et de *Lord Jim* « considérait la vie humaine civilisée et moralement tolérable comme une promenade dangereuse sur une fine croûte de lave à peine refroidie susceptible de céder à tout moment, qui enverrait sombrer l'imprudent dans une ardente fournaise ». Quelle que soit l'époque, l'image est frappante, mais particulièrement au moment où l'on se rapproche de l'effondrement écologique[6]. « Nous pensons que les racines de ces crises plongent dans les histoires que nous nous racontons », écrivent Kingsnorth et Hine – à savoir « le mythe du progrès, celui de la centralité humaine et celui de notre séparation de la "nature". Des mythes d'autant plus dangereux que nous avons oublié qu'ils en étaient[7] ».

On a presque du mal à imaginer ce qui pourrait ne pas être transformé par la simple perception du changement qui arrive à toute allure, depuis la façon dont les couples envisagent la possibilité d'avoir des enfants jusqu'aux structures d'incitation politiques. Et il n'est pas besoin d'aller jusqu'à l'extinction humaine ou l'effondrement de la civilisation pour que s'épanouissent le vrai nihilisme et les prédictions d'apocalypse – il suffit de s'écarter assez loin de la routine pour qu'une masse critique de prophètes charismatiques voient venir l'effondrement. On peut éprouver un certain réconfort dans le fait que cette masse critique est assez importante, les sociétés ne seront pas chamboulées par le nihilisme à moins que celui-ci ne devienne la vision conventionnelle du citoyen lambda. Mais l'apocalypse travaille en marge également, grignotant l'infrastructure des choses, à la manière des termites ou des abeilles charpentières.

En 2012, Kingsnorth a publié un nouveau manifeste[8] ou pseudo-manifeste dans *Orion*, intitulé « Dark Ecology » (« Écologie sombre »). Dans l'intervalle, il est devenu encore plus désespéré. « Dark Ecology » s'ouvre sur des épigraphes de Leonard Cohen et D. H. Lawrence, respectivement « Prends le dernier arbre qui reste / Enfonce-le dans le trou dans ta culture » et « Retire-toi au désert et bats-toi » – puis à la deuxième partie, il passe à la vitesse supérieure et commence ainsi : « J'ai lu récemment l'ensemble des écrits de Theodore Kaczynski. J'ai peur que ma vie en soit changée. »

En résumé, l'essai, qui a suscité énormément de réactions de la part des lecteurs de *Orion*, est une sorte d'argument en faveur de Kaczynski l'auteur de pamphlets, contre Kaczynski le terroriste – que Kingsnorth décrit non pas comme un nihiliste ou un pessimiste, mais un observateur affûté dont le problème était un excès d'optimisme, un homme trop persuadé que la société pouvait être changée. Kingsnorth, pour sa part, est davantage un véritable stoïque. « Donc je me demande : qu'est-ce qui, à ce point de l'Histoire, ne serait pas une perte de temps pour moi ? »

Il propose cinq tentatives de réponses. Les numéros 2 à 4 sont des variations sur le nouveau thème transcendentaliste : « préserver la vie non humaine », « se salir les mains » et « insister sur le fait que la nature a une valeur autre qu'utilitaire ». Les propositions 1 et 5 sont plus radicales et forment une paire : « se retirer » et « bâtir des refuges ». Cette dernière est l'impératif plus positif, dans le sens de constructif, du moins de ce qui passe pour constructif à l'époque de l'effondrement :

« Pouvez-vous penser ou agir comme le bibliothécaire d'un monastère au haut Moyen Âge, veillant sur les vieux livres tandis que dehors les empires naissent et chutent ? »

« Se retirer » constitue le versant sombre d'un même avertissement :

> « Si vous le faites, beaucoup vous traiteront de "défaitiste" ou de "prophète de malheur" ou bien ils vous diagnostiqueront un "burn-out". Ils vous intimeront d'œuvrer pour la justice climatique, la paix dans le monde ou la fin de tout ce qui est mauvais partout, ils vous diront que "se battre" vaut toujours mieux que "baisser les bras". Ignorez-les et prenez part à cette tradition pratique et spirituelle très ancienne : retirez-vous de l'arène. Retirez-vous sans cynisme, mais avec un esprit d'interrogation. Retirez-vous pour pouvoir vous asseoir calmement et sentir, intuitivement ou par raisonnement, ce qui est bon pour vous et ce que la nature attend de vous. Retirez-vous parce que le refus de contribuer à l'avancement des machines – le refus de serrer davantage de boulons – est une position profondément morale. Retirez-vous parce que l'action n'est pas toujours plus efficace que l'inaction. Retirez-vous pour examiner votre vision du monde : la cosmologie, le paradigme, les hypothèses, le sens du voyage. Tout vrai changement commence par un retrait. »

C'est une éthique, au moins. Et dotée d'un sacré pedigree, qui plus est. Ce qui au premier abord pourrait être perçu comme une réaction radicale à un nouveau moment de crise est en fait une réécriture de la longue et tentaculaire tradition ascétique qui va du jeune Bouddha jusqu'aux stylites et au-delà. Mais contrairement à la version conventionnelle, dans laquelle l'élan ascétique éloigne la personne des plaisirs de ce monde pour la guider vers le sens spirituel que l'on peut associer à la douleur de ce monde, le retrait de Kingsnorth tout comme celui de McPherson sont une manière de fuir un monde secoué par des douleurs spirituelles pour s'orienter vers les menues consolations qui nous sont offertes. Ainsi, c'est une performance à grande échelle de ce réflexe prophylactique que nous partageons presque tous vis-à-vis de la souffrance – une aversion, tout simplement. Et à quelle fin ? Ce ne peut tout de même pas être parce que je ressens l'angoisse des autres et l'urgence de l'action par le biais du seul « mythe » de la civilisation – ou si ?

Dark Mountain appartient à la marge. Guy McPherson appartient à la marge. John B. McLemore aussi. Un autre danger serait que leur courant de nihilisme écologique trouve sa place parmi le bon sens communément admis – si leurs prémonitions vous paraissent familières, c'est un premier signe qu'une partie de cette angoisse, de ce désespoir s'insinue déjà dans la manière dont d'autres envisagent l'avenir du monde. Sur Internet, la crise climatique a donné naissance à ce que l'on appelle « l'écofascisme » – un mouvement « par tous les moyens nécessaires » affilié aux suprémacistes blancs qui met la priorité sur les besoins climatiques d'un groupe de personnes en particulier. À gauche, certains éprouvent une admiration grandissante pour l'autoritarisme climatique de Xi Jinping.

Aux États-Unis, la tendance à vouloir faire cavalier seul dans le séparatisme écologique est une spécialité des partisans d'extrême droite – Cliven Bundy et sa famille, par exemple ainsi que tous les colons que ce pays a tout simplement élevés au rang de mythe depuis le XIXe siècle et les guerres qui à l'époque secouaient régulièrement le Far West. En réaction peut-être, les écologistes de gauche ont opté pour une direction plus concrète, avec quelques exceptions extrémistes, tendant vers davantage d'engagement[9]. Ou peut-être cela reflète-t-il les exigences particulières de cette cause : il suffit de former une communauté de renonciation pour risquer de voir ceux auxquels vous avez renoncé faire exactement ce que vous craigniez qu'ils fassent, imposant à la planète des transformations auxquelles vous ne pourrez pas échapper.

Mais ce pragmatisme s'accompagne de ses propres curiosités – par exemple, beaucoup de ceux qui se définissent comme des technocrates écolo du centre gauche pensent que pour éviter un changement climatique catastrophique, il faut une mobilisation de l'ampleur[10] de celle de la Seconde Guerre mondiale. Ils ont raison – il s'agit d'une évaluation tout à fait mesurée du problème, pas plus alarmiste que celle soutenue par le GIEC en 2018. Mais c'est aussi s'engager pour des ambitions très éloignées de ce qui mobilise la politique actuellement à peu près partout dans le monde. Comment ne pas s'inquiéter alors de ce qui arrivera lorsque l'absence de mobilisation consistante sera manifeste ? De ce qui arrivera à la planète, certes, mais aussi à l'engagement politique de ceux qui sont le plus confrontés au problème. Ceux qui appellent à la mobilisation massive dès à présent et pas plus tard, souvenez-vous, qui inspirent des millions de personnes enthousiastes qui marchent et protestent dans le monde entier – ils font partie des écolos technocrates. À leur gauche se trouvent ceux qui ne voient d'autre solution que la révolution politique. Et même ces militants sont dépassés par l'alarmisme climatique de certains, dont vous avez peut-être l'impression que ce livre est l'illustration. Comment vous en vouloir, puisque je me sens moi-même assez alarmé.

Je ne suis pas le seul. L'ampleur de cette inquiétude définira notre élan éthique les uns vis-à-vis des autres et la politique qui en découlera compte parmi les questions les plus profondes posées par le climat à la planète. Cela permet de mieux comprendre pourquoi les militants en Californie sont si fâchés contre leur gouverneur, Jerry Brown, qui a pourtant établi un programme climatique d'une ambition supérieure juste avant de quitter son poste : il n'a pas œuvré assez agressivement pour faire baisser la capacité en combustibles fossiles. Cela explique aussi la frustration vis-à-vis d'autres leaders allant de Justin Trudeau, qui s'est paré de la cape rhétorique de l'action climatique, mais a approuvé plusieurs nouveaux pipelines canadiens, jusqu'à Angela Merkel qui a supervisé une expansion incroyable de l'énergie verte en Allemagne, mais a également interrompu si rapidement sa capacité nucléaire qu'il a fallu réactiver des centrales polluantes existantes. Pour le citoyen moyen de ces pays, la critique peut sembler extrême, mais elle naît d'un calcul très lucide : le monde a, au plus, trois décennies pour se décarboner complètement avant que ne débutent les véritables horreurs. Il n'y a pas de demi-solutions à une crise si vaste.

En attendant, la panique environnementale prend de l'ampleur, le désespoir aussi. Ces dernières années, les anomalies météorologiques, les publications scientifiques continuelles ont incité davantage de voix à se joindre à l'armée de la panique écologique. Une sévère concurrence terminologique est apparue parmi les auteurs sur le climat, visant à fabriquer une nouvelle langue plus éclairante – à l'instar de la « connaissance toxique » de Richard Heinberg ou du « tragique malthusien » de Kris Bartkus – pour donner une forme épistémologique à la réaction démoralisante ou démoralisée du reste du monde. La philosophe et militante Wendy Lynne Lee parle d'« éconihilisme[11] » pour désigner l'indifférence écologiste attendue de la part des consommateurs modernes. Le « nihilisme climatique[12] » de Stuart Parker est plus facile à prononcer. Bruno Latour, insubordonné instinctif, appelle la menace d'un environnement en furie nourrie par une politique indifférente un « régime climatique[13] ». Nous avons aussi le « fatalisme climatique » et l'« écocide » et ce que Sam Kriss et Ellie Mae O'Hagan, inventant un argument psychanalytique contre l'incorrigible optimisme du plaidoyer écologiste adressé au public, ont baptisé « le futilitarisme humain[14] » :

> Le problème, en fait, n'est pas une surabondance d'humains, mais une pénurie d'humanité. Le changement climatique et l'Anthropocène sont le triomphe d'une espèce morte vivante, une lente progression idiote vers l'extinction, mais ce n'est qu'une imitation disproportionnée de ce que nous sommes réellement. C'est pourquoi la dépression politique est importante : les zombies ne se sentent pas tristes, ils ne se sentent certainement pas démunis, ils sont, simplement. La dépression politique est, à la racine, l'expérience d'une créature à qui l'on empêche d'être elle-même ; il a beau être accablant, il a beau être faible, c'est un cri de protestation. Oui, les dépressifs politiques ont le sentiment de ne pas savoir comment être humain ; enfouie sous le désespoir et le doute gît une importante

révélation. Si l'humanité est la capacité à agir de façon significative au sein de notre environnement, alors nous ne sommes pas vraiment, ou pas encore, humains.

Le romancier Richard Powers pointe du doigt un désespoir d'un genre différent, « la solitude de l'espèce[15] », qu'il identifie non pas comme l'effet que nous fait la dégradation écologique, mais ce qui nous a poussés, tout en voyant l'empreinte que nous laissons, à continuer malgré tout dans ce sens : « Cette impression que nous sommes là, tout seuls et qu'il ne peut exister d'autre acte déterminé que celui de nous faire plaisir. » Comme s'il voulait lancer une branche plus conciliante de Dark Mountain, il suggère un retrait de l'anthropocentrisme, qui n'équivaut pas tout à fait à un retrait de la civilisation moderne : « Nous devons ouvrir les yeux à l'exceptionnalisme humain. Voilà le vrai défi. À moins que la santé de la forêt ne devienne notre santé, nous ne parviendrons jamais à dépasser le stade de l'appétit comme motivation dans le monde. Le défi le plus exaltant », dit-il, c'est de rendre les gens « conscients des plantes ».

Dans leur ambition de grandeur, tous ces termes suggèrent une perspective holistique d'une nouvelle philosophie, une nouvelle éthique, qui adviendrait grâce à un nouveau monde. Récemment, une flopée de livres populaires s'y est aussi essayée, la seule mention de leurs titres larmoyants suffirait à donner envie de réciter son chapelet. Parmi eux, la palme revient peut-être à l'ouvrage de Roy Scranton, *Learning to Die in the Anthropocene* (« Apprendre à mourir à l'Anthropocène »). L'auteur, un vétéran de la guerre d'Irak, y écrit : « Le plus grand défi auquel nous sommes confrontés est philosophique : comprendre que cette civilisation est déjà morte. » Le titre de son livre suivant était : *We're doomed. Now what ?* (« Nous sommes fichus. Maintenant on fait quoi ? »)

Tous ces ouvrages présagent un tournant vers l'apocalyptique, qu'il soit littéral, culturel, politique ou éthique. Mais un autre tournant est possible, probable, même et peut-être d'autant plus tragique qu'il est plausible : face aux querelles qui agitent les humains, la prépondérance de nos réflexes pourrait nous entraîner vers une autre direction, vers l'acclimatation.

C'est ce qui se cache derrière l'expression apparemment neutre d'« apathie climatique », qui pourrait paraître simplement descriptive : par des appels à l'hostilité aux immigrants ou par la logique des réalités budgétaires ou des crispations perverses sur le « mérite », en traçant des cercles d'empathie de plus en plus réduits ou simplement en détournant le regard lorsque ça nous arrange, nous trouverons le moyen de manifester une nouvelle indifférence. Contemplant le futur depuis le promontoire du présent, notre planète réchauffée de 1 °C degré, le monde à + 2 °C semble un cauchemar – sans parler de celui à + 3 °C ou à + 4 °C, qui nous paraissent encore plus monstrueux. Mais une manière de s'aventurer sur cette voie sans nous effondrer collectivement de désespoir serait, de façon assez perverse, de normaliser la souffrance liée au climat au rythme où nous l'accélérons, tandis que les douleurs humaines s'accumulent au fil des siècles, de sorte que nous parviendrons toujours à gérer ce qui nous attendra sous peu, décrierons toujours ce qui adviendra au-delà et oublierons allègrement tout ce que nous avons pu dire concernant les conditions morales inacceptables du monde que nous sommes en train de traverser.

IV

Le principe anthropique

Et si nous faisions fausse route ? Paradoxalement, des décennies de climatoscepticisme et de désinformation ont transformé le réchauffement ; de simple crise écologique, il est devenu un pari à gros enjeux sur la légitimité et la validité de la science et de la méthode scientifique elle-même. Un pari que la science ne peut remporter qu'en perdant. Et, pour cette expérience sur le climat, nous n'avons qu'un seul échantillon.

Personne ne veut voir arriver le désastre, mais ceux qui regardent le voient. La climatologie est parvenue à cette conclusion terrifiante non pas à la légère, non pas dans la joie, mais en éliminant systématiquement toute explication alternative pour ce réchauffement observé – bien que le réchauffement en question soit plus ou moins précisément celui auquel on aurait pu s'attendre rien qu'en se fondant sur la compréhension élémentaire[1] de l'effet de serre décrit pour la première fois par Eunice Foot et John Tydall dès les années 1850, alors que les États-Unis atteignaient leur premier pic industriel. Il ne nous reste plus qu'un ensemble d'hypothèses qui peuvent paraître falsifiables – concernant les températures partout sur la planète, la hausse du niveau de la mer et même la fréquence des ouragans et le volume des incendies. Mais, en définitive, la question de l'ampleur des désastres à venir n'est pas une expérience scientifique, c'est un pari sur l'activité humaine. Que ferons-nous pour ralentir ce désastre ? Quand ?

Ce sont les seules questions qui comptent. Il y a, il est vrai, des rétroactions que nous ne comprenons pas et des processus de réchauffement dynamiques que les scientifiques n'ont pas encore identifiés. Nous vivons aujourd'hui dans un brouillard d'incertitudes quant au dérèglement climatique, un brouillard qui n'est pas une projection de notre ignorance collective de la nature, mais un aveuglement sur le monde des humains, et seule l'action humaine pourra le disperser. Voilà ce que ça signifie, de vivre au-delà de la « fin de la nature » – c'est l'action humaine qui déterminera le climat du futur, non pas des systèmes sur lesquels nous n'avons aucun contrôle. Et c'est pourquoi, malgré la clarté caractéristique de la science prédictive, toutes les esquisses de scénarios climatiques tracées dans ces pages sont si lourdement entourées de conditionnel, de *peut-être*, de *théoriquement*. Le portrait à grands traits de la souffrance est, je l'espère, terrifiant. Il est aussi entièrement affaire de choix. Si nous continuons de laisser le climat se dérégler et nous punir avec toute la férocité avec laquelle nous l'avons nourri, ce sera parce que nous aurons choisi cette punition – en empruntant, collectivement, la voie du suicide. Si nous l'évitons, c'est parce que nous aurons opté pour un autre chemin, et survécu.

Telles sont les leçons déconcertantes, contradictoires que l'on peut tirer du réchauffement climatique, qui recommandent de la part des hommes à la fois de l'humilité et de la grandeur face à la même perception du péril. Le système climatique qui a permis l'apparition de l'espèce humaine et de tout ce que nous appelons civilisation est si fragile qu'il a été poussé à la quasi totale instabilité en une génération d'activité humaine. Mais cette instabilité est aussi une mesure de la puissance humaine qui l'a engendrée, presque par accident, et qui désormais doit arrêter les dégâts, en à peu près autant de temps. Si les hommes sont responsables, ils doivent être capables de réparer leurs erreurs. Nous avons un mot idiomatique pour désigner ceux qui ont le destin du monde entre leurs mains, comme nous actuellement : des dieux. Mais pour l'instant, au moins, la plupart d'entre nous semblent plus enclins à fuir leurs responsabilités qu'à les prendre à bras le corps – ou même à reconnaître que nous les voyons, juste devant nous, aussi clairement qu'un volant dans une voiture.

Au lieu de ça, nous déléguons cette tâche aux générations futures, aux rêves de technologies magiques, à de lointains politiciens qui s'affrontent sur des délais de profiteurs. Voilà pourquoi ce livre est également truffé de « nous », aussi impérieux cela peut-il paraître. Le fait que le climat englobe tout signifie que nous en sommes tous la cible et que nous devons tous en partager la responsabilité pour nous éviter d'en partager tous la souffrance – du moins pas de façon aussi suffocante.

Nous ignorons quelle forme précisément prendra cette souffrance, nous ne pouvons pas prédire avec certitude exactement combien d'hectares de forêt brûleront chaque année du siècle à venir, libérant dans l'air des siècles de dioxyde de carbone stocké ; ni combien d'ouragans écraseront chacune des îles des Caraïbes ; ou si les mégasécheresses sont susceptibles de produire d'abord des famines de masse ; ou quelle sera la première pandémie provoquée par le réchauffement. Mais nous en savons assez pour voir, déjà maintenant, que le nouveau monde dans lequel nous entrons sera si différent du nôtre que nous aurons l'impression d'être sur une autre planète.

En 1950, alors qu'ils partaient déjeuner à Los Alamos, Edward Teller, Emil Konopinski, Herbert York et Enrico Fermi, physicien italien et un des architectes de la bombe atomique, débattaient sur les ovnis – Fermi s'est mis à réfléchir puis, longtemps après que tout le monde était passé à autre chose, est revenu à leur conversation avec cette question : « Où sont-ils tous alors[2] ? » L'histoire fait désormais partie de la légende scientifique, cette remarque est connue sous le nom de paradoxe de Fermi : l'univers est si vaste, pourquoi n'avons-nous pas encore rencontré de vie intelligente ?

La réponse tient peut-être en un mot, le climat. Nulle part ailleurs dans l'univers connu il n'existe de planète aussi adaptée que celle-ci pour produire la vie telle que nous la connaissons, nous, les seuls enfants de Fermi. Le réchauffement rend la proposition encore plus précaire. Durant le laps de temps qui a vu évoluer la vie humaine, la planète dans son ensemble ou presque a été, du point de vue du climat, très confortable pour nous ; voilà pourquoi nous sommes apparus[3]. Mais ça n'a pas toujours été le cas sur terre, qui d'ailleurs n'est plus aussi confortable, et un peu moins chaque jour. Aucun humain n'a vécu sur une planète aussi chaude que celle-ci ; et qui le sera encore plus demain. En parlant de ce futur proche, plusieurs scientifiques avec qui j'ai discuté proposent le dérèglement climatique comme une solution Fermi. La durée de vie naturelle d'une civilisation est peut-être de quelques milliers d'années, et celle d'une civilisation industrielle, imaginons, de quelques siècles. Dans un univers vieux de plusieurs milliards d'années, avec des systèmes solaires séparés par autant de temps que d'espace, des civilisations peuvent émerger et se brûler les ailes simplement trop vite pour se trouver.

Le paradoxe de Fermi a aussi été baptisé « le grand silence » – nous crions dans l'univers sans entendre ni écho ni réponse. L'économiste iconoclaste Robin Hanson parle lui de « grand filtre[4] ». Selon sa théorie, des civilisations entières seraient filtrées par le réchauffement comme des insectes prisonniers d'un filet. « Les civilisations prospèrent, mais il existe un filtre environnemental qui provoque leur déclin puis leur disparition assez rapide », comme me l'a dit Peter Ward, charismatique paléontologue – un de ceux ayant découvert que les extinctions de masse de la planète étaient provoquées par les gaz à effet de serre. « Le filtrage que nous avons eu par le passé était dans ces extinctions de masse. » Celle que nous vivons aujourd'hui vient à peine de commencer ; tant de morts s'annoncent.

La recherche d'une vie extraterrestre a toujours été motivée par le désir de montrer l'importance humaine dans un cosmos aussi vaste que négligent : nous voulons être vus pour savoir que nous existons. Le plus inhabituel dans cette histoire, c'est que contrairement aux religions, au nationalisme, à la théorie du complot, le fantasme extraterrestre ne place pas les humains au centre d'un grand récit. En fait, il nous déplace – d'une certaine manière, c'est une sorte de rêve copernicien. Lorsque Copernic annonce que la Terre tourne autour du Soleil, il se sent brièvement au centre de l'univers, mais en faisant cette découverte, il relègue l'ensemble de l'humanité à une périphérie relative. C'est ce que mon beau-père appelle, pour décrire ce qui arrive aux hommes avec la naissance de leurs enfants, puis de leurs petits-enfants, la « théorie du périphérique extérieur ». Celle-ci résume plus ou moins la signification de n'importe quelle rencontre extraterrestre imaginée : soudain les humains sont les acteurs de premier plan dans un drame qui se joue à une échelle quasiment inconcevable et la leçon qu'il faut en tirer, malheureusement, c'est que nous ne sommes rien du tout – ou, au mieux, beaucoup moins uniques et importants que nous ne le pensions. Lorsque les astronautes à bord d'*Apollo 8* ont aperçu pour la première fois la Terre depuis la boîte de conserve qui les transportait à travers l'espace – lorsqu'ils ont vu la planète à demi dans l'ombre derrière la surface de la Lune –, ils se sont regardés et demandé en riant, à propos de ce monde qui venait de les lancer en orbite : « Est-elle habitée[5] ? »

Ces dernières années, grâce à leurs télescopes plus puissants, les astronomes ont découvert des tas de planètes comme la nôtre, beaucoup plus nombreuses qu'on ne l'avait anticipé il y a une génération. Cela a suscité un regain d'activité afin de réviser les espérances établies par Frank Drake dans ce qui est aujourd'hui connu sous le nom de l'équation de Drake[6]. Elle calcule la possibilité de la vie extraterrestre à partir d'estimations fondées sur, par exemple, le pourcentage de planètes censément capables d'accueillir la vie, la part, parmi celles-ci qui auraient pu voir se développer la vie intelligente, puis la portion au sein de ces dernières qui seraient susceptibles d'émettre des signaux détectables de ladite intelligence à travers l'espace.

Les théories sont nombreuses, en plus de celle du Grand Filtre, pour expliquer que nous n'ayons jamais été contactés. Il y a « l'hypothèse du zoo », qui imagine que les extraterrestres se contentent de nous observer pour l'instant, potentiellement jusqu'à ce que nous atteignions leur niveau de sophistication. Et puis l'inverse, en quelque sorte : si nous n'avons capté aucun signal de la part d'extraterrestres, c'est parce qu'ils dorment dans ces sortes de capsules de sommeil comme on les imagine dans les vaisseaux spatiaux de science-fiction, mais à l'échelle d'une civilisation, en attendant que l'univers fasse évoluer une forme plus adaptée à leurs besoins. Dès 1960, le physicien et esprit universel Freeman Dyson suggérait que si nos télescopes ne repéraient pas de vie extraterrestre, c'était parce que les civilisations avancées s'étaient renfermées sur elles-mêmes[7] – englobant des systèmes solaires entiers sous des mégastructures conçues pour capturer l'énergie d'une étoile centrale, un système si efficace qu'il n'apparaît nulle part ailleurs dans l'univers. Le changement climatique est associé à un autre genre de sphère, fabriqué non pas par maîtrise technologique, mais d'abord par ignorance, puis indolence et enfin indifférence – une civilisation qui se met sous cloche pour un suicide gazeux, comme une voiture, moteur allumé, dans un garage fermé.

L'astrophysicien Adam Frank appelle ce genre de pensée « l'astrobiologie de l'Anthropocène[8] ». Dans son ouvrage *Light of the Stars* (« Lumière des étoiles »), il considère le dérèglement climatique, l'avenir de la planète et notre gestion des événements du point de vue de l'univers – « penser comme une planète[9] », appelle-t-il cela. « Nous ne sommes pas seuls. Nous ne sommes pas les premiers », écrit Frank dans les premières pages. « Cela – c'est-à-dire tout ce que vous voyez autour de vous, dans notre projet de civilisation – s'est très probablement produit des milliers, des millions, même des milliards de fois auparavant. »

Ce qui ressemble à une parabole nietzschéenne n'est qu'une explication du sens de « l'infinité ». Face à ce concept, l'humain est petit, insignifiant, tout comme ce que nous faisons dans l'espace d'un tel univers. Dans un article récent et non conventionnel[10] signé avec le climatologue Gavin Schmidt, Frank va encore plus loin, suggérant qu'il pourrait y avoir eu des civilisations industrielles avancées sous une forme ou une autre dans l'histoire profonde de cette planète, il y a si longtemps dans le passé que leurs vestiges ont été réduits en poussière, donc invisibles à jamais, sous nos pieds. Cet article était conçu comme une expérience en imagination, pour montrer le peu de connaissances dont nous disposons en archéologie et en géologie, non comme une thèse sérieuse sur l'histoire de la planète.

Elle était également censée nous remonter le moral. Frank avait envie de mettre en avant ce point de vue, qu'il juge motivant : notre « projet de civilisation » est profondément fragile, nous devons prendre des mesures extraordinaires pour le protéger. Les deux propositions sont vraies, néanmoins il peut être un peu difficile de voir les choses sous cet angle. S'il existe réellement des milliards de civilisations comme la nôtre, quelque part dans l'univers, y compris quelques-unes disséminées dans la poussière de la Terre alors – quelles que soient les leçons en gestion que nous pouvons en tirer –, le fait que nous ne puissions trouver trace d'aucune d'entre elles n'augure rien de bon pour la nôtre.

Derrière ces « milliards de civilisations » éventuelles, beaucoup de désespoir – d'autant plus qu'il s'agit de mathématiques basées sur des suppositions. C'est encore plus vrai des travaux de quiconque essaierait de « résoudre » l'équation de Drake[11], ce que beaucoup ont tenté. Ce projet, qui à mes yeux ressemble moins à la définition de la nature de l'univers sur un tableau noir et plus à un jeu de chiffres, travaille sur des postulats quasi arbitraires avec une telle confiance que lorsque vous voyez l'univers s'éloigner de vos prévisions, vous préférez encore croire que celui-ci dissimule des informations très importantes – par exemple concernant toutes les civilisations qui ont pu s'éteindre et disparaître – plutôt qu'imaginer que vos suppositions sont erronées. La perspective d'un changement climatique dramatique à court terme devrait inspirer à la fois l'humilité et la grandeur, mais l'approche « à la Drake » me fait l'effet d'avoir bien retenu la leçon, et en même temps de l'avoir retenue à l'envers : on suppose que les termes de l'expérience en imagination déterminent le sens de l'univers, pourtant on est incapable d'imaginer que les humains puissent se créer un destin exceptionnel dans cet univers.

Le fatalisme se pare d'un fort attrait à l'ère de la crise écologique mais, tout de même, il est curieux que la transformation de la planète par le climat ait produit un tel enthousiasme pour le paradoxe de Fermi et si peu pour son contrepoint philosophique, le principe anthropique. Ce principe prend l'anomalie humaine non pas comme une énigme à résoudre, mais comme le cœur d'une vision du cosmos narcissique à souhait. La théorie des cordes en physique ne pourrait pas nous mettre plus au centre, plus en puissance : même s'il est peu probable qu'une civilisation intelligente soit apparue dans cette infinité de gaz stérile, même si nous semblons seuls dans l'univers, en réalité un environnement qui ressemble à notre monde tel que nous l'avons bâti apparaît comme une sorte d'inévitabilité logique, puisque nous sommes capables de nous poser ces questions

– parce que seul un univers compatible avec notre genre de vie consciente pourrait donner naissance à quelque chose capable de réfléchir ainsi.

Cette parabole est comme une bande dessinée de Möbius, une sorte de tautologie facile à retenir, plus qu'une vérité strictement établie sur des données observées. Pourtant, je la crois plus pertinente que les travaux de Fermi ou Drake pour penser le changement climatique et le défi existentiel qui consistera à le résoudre dans les quelques décennies à venir. Il existe une civilisation que nous connaissons, qui existe encore, et en beauté – pour l'instant du moins. Pourquoi devrions-nous trouver notre exceptionnalité suspecte ? Ou choisir de la comprendre en décrétant sa mort imminente ? Pourquoi ne pas choisir de se sentir puissants ?

Une impression de particularité cosmique n'est pas la garantie d'une bonne gestion. Mais cela aide à concentrer l'attention sur ce que nous faisons à cette planète si spéciale. Il n'est pas besoin d'imaginer une loi de l'univers – « toutes les civilisations sont kamikazes » – pour expliquer le désastre. Il suffit d'observer les choix que nous avons faits, collectivement ; et, collectivement, nous choisissons à présent de courir au désastre.

Nous arrêterons-nous ? « Penser comme une planète » est si étranger à notre vie moderne – si loin de la pensée du sujet néolibéral au cœur de son système compétitif sans foi ni loi – que la phrase semble digne d'un élève de maternelle, de prime abord. Mais raisonner en principes premiers apparaît judicieux quand il s'agit de climat ; en fait, c'est même nécessaire, puisque nous n'aurons pas droit à l'erreur pour concevoir la solution. Penser comme une planète n'y suffira pas, car celle-ci survivra, même si nous l'empoisonnons affreusement ; mais penser comme un peuple, un peuple uni, dont le destin est partagé par tous.

La voie sur laquelle nous sommes engagés en tant que planète devrait terrifier tous ceux qui y vivent, mais, si nous pensons comme un seul peuple, toutes les contributions pertinentes sont à notre portée, il n'est pas besoin de mysticisme pour interpréter ou présider au destin de la Terre. Il faut simplement en accepter la responsabilité. Lorsque Robert Oppenheimer, directeur historique de Los Alamos, a réfléchi a posteriori sur la signification de la bombe atomique, il a raconté que, dans l'explosion du premier essai nucléaire réussi, lui était revenu un passage de la *Bhagavad-Gita* : « Maintenant je suis devenu la mort, le destructeur des mondes[12] ». Mais cet entretien a été conduit des années plus tard, Oppenheimer était alors devenu la conscience pacifiste de l'ère nucléaire de l'Amérique – ce qui lui a d'ailleurs valu de voir son autorisation secret défense révoquée. À en croire son frère Frank, qui était également présent lorsque Oppenheimer a assisté à la détonation de cet engin surnommé « le gadget », il aurait seulement dit : « Ça a marché[13]. »

La menace que fait peser le changement climatique sur la planète est encore plus globale que la bombe. Et omniprésente. Dans un article de 2018, quarante-deux scientifiques internationaux ont averti[14] : si l'on continue sur notre lancée, sans rien changer, aucun écosystème sur terre ne sera sûr, les transformations seront « partout » et « dramatiques » dépassant en à peine un siècle ou deux la quantité de changement qui s'est déroulée durant les périodes de transformation les plus marquées de l'histoire de la Terre, s'étirant elles sur des dizaines de milliers d'années. La moitié de la Grande Barrière de corail a déjà disparu, du méthane s'échappe du permafrost arctique, celui-ci ne gèlera peut-être plus jamais et les estimations les plus hautes concernant les conséquences du réchauffement sur les récoltes de céréales évaluent à 50 % de moins en cas d'augmentation de 4 °C. Si cela vous semble dramatique, et j'espère bien que c'est le cas, dites-vous que nous possédons tous les outils nécessaires, aujourd'hui, pour tout arrêter : une taxe carbone et l'appareil politique pour s'attaquer de façon agressive à l'énergie sale ; une nouvelle approche des pratiques agricoles, une baisse de la consommation du bœuf et des produits laitiers dans le régime alimentaire mondial ; un investissement public dans l'énergie verte et le captage de carbone.

Ces solutions sont évidentes, elles sont disponibles, mais cela ne signifie pas que le problème n'est pas écrasant. Ce n'est pas un sujet que l'on peut régler en un récit, un point de vue, une métaphore, une chronique. Ce sera encore plus vrai dans les décennies à venir tandis que la signature du réchauffement sera associée à de plus en plus de catastrophes, d'horreurs politiques, de crises humanitaires. Il y aura ceux, comme aujourd'hui, qui enragent contre les capitalistes fossiles et les politiques qui les laissent faire ; et d'autres, comme aujourd'hui, qui se lamenteront du manque de vision de l'humanité, qui crieront aux excès du consommateur de la vie contemporaine. Il y aura ceux, comme aujourd'hui, qui se battent en militants infatigables, avec des approches aussi variées que les procès fédéraux, une législation agressive et des manifestations locales contre de nouveaux pipelines ; de la résistance non violente, des croisades pour les droits civiques. Il y aura ceux, comme aujourd'hui, qui verront ces souffrances en chaîne et qui s'effondreront, désespérés, inconsolables. Et il y aura ceux, comme aujourd'hui, qui insistent pour dire qu'il n'existe qu'une seule manière de réagir à la catastrophe écologique en cours – une manière productive, responsable.

On imagine que ce ne sera pas la seule manière. Même avant l'ère du dérèglement climatique, la littérature de conservation a fourni de nombreuses métaphores parmi lesquelles choisir. James Lovelock[15] nous a donné l'hypothèse Gaia, qui offrait une image du monde comme une entité quasi biologique, unique et évolutive. Buckminster Fuller a popularisé « la Terre vaisseau spatial[16] », présentant notre planète comme une sorte de radeau désespéré perdu dans ce qu'Archibald MacLeish appelle « la nuit vide, énorme » ; aujourd'hui, la phrase évoque une image d'une planète tourbillonnant à travers le système solaire, bardée de suffisamment d'usines de captage de CO_2 pour ralentir le réchauffement, voire l'inverser, restaurant comme par magie la possibilité de respirer l'air entre les machines. La sonde spatiale *Voyager 1* nous a donné le « point bleu pâle » – impossible d'échapper à la nature minuscule, fragile de l'expérience dans laquelle nous sommes engagés tous ensemble, que nous le voulions ou non. Personnellement, je pense que le dérèglement climatique brosse un tableau stimulant, qui par sa cruauté même flatte notre sentiment de puissance, et ce faisant en appelle à l'action du monde, dans son ensemble. Du moins je l'espère. C'est encore une autre signification du kaléidoscope climatique. Chacun peut choisir sa métaphore. En revanche, on ne peut pas choisir sa planète, c'est la seule, notre maison.

Remerciements

Ce livre ne vaut que par les travaux des scientifiques qui ont les premiers théorisé puis documenté le réchauffement de la planète avant ensuite d'examiner puis d'expliquer les conséquences que cela pourrait avoir pour nous autres qui y vivons. Je suis donc redevable à Eunice Foote et John Tyndall, au XIXe siècle, à Roger Revelle et Charles David Keeling, au XXe siècle, et à ces centaines de scientifiques dont les ouvrages sont cités dans les notes de ce livre (et bien sûr des centaines d'autres travailleurs qui ne sont pas ici mentionnés). Quels que soient les progrès auxquels nous parviendrons dans les décennies à venir, ce sera grâce à eux.

Je dois personnellement beaucoup à ces scientifiques, auteurs sur le climat, militants qui se sont montrés particulièrement généreux avec moi ces dernières années, avec leur temps et leurs idées – ils m'ont aidé à comprendre leurs propres recherches, à m'orienter vers celles des autres, accueillant avec bienveillance mes demandes d'interviews interminables ou mes discussions sur l'état de la planète dans d'autres lieux publics, n'hésitant pas à échanger par écrit avec moi au long cours et même souvent, acceptant de relire ma prose, dont certaines parties de ce livre, avant leur publication. Il s'agit de : Richard Alley, David Archer, Craig Baker-Austin, David Battisti, Peter Brannen, Wallace Smith Broecker, Marshall Burke, Ethan D. Coffel, Aiguo

Dai, Peter Gleick, Jeff Goodell, Al Gore, James Hansen, Katherine Hayhoe, Geoffrey Heal, Solomon Hsiang, Matthew Huber, Nancy Knowlton, Robert Kopp, Lee Kump, Irakli Loladze, Charles Mann, Geoff Mann, Michael Mann, Kate Marvel, Bill McKibben, Michael Oppenheimer, Naomi Oreskes, Andrew Revkin, Joseph Romm, Lynn Scarlett, Steven Sherwood, Joel Wainwright, Peter D. Ward et Elizabeth Wolkovich.

Lorsque j'ai commencé à écrire sur le changement climatique en 2017, j'ai aussi bénéficié de l'aide pour la recherche critique, de Julia Mead et Ted Hart. Je suis reconnaissant également pour toutes les réactions à cet article qui ont été publiées un peu partout – particulièrement celles de Genevieve Guenther, Eric Holthaus, Farhad Manjoo, Susan Mathews, Jason Mark, Robinson Meyer, Chris Mooney et David Roberts. Cela inclut tous les scientifiques qui l'ont critiqué pour le site web Climate Feedback, revenant sur mon récit ligne après ligne. Lors de la préparation de ce manuscrit pour la publication, Chelsea Leu l'a revu d'encore plus près et avec la plus grande rigueur, je ne la remercierai jamais assez.

Ce livre n'aurait jamais vu le jour sans la vision, les conseils, la sagesse et la patience de Tina Bennett, à qui je dois désormais une vie entière de remerciements. Et il ne serait jamais vraiment devenu un livre sans la pertinence, le génie et la confiance de Tim Duggan et l'incroyable aide de William Wolfslau et Molly Stern, Dyana Messina, Julia Bradshaw, Christine Johnson, Aubrey Martinson, Julie Cepler, Rachel Aldrich, Craig Adams, Phil Leung et Andrea Lau, Svetlana Katz et Laura Bonner ainsi qu'Helen Conford.

Je n'aurais jamais écrit ce livre sans Central Park East, particulièrement Pam Cushing, ma seconde mère. Je suis redevable à tous ceux avec qui je travaille au magazine *New York*, pour tous leurs encouragements et leur soutien, tout du long. Cela s'adresse tout particulièrement à mes patrons, Jared Hohlt, Adam Moss et Pam Wasserstein ainsi que David Haskell, mon rédacteur en chef, ami et co-conspirateur. D'autres amis et coconspirateurs m'ont également aidé à affiner et à reconcevoir ce que j'essayais de faire dans ce livre, je leur dois tant : Isaac Chotiner, Kerry Howley, Hua Hsu, Christian Lorentzen, Noreen Malone, Chris Parris-Lamb, Willa Paskin, Max Read et Kevin Roose. Pour un million d'innombrables choses, j'aimerais aussi remercier Jerry Saltz et Will Leitch, Lisa Miller et Vanessa Grigoriadis, Mike Marino, Andy Roth, Ryan Langer, James Darnton, Andrew Smeall, Scarlet Kim, Ann Fabian, Casey Schwartz, Marie Brenner, Nick Zimmerman, Dan Weber, Whitney Schubert, Joey Frank, Justin Pattner, Daniel Brand, Caitlin Roper, Ann Clarke, Alexis Swerdloff, Stella Bugbee, Meghan O'Rourke, Robert Asahina, Philip Gourevitch, Lorin Stein et Michael Grunwald.

Mon meilleur lecteur, comme toujours, est mon frère, Ben ; si je n'avais pas pu marcher sur ses pas, qui sait où je serais aujourd'hui. J'ai été énormément inspiré par Harry et Roseann, Jenn, Matt et Heather et par-dessus tout par mes parents, dont un seul est encore là pour lire ce livre qui leur doit tant à eux deux, comme tout le reste.

Le dernier merci, le plus gros, va à Risa, mon amour, et à Rocca, mon autre amour – pour la dernière année, les dernières vingt, cinquante ou pour toutes celles qui arriveront après. Nous garderons la tête froide, je l'espère.

Notes

Toute science est à un certain degré spéculative, sujette à un réexamen ou à une révision future. Mais à quel point la spéculation varie-t-elle d'une science à l'autre, d'une spécialité à l'autre, voire d'une étude à l'autre ?

Dans le cadre de la recherche sur le changement climatique, le réchauffement (environ 1,1 °C depuis que les humains ont commencé à brûler des combustibles fossiles) et son mécanisme ont été établis sans l'ombre d'un doute. Ce qui est moins certain, c'est comment ce réchauffement se produira au cours des prochaines décennies, puis des siècles suivants, car nous ne savons pas à quelle vitesse les humains abandonneront leur dépendance aux combustibles fossiles, ni comment le système climatique se recalibrera en réponse à une perturbation humaine. J'espère que les notes qui suivent seront une feuille de route sur l'état actuel de cette science, en plus d'être une bibliographie pour ce livre.

I. Réactions

1. Celles de la fin des Ordoviciens, Devoniens, du Triassique, des crétacés… Un très bon compte rendu a récemment été écrit, qu'on peut trouver dans l'ouvrage de Peter Brannen, *The Ends of the World*, New York, Harper Collins, 2017.

2. Ces chiffres sont tous de l'ordre de l'estimation, et les études parviennent souvent à des conclusions différentes. Certaines, à propos de l'extinction du Permien, suggèrent que le taux d'extinction est aussi bas que 90 %, tandis que d'autres l'estiment à 97 %. Ces chiffres proviennent du premier livre *Cosmos* : « The Five Big Mass Extinctions », https://cosmosmagazine.com/palaeontology/big-five-extinctions.

3. Brannen, *The Ends of the World.*

4. Un débat considérable existe sur la somme exacte des facteurs environnementaux (éruptions volcaniques, activité microbienne, méthane arctique…) qui ont causé l'extinction à la fin du Permien, mais pour un résumé de la thèse qui soutient que l'activité volcanique a réchauffé la Terre et conduit à l'émanation de méthane qui a accéléré ce réchauffement, voir « Methane Hydrate : Killer Cause of Earth's Greatest Mass Extinction », *Paleoworld 25*, n° 4, décembre 2016, pp. 496-507, https://doi.org/10.1016/j.palwor.2016.06.002.

5. Discussion avec le géoscientifique pennsylvanien Lee Kump, un des éminents experts de l'extinciton de masse.

6. Jessica Blunden, Derek S. Arndt, et Gail Hartfield, « State of the Climate in 2017 », *Bulletin of the American Meteorological Society 99*, n° 8, août 2018, Si – S310, https://doi.org/10.1175/2018BAMSStateoftheClimate.1.

7. Rob Moore, « Carbon Dioxide in the Atmosphere Hits Record High Monthly Average », Scripps Institution of Oceanography, 2 mai 2018, https://scripps.ucsd.edu/programs/keelingcurve/2018/05/02/carbon-dioxide-in-the-atmosphere-hits-record-high-monthly-average/.

8. Voir, par exemple, Aradhna K. Tripati, Christopher D. Roberts, et Robert A. Eagle, « Coupling of CO_2 and Ice Sheet Stability over Major Climate Transitions of the Last 20 Million Years », *Science 326*, n° 5 958, décembre 2009, pp. 1394-97.

9. *Ibid.*

10. Carbon Dioxide Information Analysis Center, Laboratoire National d'Oak Ridge, « Global, Regional, and National Fossil-Fuel CO_2 Emissions », Oak Ridge, TN, 2017, https://doi.org/10.3334/CDIAC/00001_V2017. Les comptes-rendus et les estimations varient mais, selon le laboratoire d'Oak Ridge, nous avons émis 1 578 gigatonnes de CO_2 provenant de combustibles fossiles depuis 1751 ; depuis 1989, le total s'élève à 820 gigatonnes.

11. Selon le laboratoire d'Oak Ridge, le montant global est de 1 376 gigatonnes depuis 1946, ce qui représente 87 % du chiffre depuis 1578.

12. R. Revelle et H. Suess, « Carbon Dioxide Exchange Between Atmosphere and Ocean and the Question of an Increase of Atmospheric CO_2 During the Past Decades », *Tellus 9*, 1957, pp. 18-27.

13. Voir, par exemple, Nicola Jones, « How the World Passed a Carbon Threshold and Why It Matters », *Yale Environment 360*, 26 janvier 2017, https://e360.yale.edu/features/how-the-world-passed-a-carbon-threshold-400ppm-and-why-it-matters.

14. Institut d'océanographie SCRIPPS, « Another Climate Milestone Falls at Mauna Loa Observatory », 7 juin 2018, https://scripps.ucsd.edu/news/another-climate-milestone-falls-mauna-loa-observatory.

15. GIEC, *Climate Change 2014 : Synthesis Report, Summary for Policymakers*, Genève, 2014, p. 11, https://ar5-syr. ipcc. ch/topic_summary.php.

16. Gaia Vince, « How to Survive the Coming Century », *New Scientist*, 25 février 2009. Certaines de ces évaluations sont un peu extrêmes, mais il est irréfutable que le réchauffement à cette échelle rendra ces régions en grande partie brutalement inhospitalières au regard de nos critères actuels.

17. Alec Luhn et Elle Hunt, « Besieged Russian Scientists Drive Away Polar Bears », *The Guardian*, 14 septembre 2016.

18. Michaeleen Doucleff, « Anthrax Outbreak in Russia Thought to Be Result of Thawing Permafrost », *NPR*, 3 août 2016.

19. Phillip Connor, « Most Displaced Syrians Are in the Middle East, and About a Million Are in Europe », *Pew Research*, 29 janvier 2018, http://www.pewresearch.org/fact-tank/2018/01/29/where-displaced-syrians-have-resettled.

20. « D'ici à 2050, on estime qu'un habitant sur sept au Bangladesh pourrait devoir être déplacé à cause du changement climatique », a déclaré Robert Watkins, des Nations unies, en 2015 ; voir aussi Mubashar Hasan, « Bangladesh's Climate Change Migrants », ReliefWeb, 13 novembre 2015.

21. Banque mondiale, *Groundswell : se préparer aux migrations climatiques internes*, Washington, D.C., 2018), p. 19, https://openknowledge.worldbank.org/handle/10986/29461.

22. Phillip Connor, « Most Displaced Syrians » : « Près de 13 millions de Syriens ont été déplacés après sept ans de guerre dans leur pays », explique l'auteur.

23. Baher Kamal, « Climate Migrants Might Reach One Billion by 2050 », ReliefWeb, 21 août 2017, https://reliefweb.int/report/world/climate-migrants-might-reach-one-billion-2050.

24. Bureau du recensement des États-Unis, « Historical Estimates of World Population », www.census.gov/data/tables/time-series/demo/international-programs/historical-est-worldpop.html.

25. Convention des Nations unies sur la lutte contre la désertification, « Sustainability. Stability. Security », www.unccd.int/sustainability-stability-security.

26. Eukaryote, « The Funnel of Human Experience », *LessWrong*, 9 octobre 2018, www.lesswrong.com/posts/SwBEJapZNzWFifLN6/the-funnel-of-human-experience.

27. « Marshalls Likens Climate Change Migration to Cultural Genocide », *Radio New Zealand*, 6 octobre 2015, www.radionz.co.nz/news/pacific/286139/marshalls-likens-climate-change-migration-to-cultural-genocide.

28. Techniquement il s'agit davantage d'une courbe de distribution que d'une courbe en cloche puisqu'elle laisse derrière elle une traînée de résultats négatifs et non une distribution équilibrée de résultats négatifs et positifs (il y a donc plus de résultats relevant du pire que du meilleur des cas).

29. La meilleure référence au sujet de tous ces différents modèles de prédiction est certainement le Climate Action Tracker, qui calcule qu'avec les engagements actuels à l'échelle du monde, le réchauffement climatique pourrait être limité à 3,16 °C en 2100.

30. Alexander Nauels *et al.*, « Linking Sea Level Rise and Socioeconomic Indicators Under the Shared Socioeconomic Pathways », *Environmental Research Letters 12*, n° 11, octobre 2017, https://doi.org/10.1088/1748-9326/aa92b6. En 2017, Nauels et ses collègues suggéraient qu'un réchauffement climatique de seulement 1,9 °C mènerait la calotte glaciaire au bord de l'effondrement.

31. L'effondrement complet de la calotte glaciaire représenterait une montée des eaux de plus de 60,9 m, selon leurs estimations, mais une montée bien moindre suffirait à inonder ces villes. Miami est perché à 1,8 mètres au-dessus du niveau de la mer, Dhaka à 10,9 mètres. Shanghai à 4,5 mètres et certaines parties d'Hong Kong sont à une altitude nulle – c'est pourquoi en 2015, le *South China Morning Post* a rapporté qu'un réchauffement de 4 °C pourrait engendrer un déplacement de 45 millions de personnes dans ces deux villes : Li Ching, « Rising Sea Levels Set to Displace 45 Million People in Hong Kong, Shanghai and Tianjin If Earth Warms 4 Degrees from Climate Change », *South China Morning Post*, 9 novembre 2015.

32. Thorsten Mauritsen et Robert Pincus, « Committed Warming Inferred from Observations », *Nature Climate Change*, 31 juillet 2017 ; Adrian E. Raftery *et al.*, « Less than 2 °C Warming by 2100 Unlikely », *Nature Climate Change*, 31 juillet 2017 ; Hubertus Fischer *et al.*, « Paleoclimate

Constraints on the Impact of 2 °C Anthropogenic Warming and Beyond », *Nature Geoscience*, 25 juin 2018.

33. Brady Dennis et Chris Mooney, « Scientists Nearly Double Sea Level Rise Projections for 2100, Because of Antarctica », *The Washington Post*, 30 mars 2016.

34. Alvin Stone, « Global Warming May Be Twice What Climate Models Predict », Université de Nouvelle-Galles du Sud, 5 juillet 2018, https://newsroom.unsw.edu.au/news/science-tech/global-warming-may-be-twice-what-climate-models-predict.

35. Fischer, « Paleoclimate Constraints on the Impact ».

36. Will Steffen *et al.*, « Trajectoires du système Terre dans l'Anthropocène », *Chronique de Rhea*, 14 août 2018, https://patricefaliph.wordpress.com/2018/08/28/larticle-qui-a-peut-etre-decide-nicolas-hulot-tout-le-monde-sur-le-pont-moussaillons-trajectoires-de-lanthropocene/

37. Alexander Nauels, « Linking Sea Level Rise and Socioeconomic Indicators », https://doi.org/10.1088/1748-9326/aa92b6.

38. Robert McSweeney, « The Impacts of Climate Change at 1.5C, 2C and Beyond », *Carbon Brief*, 4 octobre 2018, https://interactive.carbonbrief.org/impacts-climate-change-one-point-five-degrees-two-degrees.

39. *Ibid.*

40. Felipe J. Colon-Gonzalez *et al.*, « Limiting Global-Mean Temperature Increase to 1.5–2 °C Could Reduce the Incidence and Spatial Spread of Dengue Fever in Latin America », *Proceedings of the National Academy of Sciences 115*, n° 24, juin 2018, pp. 6 243-48, https://doi.org/10.1073/pnas.1718945115.

41. Ana Maria Vicedo-Cabrera *et al.*, « Temperature-Related Mortality Impacts Under and Beyond Paris Agreement Climate Change Scenario », *Climatic Change 150*, nos 3-4, octobre 2018, pp. 391-402, https://doi.org/10.1007/s10584-018-2274-3.

42. Comme dans tous les travaux en paléoclimatologie, les estimations à ce sujet varient, mais ce résumé est issu de l'article de Howard Lee, « What Happened the Last Time It Was as Warm as It's Going to Get at the End of This Century », *Ars Technica*, 18 juin 2018.

43. Timothy Morton, *Hyperobjects : Philosophy and Ecology After the End of the World*, Minneapolis, University of Minnesota Press, 2013.

44. GIEC, *Climate Change 2014 : Synthesis Report*, p. 11, www.ipcc.ch/pdf/assessment-report/ar5/syr/AR5_SYR_FINAL_SPM.pdf.

45. Comme par exemple dans « The Scientific Consensus on Climate Change : How Do We Know We're Not Wrong ? », *Climate Change : What*

It Means for Us, Our Children, and Our Grandchildren, Cambridge, MA, MIT Press, 2014.

46. Gernot Wagner et Martin L. Weitzman, *Climate Shock : The Economic Consequences of a Hotter Planet*, Princeton, NJ, Princeton University Press, 2015, pp. 53-55.

47. William Nordhaus, « Projections and Uncertainties About Climate Change in an Area of Minimal Climate Policies », working paper, National Bureau of Economic Research, 2016.

48. Steven C. Sherwood et Matthew Huber, « An Adaptability Limit to Climate Change Due to Heat Stress », *Proceedings of the National Academy of Sciences 107*, n° 21, mai 2010, pp. 9552-55, https://doi.org/10.1073/pnas.0913352107.

49. Jason Treat *et al.*, « What the World Would Look Like If All the Ice Melted », *National Geographic*, septembre 2013.

50. C'est un raccourci fréquemment utilisé par les scientifiques étudiant le climat, comme le rappelle Katharine Hayhoe dans l'article de Jonah Engel Bromwich, « Where Can You Escape the Harshest Effects of Climate Change ? », *The New York Times*, 20 octobre 2016.

51. Si, comme David Battisti et Rosamond Naylor l'ont théorisé, chaque degré ascendant coûte entre 10 et 15 % de la récolte de céréales – avec des températures hautes affectant davantage les productions que les basses –, un réchauffement climatique à hauteur de 8 °C éliminerait presque intégralement la capacité des régions céréalières existantes à produire de la nourriture.

52. Comme le montrent les documents de Peter Brannen dans *Les Fins du monde*, nous savons maintenant que la dernière fois que le monde était 5 °C plus chaud, l'Arctique était par endroits tropical.

53. Peter M. Cox *et al.*, « Emergent Constraint on Equilibrium Climate Sensitivity from Global Temperature Variability », *Nature 553*, janvier 2018, pp. 319-22.

54. Mark Lynas, *Six Degrees : Our Future on a Hotter Planet*, New York, HarperCollins, 2007. Cet ouvrage est une feuille de route utile pour le futur du réchauffement.

55. Edward O. Wilson, *Half-Earth : Our Planet's Fight for Life*, New York, W. W. Norton, 2016.

56. Tia Ghose, « Hurricane Harvey Caused 500,000-Year Floods in Some Areas », *Live Science*, 11 septembre 2017, www.livescience.com/60378-hurricane-harvey-once-in-500000-year-flood.html.

57. Christopher Ingraham, « Houston Is Experiencing Its Third '500-Year' Flood in Three Years. How Is That Possible ? », *The Washington Post*, 29 août 2017.

58. UNICEF, « 16 Million Children Affected by Massive Flooding in South Asia, with Millions More at Risk », 2 septembre 2017, www.unicef.org/press-releases/16-million-children-affected-massive-flooding-south-asia-millions-more-risk.

59. Tom Di Liberto, « Torrential Rains Bring Epic Flash Floods in Maryland in Late May 2018 », NOAA Climate.gov, 31 mai 2018, www.climate.gov/news-features/event-tracker/torrential-rains-bring-epic-flash-floods-maryland-late-may-2018.

60. Jason Samenow, « Red-Hot Planet : All-Time Heat Records Have Been Set All over the World During the Past Week », *The Washington Post*, 5 juillet 2018.

61. Rachel Lau, « Death Toll Rises to 54 as Quebec Heat Wave Ends », *Global News*, 6 juillet 2018, https://globalnews. ca/news/4316878/50-people-now-dead-due-to-sweltering-quebec-heat-wave.

62. Jon Herskovitz, « More than 100 Large Wildfires in U.S. as New Blazes Erupt », Reuters, 11 août 2018, www.reuters.com/article/us-usa-wildfires/more-than-100-large-wildfires-in-u-s-as-new-blazes-erupt-idUSKBN1KX00B.

63. « Holy Fire Burns 4,000 Acres, Forcing Evacuations in Orange County », Fox 5 San Diego, 6 août 2018, https://fox5sandiego.com/2018/08/06/fast-moving-wildfire-forces-evacuations-in-orange-county/.

64. Kirk Mitchell, « Spring Creek Fire 'Tsunami' Sweeps over Subdivision, Raising Home Toll to 251 », *Denver Post*, 5 juillet 2018.

65. Elaine Lies, « Hundreds of Thousands Evacuated in Japan as "Historic Rain" Falls ; Two Dead », Reuters, 6 juillet 2018, https://af. reuters.com/article/commoditiesNews/idAFL4N1U21AH.

66. « Two Killed, 2.45 Million Evacuated as Super Typhoon Mangkhut Hits Mainland China », *The Times of India*, 16 septembre 2018, https://timesofindia.indiatimes.com/world/china/super-typhoon-mangkhut-hits-china-over-2-45-million-people-evacuated/articleshow/65830611.cms.

67. Patricia Sullivan et Katie Zezima, « Florence Has Made Wilmington, N.C., an Island Cut Off from the Rest of the World », *The Washington Post*, 16 septembre 2018.

68. Umair Irfan, « Hog Manure Is Spilling Out of Lagoons Because of Hurricane Florence's Floods », *Vox*, 21 septembre 2018.

69. Joel Burgess, « Tornadoes in the Wake of Florence Twist Through North Carolina », *Asheville Citizen-Times*, 17 septembre 2018.

70. Hydrology Directorate, gouvernement d'Inde, *Study Report : Kerala Floods of August 2018*, septembre 2018, http://cwc.gov.in/main/downloads/KeralaFloodReport/Rev-0.pdf.

71. Josh Hafner, « Remote Hawaiian Island Vanishes Underwater After Hurricane », *USA Today*, 24 octobre 2018.

72. Paige St. John *et al.*, « California Fire : What Started as a Tiny Brush Fire Became the State's Deadliest Wildfire. Here's How », *Los Angeles Times*, 18 novembre 2018.

73. Ruben Vives, Melissa Etehad et Jaclyn Cosgrove, « Southern California Fire Devastation Is 'the New Normal,' Gov. Brown Says », *Los Angeles Times*, 10 décembre 2017.

74. « Wallace Broecker : How to Calm an Angry Beast », *CBC News*, 19 novembre 2008, www.cbc.ca/news/technology/wallace-broecker-how-to-calm-an-angry-beast-1.714719.

75. Michael Schwirtz, « Besieged Rohingya Face "Crisis Within the Crisis": Deadly Floods », *The New York Times*, 13 février 2018.

76. Phil Helsel, « Body of Mother Found After California Mudslide ; Death Toll Rises to 21 », *NBC News*, 20 janvier 2018, www.nbcnews.com/news/us-news/body-mother-found-after-california-mudslide-death-toll-rises-21-n839546.

77. NASA Science, « Is Arctic Permafrost the 'Sleeping Giant' of Climate Change ? », NASA, 24 juin 2013, https://science.nasa.gov/science-news/science-at-nasa/2013/24jun_permafrost.

78. Environmental Protection Agency, « Greenhouse Gas Emissions : Understanding Global Warming Potentials », www.epa.gov/ghgemissions/understanding-global-warming-potentials.

79. Pour un bon aperçu de la question, voir Lee R. Kump et Michael E. Mann, *Dire Predictions : The Visual Guide to the Findings of the IPCC*, 2e éd., New York, DK, 2015.

80. Bob Berwyn, « Destructive Flood Risk in U.S. West Could Triple If Climate Change Left Unchecked », *Inside Climate*, 6 août 2018, https://insideclimatenews.org/news/06082018/global-warming-climate-change-floods-california-oroville-dam-scientists.

81. Ellen Wulfhorst, « Overlooked U.S. Border Shantytowns Face Threat of Gathering Storms », Reuters, 11 juin 2018, https://af. reuters.com/article/commoditiesNews/idAFL2N1SO2FZ.

82. Andrew D. King et Luke J. Harrington, « The Inequality of Climate Change from 1,5 °C to 2 °C of Global Warming », *Geophysical Research Letters 45*, n° 10, mai 2018, pp. 5 030-33, https://doi.org/10.1029/2018GL078430.

83. Andrea Thompson, « Drought and Climate Change Could Throw Fall Colors Off Schedule », *Scientific American*, 1er novembre 2016.

84. Pablo Imbach et al., « Coupling of Pollination Services and Coffee Suitability Under Climate Change », *Proceedings of the National Academy of Sciences 114*, n° 39, septembre 2017, pp. 10 438-42, https://doi.org/10.1073/pnas.1617940114.

85. WWF, « Living Planet Report 2018 », *Aiming Higher*, Gland, Suisse, 2018, p. 18, https://wwf. panda.org/knowledge_hub/all_publications/living_planet_report_2018.

86. Caspar Hallman *et al.*, « More Than 75 Percent Decline over 27 Years in Total Flying Insect Biomass in Protected Areas », *PLOS One 12*, n° 10, octobre 2017, https://doi.org/10.1371/journal. pone.0185809.

87. Damian Carrington, « Climate Change Is Disrupting Flower Pollination, Research Shows », *The Guardian*, 6 novembre 2014.

88. Bob Berwyn, « Fish Species Forecast to Migrate Hundreds of Miles Northward as U.S. Waters Warm », *Inside Climate News*, 16 mai 2018, https://insideclimatenews.org/news/16052018/fish-species-climate-change-migration-pacific-northwest-alaska-atlantic-gulf-maine-cod-pollock.

89. Kendra Pierre-Louis, « As Winter Warms, Bears Can't Sleep, and They're Getting into Trouble », *The New York Times*, 4 mai 2018.

90. Moises Velaquez-Manoff, « Should You Fear the Pizzly Bear ? », *The New York Times Magazine*, 14 août 2014.

91. Joel Guiot et Wolfgang Cramer, « Climate Change : The 2015 Paris Agreement Thresholds and Mediterranean Basin Ecosystems », *Science 354*, n° 6 311, octobre 2016, pp. 463-68, https://doi.org/10.1126/science. aah5015. Selon leurs calculs, même en restant en dessous de la barre des 2 °C de réchauffement, la région pourrait devenir déserte.

92. « Sahara Desert Dust Cloud Blankets Greece in Orange Haze », Sky News, 26 mars 2018, https://news. sky.com/story/sahara-desert-dust-cloud-blankets-greece-in-orange-haze-11305011.

93. « How Climate Change Might Affect the Nile », *The Economist*, 3 août 2017.

94. Tom Yulsman, « Drought Turns the Rio Grande into the 'Rio Sand », *Discover*, 15 juillet 2013.

95. Muthukumara Mani *et al.*, « South Asia's Hotspots : Impacts of Temperature and Precipitation Changes on Living Standards », Banque mondiale, Washington, D. C., juin 2018, p. 11, https://openknowledge.worldbank. org/bitstream/handle/10986/28723/9781464811555.pdf?sequence=5&is Allowed=y.

96. Andreas Malm, *Fossil Capital : The Rise of Steam Power and the Roots of Global Warming*, Londres, Verso, 2016.

97. Solomon Hsiang *et al.*, « Estimating Economic Damage from Climate Change in the United States », *Science 356*, n° 6345, juin 2017, pp. 1362-69, https://doi.org/10.1126/science. aal4369.

98. Marshall Burke *et al.*, « Large Potential Reduction in Economic Damages Under UN Mitigation Targets », *Nature 557*, mai 2018, pp. 549–53, https://doi.org/10.1038/s41586-018-0071-9.

99. R. Warren *et al.*, « Risks Associated with Global Warming of 1.5 or 2C », Tyndall Centre for Climate Change Research, mai 2018, www.tyndall.ac.uk/sites/default/files/publications/briefing_note _risks _warren_r1-1.pdf.

100. Selon le *Global Wealth Report 2017* du Credit Suisse Research Institute, la richesse mondiale totale a atteint 280 000 milliards de dollars. https://www.credit-suisse.com/corporate/fr/articles/news-and-expertise/global-wealth-report-2017-201711.html.

101. Selon la Banque mondiale, la dernière fois que la croissance mondiale était à 5,355 %, c'était en 1976. Banque mondiale, « croissante du PIB (% annuel) » https://data. worldbank.org/indicator/NY. GDP. MKTP. KD. ZG.

102. Cette expression a été popularisée par Herbert Daly dont l'anthologie *Toward a Steady-State Economy* (San Francisco : W. H. Freeman, 1973) posait un regard critique sur l'histoire de la croissance économique, particulièrement incisive à l'ère du changement climatique.

103. Drew Shindell *et al.*, « Quantified, Localized Health Benefits of Accelerated Carbon Dioxide Emissions Reductions », *Nature Climate Change 8*, mars 2018, pp. 291-95, https://doi.org/10.1038/s41558-018-0108-y.

104. GIEC, *Global Warming of 1,5 °C : An IPCC Special Report on the Impacts of Global Warming of 1,5 °C Above Pre-Industrial Levels and Related Global Greenhouse Gas Emission Pathways, in the Context of Strengthening the Global Response to the Threat of Climate Change, Sustainable Development, and Efforts to Eradicate Poverty*, Incheon, Corée du Sud, 2018, www.ipcc.ch/report/sr15.

105. Cette donnée provient de l'étude menée en 2014 par l'Organisation mondiale de la santé qui désigne la pollution de l'air comme le plus grand risque pour la santé sur terre : « Santé publique, environnement et déterminants sociaux de la santé » www.who.int/phe/health_topics/outdoorair/databases/en.

106. Pour un résumé utile de cette interrogation soudaine et globale parmi les pays libéraux de l'Ouest et une contre-argumentation juste et minutieuse, voir Connor Kilpatrick, « It's Okay to Have Children », *Jacobin*, 22 août 2018.

107. Cette enquête facile d'accès sur les solutions climatiques (des régimes à base de plantes, des toits végétalisés, l'éducation des femmes…) se trouve dans *Drawdown : The Most Comprehensive Plan Ever Proposed to Reverse Global Warming*, New York, Penguin, 2017.

108. C'est probablement une surestimation, qui vient de « Less In, More Out », publié par *Green Alliance* en 2018.

109. Anne Stark, « Americans Used More Clean Energy in 2016 », Lawrence Livermore National Laboratory, 10 avril 2017, www.llnl.gov/news/americans-used-more-clean-energy-2016.

110. David Coady *et al.*, « Global Fossil Fuel Subsidies Remain Large », FMI, 2019.

111. The New Climate Economy, « Unlocking the Inclusive Growth Story of the 21st Century : Accelerating Climate Action in Urgent Times », Washington, D. C., Global Commission on the Economy and Climate, septembre 2018, p. 8, https://newclimateeconomy.report/2018.

112. Zach Conrad *et al.*, « Relationship Between Food Waste, Diet Quality, and Environmental Sustainability », *PLOS One 13*, nº 4, avril 2018, https://doi.org/10.1371/journal. pone.0195405.

113. Eric Holthaus, « Bitcoin's Energy Use Got Studied, and You Libertarian Nerds Look Even Worse than Usual », *Grist*, 17 mai 2018, https://grist.org/article/bitcoins-energy-use-got-studied-and-you-libertarian-nerds-look-even-worse-than-usual. Voir aussi Alex de Vries, « Bitcoin's Growing Energy Problem », *Cell 2*, nº 5, mai 2018, pp. 801-5, https://doi.org/10.1016/j. joule.2018.04.016.

114. Nicola Jones, « Waste Heat : Innovators Turn to an Overlooked Renewable Resource », *Yale Environment 360*, 29 mai 2018.

115. La Banque mondiale a estimé en 2014 que les émissions de carbone par habitant étaient de 16,49 tonnes métriques par an. L'Américain moyen est responsable cette année de 6,379 (les économies seraient donc considérablement supérieures à 50 %). Banque mondiale, « Émission de CO_2 (tonne métrique par habitant) », https://data.worldbank.org/indicator/EN. ATM. CO2E. PC.

116. Les 10 % les plus riches de la planète sont responsables de près de la moitié de toutes les émissions, a calculé Oxfam dans son rapport « Extreme Carbon inequality » de décembre 2015, disponible sur www.oxfam.org/sites/www.oxfam.org/files/file_attachments/mb-extreme-carbon-inequality-021215-en.pdf. L'étude a prouvé que l'empreinte carbone moyenne d'une personne appartenant au 1 % les plus riches de la population mondiale était 175 fois plus élevée que pour les 10 % les plus pauvres.

117. L'illustration la plus frappante est peut-être cette BD disponible en ligne, « A Timeline of Earth's Average Temperature », 12 septembre 2016, www.xkcd.com/1732.

II. Éléments du chaos

Morts de chaud

1. Steven C. Sherwood et Matthew Huber, « An Adaptability Limit to Climate Change Due to Heat Stress », *Proceedings of the National Academy of Sciences 107*, n° 21, mai 2010, pp. 9 552-55, https://doi.org/10.1073/pnas.0913352107.

2. *Ibid.* Selon Sherwood et Huber, « Des périodes d'accumulation de chaleur nette sont supportables quelques heures durant, pourvu qu'elles soient suivies de longs temps de récupération ».

3. Mark Lynas, *Six Degrees : Our Future on a Hotter Planet*, Washington, D. C., National Geographic Society, 2008, p. 196.

4. John P. Dunne *et al.*, « Reductions in Labour Capacity from Heat Stress Under Climate Warming », *Nature Climate Change 3*, février 2013, pp. 563-66, https://doi.org/10.1038/NCLIMATE1827.

5. Joseph Romm, *Climate Change : What Everyone Needs to Know*, New York, Oxford University Press, 2016, p. 138.

6. GIEC, *Climate Change 2014 : Synthesis Report*, résumé pour les législateurs, Genève, 2014, p. 11, www.ipcc.ch/pdf/assessment-report/ar5/syr/AR5_SYR_FINAL_SPM.pdf.

7. Joseph Romm, *Climate Change*, p. 41.

8. Banque mondiale, *Turn Down the Heat* : *Why a 4 °C Warmer World Must Be Avoided*, Washington, D. C., novembre 2012, p. 13, http://documents.worldbank.org/curated/en/865571468149107611/pdf/NonAsciiFileName0.pdf.

9. GIEC, *Climate Change 2014*, p. 15, www.ipcc.ch/pdf/assessment-report/ar5/syr/AR5_SYR_FINAL_SPM.pdf.

10. Tom K. R. Matthews, *et al.*, « Communicating the Deadly Consequences of Global Warming for Human Heat Stress », *Proceedings of the National Academy of Sciences 114*, n° 15, avril 2017, pp. 3861-66, https://doi.org/10.1073/pnas.1617526114.

11. Banque mondiale, *Turn Down the Heat*, p. 37, http://documents.worldbank.org/curated/en/865571468149107611/pdf/NonAsciiFileName0.pdf.

12. William Langewiesche, « How Extreme Heat Could Leave Swaths of the Planet Uninhabitable », *Vanity Fair*, août 2017.

13. Ethan Coffel *et al.*, « Temperature and Humidity Based on Projections of a Rapid Rise in Global Heat Stress Exposure During the 21st Century », *Environmental Research Letters 13*, décembre 2017, https://doi.org/10.1088/1748-9326/aaa00e.

14. Banque mondiale, *Turn Down the Heat*, p. 38, http://documents.worldbank.org/curated/en/865571468149107611/pdf/NonAsciiFileName0.pdf.

15. FICR, « India : Heat Wave – Information Bulletin No. 01 », 11 juin 1998, www.ifrc.org/docs/appeals/rpts98/in002.pdf.

16. À Moscou, il y avait 10 000 appels aux ambulances chaque jour, et de nombreux médecins ont estimé que le bilan officiel total des morts avait été minimisé.

17. Craig Nelson et Ghassan Adan, « Iraqis Boil as Power-Grid Failings Exacerbate Heat Wave », *The Wall Street Journal*, 11 août 2016.

18. Ayhan Demirbas *et al.*, « The Cost Analysis of Electric Power Generation in Saudi Arabia », *Energy Sources, Part B 12*, n° 6, mars 2017, pp. 591-96, https://doi.org/10.1080/15567249.2016.1248874.

19. Agence internationale de l'énergie, *The Future of Cooling : Opportunities for Energy-Efficient Air Conditioning*, Paris, 2018, p. 24, www.iea.org/publications/freepublications/publication/The_Future_of _Cooling.pdf.

20. *Ibid.*, p. 3.

21. Nihar Shah *et al.*, « Benefits of Leapfrogging to Superefficiency and Low Global Warming Potential Refrigerants in Room Air Conditioning », Lawrence Berkeley National Laboratory, octobre 2015, p. 18, http://eta-publications.lbl.gov/sites/default/files/lbnl-1003671.pdf.

22. Université de Birmingham, *A Cool World : Defining the Energy Conundrum of Cooling for All*, Birmingham, 2018, p. 3, www.birmingham.ac.uk/Documents/college-eps/energy/Publications/2018-clean-cold-report.pdf.

23. Jeremy S. Pal et Elfatih A. B. Eltahir, « Future Temperature in Southwest Asia Projected to Exceed a Threshold for Human Adaptability », *Nature Climate Change 6*, 2016, pp. 197-200, www.nature.com/articles/nclimate2833.

24. Oriana Ramirez-Rubio *et al.*, « An Epidemic of Chronic Kidney Disease in Central America : An Overview », *Journal of Epidemiology and Community Health 67*, n° 1, septembre 2012, pp. 1-3, http://dx.doi.org/10.1136/jech-2012-201141.

25. Agence internationale de l'énergie, *Global Energy and CO_2 Status Report*, 2017, Paris, mars 2018, p. 1, www.iea.org/publications/freepublications/publication/GECO2017.pdf.

26. Voir le Climate Action Tracker.

27. Zach Boren et Harri Lammi, « Dramatic Surge in China Carbon Emissions Signals Climate Danger », *Unearthed*, 30 mai 2018, https://unearthed.greenpeace.org/2018/05/30/china-co2-carbon-climate-emissions-rise-in-2018.

28. Simon Evans et Rosamund Pearce, « Mapped : The World's Coal Power Plants », *Carbon Brief*, 5 juin 2018, www.carbonbrief.org/mapped-worlds-coal-power-plants. Evans et Pearce estiment à 1 061 millions de mégawatts l'énergie issue du carbone en 2000 et à 1 996 millions en 2017.

29. Yann Robiou du Pont et Malte Meinshausen, « Warming Assessment of the Bottom-Up Paris Agreement Emissions Pledges », *Nature Communications*, novembre 2018.

30. European Academies' Science Advisory Council, *Negative Emission Technologies : What Role in Meeting Paris Agreement Targets ?*, Halle, Allemagne, février 2018, p. 1, https://easac.eu/fileadmin/PDF_s/reports_statements/Negative_Carbon/EASAC_Report_on_Negative Emission_Technologies.pdf.

31. « Why Current Negative-Emissions Strategies Remain "Magical Thinking" », *Nature*, 21 février 2018, www.nature.com/articles/d41586-018-02184-x.

32. Andy Skuce, « "We'd Have to Finish One New Facility Every Working Day for the Next 70 Years" – Why Carbon Capture Is No Panacea », *Bulletin of the Atomic Scientists*, 4 octobre 2016, https://thebulletin.org/2016/10/wed-have-to-finish-one-new-facility-every-working-day-for-the-next-70-years-why-carbon-capture-is-no-panacea.

33. Global CCS Institute, « Large-Scale CCS Facilities », www.globalccsinstitute.com/projects/large-scale-ccs-projects.

34. Linda Poon, « Street Grids May Make Cities Hotter », *CityLab*, 27 avril 2018, www.citylab.com/environment/2018/04/street-grids-may-make-cities-hotter/558845.

35. Agence de protection de l'environnement, « Heat Island Effect », www.epa.gov/heat-islands.

36. Eric Klinenberg, *Heat Wave : A Social Autopsy of Disaster in Chicago*, Chicago, University of Chicago Press, 2002.

37. « 2,5 milliards de personnes supplémentaires vivront en ville d'ici à 2050 », Département des Affaires économiques et sociales des Nations unies, 16 mai 2018, https://www.un.org/development/desa/fr/news/population/2018-world-urbanization-prospects.html.

38. Urban Climate Change Research Network, *The Future We Don't Want : How Climate Change Could Impact the World's Greatest Cities*, New York, février 2018, p. 6, https://c40-production-images. s3.amazonaws.com/other_uploads/images/1789_Future_We_Don't_Want_Report_1.4_hi-res_120618.original.pdf.

39. Public Citizen, « Extreme Heat and Unprotected Workers : Public Citizen Petitions OSHA to Protect the Millions of Workers. Who Labor in Dangerous Temperatures », Washington, D. C., 17 juillet 2018, p. 25,

www.citizen.org/sites/default/files/extreme_heat_and_unprotected_workers.pdf.

40. Organisation mondiale de la santé, « Quantitative Risk Assessment of the Effects of Climate Change on Selected Causes of Death, 2030s and 2050s », Genève, 2014, p. 21, http://apps.who.int/iris/bitstream/handle/10665/134014/9789241507691_eng.pdf?sequence=1&isAllowed =y.

41. Camilo Mora *et al.*, « Global Risk of Deadly Heat », *Nature Climate Change* 7, juin 2017, pp. 501-6, https://doi.org/10.1038/nclimate3322.

42. William Langewiesche, « How Extreme Heat Could Leave Swaths ».

La faim

1. David S. Battisti et Rosamond L. Naylor, « Historical Warnings of Future Food Insecurity with Unprecedented Seasonal Heat », *Science 323*, n° 5 911, janvier 2009, pp. 240-44.

2. Ed Yong, « The Very Hot, Very Hungry Caterpillar », *The Atlantic*, 30 août 2018.

3. Organisation des Nations unies pour l'alimentation et l'agriculture, « How to Feed the World in 2050 », Rome, octobre 2009, p. 2, www.fao.org/fileadmin/templates/wsfs/docs/expert_paper/How_to_Feed_the_World_in_2050.pdf.

4. Chuang Zhao *et al.*, « Temperature Increase Reduces Global Yields of Major Crops in Four Independent Estimates », *Proceedings of the National Academy of Sciences 114*, n° 35, août 2017, pp. 9 326-31, https://doi.org/10.1073/pnas.1701762114.

5. Michelle Tigchelaar *et al.*, « Future Warming Increases Probability of Globally Synchronized Maize Production Shocks », *Proceedings of the National Academy of Sciences 115*, n° 26, juin 2018, pp. 6644-49, https://doi.org/10.1073/pnas.1718031115.

6. Marlies Kovenock et Abigail L. S. Swann, « Leaf Trait Acclimation Amplifies Simulated Climate Warming in Response to Elevated Carbon Dioxide », *Global Biogeochemical Cycles 32*, octobre 2018, https://doi.org/10.1029/2018GB005883.

7. Stacey Noel *et al.*, « Report for Policy and Decision Makers : Reaping Economic and Environmental Benefits from Sustainable Land Management », Economics of Land Development Initiative, Bonn, Allemagne, septembre 2015, p. 10, www.eld-initiative.org/fileadmin/pdf/ELD-pm-report_05_web_300dpi.pdf.

8. Susan S. Lang, « "Slow, Insidious" Soil Erosion Threatens Human Health and Welfare as Well as the Environment, Cornell Study Asserts »,

Cornell Chronicle, 20 mars 2006, http://news.cornell.edu/stories/2006/03/slow-insidious-soil-erosion-threatens-human-health-and-welfare.

9. *Ibid.*

10. Richard Hornbeck, « The Enduring Impact of the American Dust Bowl : Short-and Long-Run Adjustments to Environmental Catastrophe », *American Economic Review 102*, n° 4, juin 2012, pp. 1 477-507, http://doi.org/10.1257/aer.102.4.1477.

11. Richard Seager *et al.*, « Whither the 100th Meridian ? The Once and Future Physical and Human Geography of America's Arid-Humid Divide. Part 1 : The Story So Far », *Earth Interactions 22*, n° 5, mars 2018, https://doi.org/10.1175/EI-D-17-0011.1. Pour aller plus loin, vous pouvez également lire le texte de Powell lui-même, « Report on the Lands of the Arid Region of the United States, with a More Detailed Account of the Lands of Utah. With Maps », Washington, D. C., Government Printing Office, 1879, https://pubs.usgs.gov/unnumbered/70039240/report.pdf.

12. Richard Seager, « Whither the 100th Meridian ? », https://doi.org/10.1175/EI-D-17-0011.1.

13. Lamont-Doherty Earth Observatory, « The 100th Meridian, Where the Great Plains Begins, May Be Shifting », 11 avril 2018, www.ldeo.columbia.edu/news-events/100th-meridian-where-great-plains-begin-may-be-shifting.

14. Natalie Thomas et Sumant Nigam, « Twentieth-Century Climate Change over Africa : Seasonal Hydroclimate Trends and Sahara », *Journal of Climate 31*, n° 22, 2018.

15. Organisation des Nations unies pour l'alimentation et l'agriculture, « The State of Food Insecurity in the World : Addressing Food Insecurity in Protracted Crises », Rome, 2010, p. 9, www.fao.org/docrep/013/i1683e/i1683e.pdf.

16. Charles C. Mann, *The Wizard and the Prophet : Two Remarkable Scientists and Their Dueling Visions to Shape Tomorrow's World*, New York, Knopf, 2018.

17. Zhaohai Bai *et al.*, « Global Environmental Costs of China's Thirst for Milk », *Global Change Biology 24*, n° 5, mai 2018, pp. 2198-211, https://doi.org/10.1111/gcb.14047.

18. Natasha Gilbert, « One-Third of Our Greenhouse Gas Emissions Come from Agriculture », *Nature*, 31 octobre 2012, https://www.nature.com/news/one-third-of-our-greenhouse-gas-emissions-come-from-agriculture-1.11708.

19. Greenpeace International, « Greenpeace Calls for Decrease in Meat and Dairy Production and Consumption for a Healthier Planet », press release, 5 mars 2018, www.greenpeace.org/international/press-release/15111/

greenpeace-calls-for-decrease-in-meat-and-dairy-production-and-consumption-for-a-healthier-planet.

20. Kris Bartkus, « W. G. Sebald and the Malthusian Tragic », *The Millions*, 28 mars 2018.

21. Mark Lynas, *Six Degrees : Our Future on a Hotter Planet*, Washington, D. C., National Geographic Society, 2008, p. 84.

22. *Ibid.*

23. Benjamin I. Cook *et al.*, « Global Warming and 21st Century Drying », *Climate Dynamics 43*, nos 9-10, mars 2014, pp. 2607-27, https://doi.org/10.1007/s00382-014-2075-y.

24. Joseph Romm, *Climate Change : What Everyone Needs to Know*, New York, Oxford University Press, 2016, p. 101.

25. *Ibid.*, p. 102.

26. Organisation des Nations unies pour l'alimentation et l'agriculture, « The State of Food Security and Nutrition in the World : Building Climate Resilience for Food Security and Nutrition », Rome, 2018, p. 57, www.fao.org/3/I9553EN/i9553en.pdf.

27. « Fighting Famine in Nigeria, Somalia, South Sudan and Yemen », ReliefWeb, 2017, https://reliefweb.int/topics/fighting-famine-nigeria-somalia-south-sudan-and-yemen.

28. Zhenling Cui *et al*, « Pursuing Sustainable Productivity with Millions of Smallholder Farmers », *Nature*, 7 mars 2018.

29. Madeleine Cuff, « Green Growth : British Soil-Free Farming Startup Prepares for First Harvest », *Business Green*, 1er mai 2018.

30. Helena Bottemiller Evich, « The Great Nutrient Collapse », *Politico*, 13 septembre 2017.

31. Donald R. Davis *et al.*, « Changes in USDA Food Composition Data for 43 Garden Crops, 1950 to 1999 », *Journal of the American College of Nutrition 23*, n° 6, 2004, pp. 669-82.

32. Lewis H. Ziska *et al.*, « Rising Atmospheric CO_2 Is Reducing the Protein Concentration of a Floral Pollen Source Essential for North American Bees », *Proceedings of the Royal Society B 283*, n° 1 828, avril 2016, http://dx.doi.org/10.1098/rspb.2016.0414.

33. Danielle E. Medek *et al.*, « Estimated Effects of Future Atmospheric CO_2 Concentrations on Protein Intake and the Risk of Protein Deficiency by Country and Region », *Environmental Health Perspectives 125*, n° 8, août 2017, https://doi.org/10.1289/EHP41.

34. Samuel S. Myers *et al.*, « Effect of Increased Concentrations of Atmospheric Carbon Dioxide on the Global Threat of Zinc Deficiency :

A Modelling Study », *The Lancet 3*, n° 10, octobre 2015, PE639 – E645, https://doi.org/10.1016/S2214-109X(15)00093-5.

35. M. R. Smith *et al.*, « Potential Rise in Iron Deficiency Due to Future Anthropogenic Carbon Dioxide Emissions », *GeoHealth 1*, août 2017, pp. 248-57, https://doi.org/10.1002/2016GH000018.

36. Chunwu Zhu *et al.*, « Carbon Dioxide (CO_2) Levels This Century Will Alter the Protein, Micronutrients, and Vitamin Content of Rice Grains with Potential Health Consequences for the Poorest Rice-Dependent Countries », *Science Advances 4*, n° 5, mai 2018, https://doi.org/10.1126/sciadv. aaq1012.

Sous l'eau

1. Brady Dennis et Chris Mooney, « Scientists Nearly Double Sea Level Rise Projections for 2100, Because of Antarctica », *The Washington Post*, 30 mars 2016.

2. Benjamin Strauss et Scott Kulp, « Extreme Sea Level Rise and the Stakes for America », *Climate Central*, 26 avril 2017, https://www.climatecentral.org/news/extreme-sea-level-rise-stakes-for-america-21387.

3. Voir le graphique « Surging Seas : 2° C Warming and Sea Level Rise » sur le site www.climatecentral.org.

4. Jeff Goodell, *The Water Will Come : Rising Seas, Sinking Cities, and the Remaking of the Civilized World*, New York, Little, Brown, 2017, p. 13.

5. Les fondements historiques de cette légende, s'ils existent, demeurent un sujet de débats et de controverses, mais pour une vision d'ensemble (et l'hypothèse d'une submersion de la société par une éruption volcanique dans l'actuel Santorin), voir Willie Drye, « Atlantis », *National Geographic*, 2018.

6. Jochen Hinkel *et al.*, « Coastal Flood Damage and Adaptation Costs Under 21st Century Sea-Level Rise », *Proceedings of the National Academy of Sciences*, février 2014, https://doi.org/10.1073/pnas.1222469111.

7. Mayuri Mei Lin et Rafki Hidayat, « Jakarta, the Fastest-Sinking City in the World », *BBC News*, 13 août 2018, www.bbc.com/news/world-asia-44636934.

8. Andrew Galbraith, « China Evacuates 127,000 People as Heavy Rains Lash Guangdong – Xinhua », Reuters, 1er septembre 2018, www.reuters.com/article/us-china-floods/china-evacuates-127000-people-as-heavy-rains-lash-guangdong-xinhua-idUSKCN1LH3BV.

9. Ramakrishnan Durairajan *et al.*, « Lights Out : Climate Change Risk to Internet Infrastructure », *Proceedings of the Applied Networking Research Workshop*, 16 juillet 2018, pp. 9-15, https://doi.org/10.1145/3232755.3232775.

10. Union of Concerned Scientists, « Underwater : Rising Seas, Chronic Floods, and the Implications for US Coastal Real Estate », Cambridge, MA, 2018, p. 5, https://www.ucsusa.org/global-warming/global-warming-impacts/sea-level-rise-chronic-floods-and-us-coastal-real-estate-implications.

11. Université de Southampton, « Climate Change Threatens to Cause Trillions in Damage to World's Coastal Regions If They Do Not Adapt to Sea-Level Rise », 4 février 2014, https://www.sciencedaily.com/releases/2014/02/140204131549.html.

12. « Flood Damage Costs Under the Sea Level Rise with Warming of 1,5 °C and 2 °C », *Environmental Research Letters 13*, n° 7, juillet 2018, https://doi.org/10.1088/1748-9326/aacc76.

13. Andrea Dutton *et al.*, « Sea-Level Rise Due to Polar Ice-Sheet Mass Loss During Past Warm Periods », *Science 349*, n° 6 244, juillet 2015, https://science.sciencemag.org/content/349/6244/aaa4019.

14. « Surging Seas », Climate Central.

15. Benjamin Strauss, « Coastal Nations, Megacities Face 20 Feet of Sea Rise », Climate Central, 9 juillet 2015, https://www.climatecentral.org/news/nations-megacities-face-20-feet-of-sea-level-rise-19217.

16. *Ibid.*

17. European Academies' Science Advisory Council, « New Data Confirm Increased Frequency of Extreme Weather Events, European National Science Academies Urge Further Action on Climate Change Adaptation », 21 mars 2018, https://easac.eu/press-releases/details/new-data-confirm-increased-frequency-of-extreme-weather-events-european-national-science-academies/.

18. National Oceanic and Atmospheric Administration, « Patterns and Projections of High Tide Flooding Along the US Coastline Using a Common Impact Threshold », Silver Spring, MD, février 2018, p. 9, https://tides andcurrents. noaa.gov/publications/techrpt86_PaP_of_HTFlooding.pdf.

19. Bureau des Nations unies pour la réduction des risques de catastrophe, « The Human Cost of Weather Related Disasters 1995–2015 », Genève, 2015, p. 13, www.unisdr.org/2015/docs/climatechange/COP21_WeatherDisastersReport_2015_FINAL.pdf.

20. Sven N. Willner *et al.*, « Adaptation Required to Preserve Future High-End River Flood Risk at Present Levels », *Science Advances 4*, n° 1, janvier 2018, https://advances.sciencemag.org/content/4/1/eaao1914.

21. Oliver E. J. Wing *et al.*, « Estimates of Present and Future Flood Risk in the Conterminous United States », *Environmental Research Letters 13*, n° 3, février 2018, https://iopscience.iop.org/article/10.1088/1748-9326/aaac65.

22. Oxfam International, « 43 Million Hit by South Asia Floods : Oxfam Is Responding », 31 août 2017, https://www.oxfam.org/en/pressroom/pressreleases/2017-08-31/43-million-hit-south-asia-floods-oxfam-responding.

23. Sécrétaire général des Nations unies, « Secretary-General's Press Encounter on Climate Change [with Q&A] », 29 mars 2018, www.un.org/sg/en/content/sg/press-encounter/2018-03-29/secretary-generals-press-encounter-climate-change-qa.

24. Bureau du recensement des États-Unis, « Historical Estimates of World Population », www.census.gov/data/tables/time-series/demo/international-programs/historical-est-worldpop.html.

25. Il existe bon nombre de théories sur l'histoire des inondations qui ont pu inspirer la Bible, la plus populaire ayant été présentée longuement par William Ryan et Walter Pitman dans *Noah's Flood : The New Scientific Discoveries About the Event That Changed History*, New York, Simon & Schuster, 2000.

26. Michael Schwirtz, « Besieged Rohingya Face 'Crisis Within the Crisis': Deadly Floods », *The New York Times*, 13 février 2018.

27. Meehan Crist, « Besides, I'll Be Dead », *London Review of Books*, 22 février 2018, www.lrb.co.uk/v40/n04/meehan-crist/besides-ill-be-dead.

28. Jim Morrison, « Flooding Hot Spots : Why Seas Are Rising Faster on the US East Coast », *Yale Environment 360*, 24 avril 2018, https://e360.yale.edu/features/flooding-hot-spots-why-seas-are-rising-faster-on-the-u.s.-east-coast.

29. Andrew Shepherd, Helen Amanda Fricker et Sinead Louise Farrell, « Trends and Connections Across the Antarctic Cryosphere », *Nature 558*, 2018, pp. 223-32.

30. Université de Leeds, « Antarctica Ramps Up Sea Level Rise », 13 juin 2018, www.leeds.ac.uk/news/article/4250/antarctica_ramps_up_sea_level_rise.

31. Chris Mooney, « Antarctic Ice Loss Has Tripled in a Decade. If That Continues, We Are in Serious Trouble », *The Washington Post*, 13 juin 2018.

32. James Hansen *et al.*, « Ice Melt, Sea Level Rise, and Superstorms : Evidence from Paleoclimate Data, Climate Modeling, and Modern Observations That 2 °C Global Warming Could Be Dangerous », *Atmospheric Chemistry and Physics 16*, 2016, pp. 3 761-812, https://doi.org/10.5194/acp-16-3761-2016.

33. Université de Maryland, « Decades of Satellite Monitoring Reveal Antarctic Ice Loss », 13 juin 2018, https://cmns.umd.edu/news-events/features/4156.

34. Hayley Dunning, « How to Save Antarctica (and the Rest of Earth Too) », Imperial College, Londres, 13 juin 2018, www.imperial.ac.uk/news/186668/how-save-antarctica-rest-earth.

35. Richard Zeebe *et al.*, « Anthropogenic Carbon Release Rate Unprecedented During the Past 66 Million Years », *Nature Geoscience 9*, mars 2016, pp. 325-29, https://doi.org//10.1038/ngeo2681.

36. C. P. Borstad *et al.*, « A Damage Mechanics Assessment of the Larsen B Ice Shelf Prior to Collapse : Toward a Physically-Based Calving Law », *Geophysical Research Letters 39*, septembre 2012, https://agupubs.onlinelibrary. wiley.com/doi/abs/10.1029/2012GL053317.

37. Sarah Griffiths, « Global Warming Is Happening "Ten Times Faster than at Any Time in the Earth's History," Climate Experts Claim », *The Daily Mail*, 2 août 2013. Voir aussi Melissa Davey, « Humans Causing Climate to Change 170 Times Faster than Natural Forces », *The Guardian*, 12 février 2017. Cette estimation d'un taux de réchauffement 170 fois plus rapide provient des travaux d'Owen Gaffney et Will Steffen, « The Anthropocene Equation », *The Anthropocene Review*, 10 février 2017, https://doi.org/10.1177/2053019616688022.

38. Dirk Notz et Julienne Stroeve, « Observed Arctic Sea-Ice Loss Directly Follows Anthropogenic CO_2 Emission », *Science*, 3 novembre 2016. Voir aussi Robinson Meyer, "The Average American Melts 645 Square Feet of Arctic Ice Every Year », *The Atlantic*, 3 novembre 2016 ; et Ken Caldeira, « How Much Ice Is Melted by Each Carbon Dioxide Emission ? », 24 mars 2018, https://kencaldeira.wordpress.com/2018/03/24/how-much-ice-is-melted-by-each-carbon-dioxide-emission.

39. Sebastian H. Mernild, « Is "Tipping Point" for the Greenland Ice Sheet Approaching ? » *Aktuel Naturvidenskab*, 2009, http://mernild.com/onewebmedia/2009.AN%20Mernild4.pdf.

40. National Snow and Ice Data Center, « Quick Facts on Ice Sheets », https://nsidc.org/cryosphere/quickfacts/icesheets.html.

41. Patrick Lynch, « The "Unstable" West Antarctic Ice Sheet : A Primer », NASA, 12 mai 2014, www.nasa.gov/jpl/news/antarctic-ice-sheet-20140512.

42. UMassAmherst College of Engineering, « GleasonParticipates in Groundbreaking Greenland Research That Makes Front Page of New York Times », janvier 2017, https://engineering.umass.edu/news/gleason-participates-groundbreaking-greenland-research-that-makes-front-page-new-york-times.

43. Jonathan L. Bamber, « Reassessment of the Potential Sea-Level Rise from a Collapse of the West Antarctic Ice Sheet », *Science 324*, n° 5 929, mai 2009, pp. 901-3, https://doi.org/10.1126/science.1169335.

44. Alejandra Borunda, « We Know West Antarctica Is Melting. Is the East in Danger, Too ? » *National Geographic*, 10 août 2018.

45. NASA Science, « Is Arctic Permafrost the 'Sleeping Giant' of Climate Change ? », 24 juin 2013, https://science.nasa.gov/science-news/science-at-nasa/2013/24jun_permafrost.

46. Katey Walter Anthony *et al.*, « 21st-Century Modeled Permafrost Carbon Emissions Accelerated by Abrupt Thaw Beneath Lakes », *Nature Communications 9*, n° 3 262, août 2018, https://doi.org/10.1038/s41467-018-05738-9. Voir aussi Ellen Gray, « Unexpected Future Boost of Methane Possible from Arctic Permafrost », NASA Climate, 20 août 2018, https://climate.nasa.gov/news/2785/unexpected-future-boost-of-methane-possible-from-arctic-permafrost.

47. Katey Walter Anthony, « 21st-Century Modeled Permafrost Carbon Emissions », https://doi.org/10.1038/s41467-018-05738-9

48. « What Is Behind Rising Levels of Methane in the Atmosphere ? » NASA Earth Observatory, 11 janvier 2018, https://earthobservatory. nasa.gov/images/91564/what-is-behind-rising-levels-of-methane-in-the-atmosphere.

49. Katey Walter Anthony, « 21st-Century Modeled Permafrost Carbon Emissions », https://doi.org/10.1038/s41467-018-05738-9.

50. Groupe d'experts intergouvernemental sur l'évolution du climat, *Climate Change 2013, The Physical Science Basis – Summary for Policymakers*, Genève, octobre 2013, p. 23, http://www.climatechange2013.org/images/report/WG1AR5_Frontmatter_FINAL.pdf.

51. Kevin Schaeffer *et al.*, « Amount and Timing of Permafrost Release in Response to Climate Warming », *Tellus B*, 24 janvier 2011.

52. *Ibid.*

53. Peter Wadhams, « The Global Impacts of Rapidly Disappearing Arctic Sea Ice », *Yale Environment 360*, 26 septembre 2016, https://e360.yale.edu/features/as_arctic_ocean_ice_disappears_global_climate_impacts_intensify_wadhams

54. David Archer, The Long Thaw : How Humans Are Changing the Next 100,000 Years of Earth's Climate, Princeton, NJ, Princeton University Press, 2016.

55. Jason Treat *et al.*, « What the World Would Look Like If All the Ice Melted », *National Geographic*, septembre 2013.

56. Benjamin Strauss, Scott Kulp et Peter Clark, « Can You Guess What America Will Look Like in 10,000 Years ? A Quiz », *The New York Times*, 20 avril 2018, www.nytimes.com/interactive/2018/04/20/sunday-review/climate-flood-quiz.html.

57. Jason Treat, « What the World Would Look Like ».

58. Gordon McGranahan *et al.*, « The Rising Tide : Assessing the Risks of Climate Change and Human Settlements in Low Elevation Coastal Zones », *Environment and Urbanization 19*, n° 1, avril 2007, pp. 17-27, https://doi.org/10.1177//0956247807076960.

Incendies

1. CalFire, « Incident Information : Thomas Fire », 28 mars 2018, http://cdfdata.fire.ca.gov/incidents/incidents_details_info?incident_id=1922.

2. CalFire, « Thomas Fire Incident Update », 11 décembre 2017, http://cdfdata.fire.ca.gov/pub/cdf/images/incidentfile1922_3183.pdf.

3. Joan Didion, *Slouching Towards Bethlehem*, New York, Farrar, Straus & Giroux, 1968.

4. CalFire, « Top 20 Most Destructive California Wildfires », 20 août 2018, www.fire.ca.gov/communications/downloads/fact_sheets/Top20_Destruction.pdf.

5. CalFire, « Incident Information : 2017 », 24 janvier 2018, http://cdfdata.fire.ca.gov/incidents/incidents_stats?year=2017.

6. California Board of Forestry and Fire Protection, « October 2017 Fire Siege », janvier 2018, http://bofdata.fire.ca.gov/board_business/binder_materials/2018/january_2018_meeting/full/full_14_presentation_october_2017_fire_siege.pdf.

7. Robin Abcarian, « They Survived Six Hours in a Pool as a Wildfire Burned Their Neighborhood to the Ground », *Los Angeles Times*, 12 octobre 2017.

8. Erin Allday, « Wine Country Wildfires : Huddled in Pool amid Blaze, Wife Dies in Husband's Arms », *SF Gate*, 25 janvier 2018.

9. CalFire, « Incident Information : 2018 », 24 janvier 2018, http://cdfdata.fire.ca.gov/incidents/incidents_stats?year=2018.

10. Megan Molteni, « Wildfire Smoke Is Smothering the US – Even Where You Don't Expect It », *Wired*, 14 août 2018.

11. Estefania Duran, « B.C. Year in Review 2017 : Wildfires Devastate the Province like Never Before », *Global News*, 25 décembre 2017, https://globalnews. ca/news/3921710/b-c-year-in-review-2017-wildfires.

12. Mike Davis, *City of Quartz : Excavating the Future in Los Angeles*, Londres, Verso, 1990.

13. Tiffany Hsu, « In California Wine Country, Wildfires Take a Toll on Vintages and Tourism », *The New York Times*, 10 octobre 2017.

14. Jessica Gelt, « Getty Museum Closes Because of Fire, but "The Safest Place for the Art Is Right Here," Spokesman Says », *Los Angeles Times*, 6 décembre 2017.

15. « Climate Change Indicators : U.S. Wildfires », WX Shift, http://wxshift.com/climate-change/climate-indicators/us-wildfires.

16. W. Matt Jolly *et al.*, « Climate-Induced Variations in Global Wildfire Danger from 1979 to 2013 », *Nature Communications 6*, n° 7 537, juillet 2015, https://doi.org/10.1038/ncomms8537.

17. Joseph Romm, *Climate Change : What Everyone Needs to Know*, New York, Oxford University Press, 2016, p. 47.

18. National Interagency Fire Center, « Total Wildland Fires and Acres, 1926-2017 », https://www.nifc.gov/fireInfo/fireInfo_stats_totalFires.html.

19. Melissa Pamer et Elizabeth Espinosa, « "We Don't Even Call It Fire Season Anymore... It's Year Round" : Cal Fire », *KTLA 5*, 11 décembre 2017, https://ktla.com/2017/12/11/we-dont-even-call-it-fire-season-anymore-its-year-round-cal-fire.

20. William Finnegan, « California Burning », *New York Review of Books*, 16 août 2018.

21. Jason Horowitz, « As Greek Wildfire Closed In, a Desperate Dash Ended in Death », *The New York Times*, 24 juillet 2018.

22. Daniel L. Swain *et al.*, « Increasing Precipitation Volatility in Twenty-First-Century California », *Nature Climate Change 8*, avril 2018, pp. 427-33, https://doi.org/10.1038/s41558-018-0140-y.

23. Fay H. Johnston *et al.*, « Estimated Global Mortality Attributable to Smoke from Landscape Fires », *Environmental Health Perspectives 120*, n° 5, mai 2012, https://doi.org/10.1289/ehp.1104422.

24. George E. Le *et al.*, « Canadian Forest Fires and the Effects of Long-Range Transboundary Air Pollution on Hospitalizations Among the Elderly », *ISPRS International Journal of Geo-Information 3*, mai 2014, pp. 713-31, https://doi.org/10.3390/ijgi3020713.

25. C. Howard *et al.*, « SOS : Summer of Smoke – A Mixed-Methods, Community-Based Study Investigating the Health Effects of a Prolonged, Severe Wildfire Season on a Subarctic Population », *Canadian Journal of Emergency Medicine 19*, mai 2017, p. S99, https://doi.org/10.1017/cem.2017.264.

26. Sharon J. Riley, « "The Lost Summer" : The Emotional and Spiritual Toll of the Smoke Apocalypse », *The Narwhal*, 21 août 2018, https://thenarwhal.ca/the-lost-summer-the-emotional-and-spiritual-toll-of-the-smoke-apocalypse.

27. Susan E. Page *et al.*, « The Amount of Carbon Released from Peat and Forest Fires in Indonesia During 1997 », *Nature 420*, novembre 2002, pp. 61-65, https://doi.org/10.1038/nature01131. Pour une description de l'évolution des tourbières, voir Angela V. Gallego-Sala *et al.*, « Latitudinal Limits to the Predicted Increase of the Peatland Carbon Sink with Warming », *Nature Climate Change 8*, 2018, pp. 907-13.

28. David R. Baker, « Huge Wildfires Can Wipe Out California's Greenhouse Gas Gains », *San Francisco Chronicle*, 22 novembre 2017.

29. Joe Romm, « Science : Second '100-Year' Amazon Drought in Five Years Caused Huge CO_2 Emissions. If This Pattern Continues, the Forest Would Become a Warming Source », *ThinkProgress*, 8 février 2011, https://thinkprogress.org/science-second-100-year-amazon-drought-in-5-years-caused-huge-co2-emissions-if-this-pattern-7036a9074098/.

30. Roel J. W. Brienen *et al.*, « Long-Term Decline of the Amazon Carbon Sink », *Nature*, mars 2015.

31. Aline C. Soterroni *et al.*, « Fate of the Amazon Is on the Ballot in Brazil's Presidential Election », *Monga Bay*, 17 octobre 2018, https://news.mongabay.com/2018/10/fate-of-the-amazon-is-on-the-ballot-in-brazils-presidential-election-commentary/.

32. G. R. Van der Werf *et al.*, « CO_2 Emissions from Forest Loss », *Nature Geoscience 2*, novembre 2009, pp. 737-38, https://doi.org/10.1038/ngeo671.

33. Bob Berwyn, « How Wildfires Can Affect Climate Change (and Vice Versa) », *Inside Climate News*, 23 août 2018, https://insideclimatenews.org/news/23082018/extreme-wildfires-climate-change-global-warming-air-pollution-fire-management-black-carbon-co2.

34. Daisy Dunne, « Methane Uptake from Forest Soils Has 'Fallen by 77 % in Three Decades », *Carbon Brief*, 6 août 2018, www.carbonbrief.org/methane-uptake-from-forest-soils-has-fallen-77-per-cent-three-decades.

35. Natalie M. Mahowald *et al.*, « Are the Impacts of Land Use on Warming Underestimated in Climate Policy ? », *Environmental Research Letters 12*, n° 9, septembre 2017, https://iopscience.iop.org/article/10.1088/1748-9326/aa836d/meta.

36. Quentin Lejeune *et al.*, « Historical Deforestation Locally Increased the Intensity of Hot Days in Northern Mid-Latitudes », *Nature Climate Change 8*, avril 2018, pp. 386-90, https://doi.org/10.1038/s41558-018-0131-z.

37. Leonardo Suveges Moreira Chaves *et al.*, « Abundance of Impacted Forest Patches Less than 5 km2 Is a Key Driver of the Incidence of Malaria in Amazonian Brazil », *Scientific Reports 8*, n° 7 077, mai 2018, https://doi.org/10.1038/s41598-018-25344-5.

Des catastrophes qui n'ont plus rien de naturel

1. Francesco Fiondella, « Extreme Tornado Outbreaks Have Become More Common », International Research Institute for Climate and Society, Université de Colombia, 2 mars 2016, https://iri.columbia.edu/news/tornado-outbreaks.

2. Joseph Romm, *Climate Change : What Everyone Needs to Know*, New York, Oxford University Press, 2016, p. 69.

3. Service de recherche du Congrès, *The National Hurricane Center and Forecasting Hurricanes : 2017 Overview and 2018 Outlook*, Washington, D. C., 23 août 2018, https://fas.org/sgp/crs/misc/R45264.pdf.

4. Javier Zarracina et Brian Resnick, « All the Rain That Hurricane Harvey Dumped on Texas and Louisiana, in One Massive Water Drop », *Vox*, 1er septembre 2017.

5. Jason Samenow, « Red Hot Planet : This Summer's Punishing and Historic Heat in Seven Charts and Maps », *The Washington Post*, 17 août 2018.

6. Institut d'études géologiques des États-Unis, « Retreat of Glaciers in Glacier National Park », 6 avril 2016, www.usgs.gov/centers/norock/science/retreat-glaciers-glacier-national-park.

7. Andra J. Garner *et al.*, « Impact of Climate Change on New York City's Coastal Flood Hazard : Increasing Flood Heights from the Preindustrial to 2300 CE », *Proceedings of the National Academy of Sciences*, septembre 2017, https://doi.org/10.1073/pnas.1703568114.

8. U.S. Global Change Research Program, *2014 National Climate Assessment*, Washington, D. C., 2014, https://nca2014.globalchange.gov/report/our-changing-climate/heavy-downpours-increasing.

9. U.S. Global Change Research Program, « Observed Change in Very Heavy Precipitation », 19 septembre 2013, https://data. globalchange.gov/report/nca3/chapter/our-changing-climate/figure/observed-change-in-very-heavy-precipitation-2.

10. National Weather Service, « April 2018 Precipitation Summary », 4 mai 2018, www.prh.noaa.gov/hnl/hydro/pages/apr18sum.php.

11. Alyson Kenward et Urooj Raja, « Blackout : Extreme Weather, Climate Change and Power Outages », Climate Central, Princeton, NJ, 2014, p. 4, http://assets.climatecentral.org/pdfs/PowerOutages.pdf.

12. Joe Romm, « The Case for a Category 6 Rating for Super-Hurricanes like Irma », *ThinkProgress*, 6 septembre 2017, https://thinkprogress.org/category-six-hurricane-irma-62cfdfdd93cb.

13. Frances Robles et Luis Ferré-Sadurní, « Puerto Rico's Agriculture and Farmers Decimated by Maria », *The New York Times*, 24 septembre 2017.

14. Il s'agit d'un tweet de Wark : https://twitter.com/mckenziewark/status/913382357230645248.

15. Ning Lin *et al.*, « Hurricane Sandy's Flood Frequency Increasing from Year 1800 to 2100 », *Proceedings of the National Academy of the Sciences*, octobre 2016.

16. Aslak Grinsted *et al.*, « Projected Atlantic Hurricane Surge Threat from Rising Temperatures », *Proceedings of the National Academy of Sciences*, mars 2013, https://doi.org/10.1073/pnas.1209980110.

17. Greg Holland et Cindy L. Bruyère, « Recent Intense Hurricane Response to Global Climate Change », *Climate Dynamics n° 42*, nos 3-4, février 2014, pp. 617-27, https://doi.org/10.1007/s00382-013-1713-0.

18. Organisation des Nations unies pour l'alimentation et l'agriculture, « The Impact of Disasters on Agriculture and Food Security », Rome, 2015, p. 19, https://reliefweb.int/sites/reliefweb.int/files/resources/a-i5128e.pdf.

19. Wei Mei et Shang-Ping Xie, « Intensification of Landfalling Typhoons over the Northwest Pacific Since the Late 1970s », *Nature Geoscience 9*, septembre 2016, pp. 753-57, https://doi.org/10.1038/NGEO2792.

20. Linda Poon, « Climate Change Is Testing Asia's Megacities », CityLab, 9 octobre 2018, www.citylab.com/environment/2018/10/asian-megacities-vs-tomorrows-typhoons/572062.

21. Judah Cohen *et al.*, « Warm Arctic Episodes Linked with Increased Frequency of Extreme Winter Weather in the United States », *Nature Communications 9*, n° 869, mars 2018. https://doi.org/10.1038/s41467-018-02992-9.

22. NOAA National Centers for Environmental Information, « State of the Climate : Tornadoes for April 2011 », mai 2011, www.ncdc.noaa.gov/sotc/tornadoes/201104.

23. Noah S. Diffenbaugh *et al.*, « Robust Increases in Severe Thunderstorm Environments in Response to Greenhouse Forcing », *Proceedings of the National Academy of Sciences 110*, n° 41, octobre 2016, pp. 16361–66, https://doi.org/10.1073/pnas.1307758110.

24. Keith Porter *et al.*, « Overview of the ARkStorm Scenario », Institut d'études géologiques des États-Unis, janvier 2011, https://pubs.usgs.gov/of/2010/1312.

25. Emily Atkin, « Minutes : "Unbearable" Petrochemical Smells Are Reportedly Drifting into Houston », *The New Republic*, août 2017.

26. Frank Bajak et Lise Olsen, « Silent Spills », *Houston Chronicle*, mai 2018.

27. Kevin Litten, « 16 New Orleans Pumps, Not 14, Were Down Saturday and Remain Out : Officials », *The Times-Picayune*, 10 août 2017.

28. Elizabeth Fussell, « Constructing New Orleans, Constructing Race : A Population History of New Orleans », *The Journal of American History 94*, n° 3, décembre 2007, pp. 846-55, www.jstor.org/stable/25095147.

29. Allison Plyer, « Facts for Features : Katrina Impact », The Data Center, 26 août 2016, www.datacenterresearch.org/data-resources/katrina/facts-for-impact.

30. Bureau du recensement des États-Unis, « The South Is Home to 10 of the 15 Fastest-Growing Large Cities », 25 mai 2017, www.census.gov/newsroom/press-releases/2017/cb17-81-population-estimates-subcounty.html.

31. Amy Newcomb, « Census Bureau Reveals Fastest-Growing Large Cities », Bureau du recensement des États-Unis, 2018.

32. Chiffres du bureau du recensement des États-Unis.

33. John Schwartz, « Exxon Misled the Public on Climate Change, Study Says », *The New York Times*, 23 août 2017.

34. Greg Allen, « Ghosts of Katrina Still Haunt New Orleans' Shattered Lower Ninth Ward », *NPR*, 3 août 2015, www.npr.org/2015/08/03/427844717/ghosts-of-katrina-still-haunt-new-orleans-shattered-lower-ninth-ward.

35. Kevin Sack et John Schwartz, « Left to Louisiana's Tides, a Village Fights for Time », *The New York Times*, 24 février 2018, www.nytimes.com/interactive/2018/02/24/us/jean-lafitte-floodwaters.html.

36. Bob Marshall, Brian Jacobs et Al Shaw, « Losing Ground », *ProPublica*, 28 août 2014, http://projects.propublica.org/louisiana.

37. Jeff Goodell, « Welcome to the Age of Climate Migration », *Rolling Stone*, 4 février 2018.

38. John D. Sutter et Sergio Hernandez, « "Exodus" from Puerto Rico : A Visual Guide », CNN, 21 février 2018, www.cnn.com/2018/02/21/us/puerto-rico-migration-data-invs/index.html.

L'eau douce

1. USGS Water Science School, « How Much Water Is There on, in, and Above the Earth ? », Institut d'études géologiques des États-Unis, 2 décembre 2016, https://water.usgs.gov/edu/earthhowmuch.html.

2. USGS Water Science School, « The World's Water », Institut d'études géologiques des États-Unis, 2 décembre 2016, https://water.usgs.gov/edu/earthwherewater.html.

3. « Freshwater Crisis », *National Geographic*.

4. Tariq Khokhar, « Graphique : 70 % de l'eau douce est utilisée pour l'agriculture », Blog de la Banque mondiale, 22 mars 2017,

https://blogs.worldbank.org/fr/opendata/graphique-70-de-l-eau-douce-est-utilisee-pour-l-agriculture

5. « Water Consumption in Africa », Institute Water for Africa, https://water-for-africa.org/en/water-consumption/articles/water-consumption-in-africa.html.

6. UN-Water Decade Programme on Advocacy and Communication and Water Supply and Sanitation Collaborative Council, « The Human Right to Water and Sanitation », www.un.org/waterforlifedecade/pdf/human_right_to_water_and_sanitation_media _brief.pdf.

7. « Half the World to Face Severe Water Stress by 2030 Unless Water Use Is 'Decoupled' from Economic Growth, Says International Resource Panel », Programme des Nations unies pour l'environnement, 21 mars 2016, www.unenvironment.org/news-and-stories/press-release/half-world-face-severe-water-stress-2030-unless-water-use-decoupled.

8. « Water Audits and Water Loss Control for Public Water Systems », Agence de Protection de l'Environnement, juillet 2013, www.epa.gov/sites/production/files/2015-04/documents/epa816f13002.pdf.

9. « Treated Water Loss Is Still High in Brazil », Forum mondial de l'eau, 21 novembre 2017, http://8.worldwaterforum.org/en/news/treated-water-loss-still-high-brazil.

10. En 2018, il a été révélé qu'Harvard avait agressivement acheté le vignoble californien pour l'eau souterraine.

11. Organisation mondiale de la santé « 2,1 milliards de personnes n'ont pas accès à l'eau potable salubre », 12 juillet 2017, https://www.unicef.fr/article/21-milliards-de-personnes-n-ont-pas-acces-l-eau-potable-salubre.

12. *Ibid.*

13. M. Huss *et al.*, « Toward Mountains Without Permanent Snow and Ice », *Earth's Future 5*, n° 5, mai 2017, pp. 418-35, https://doi.org/10.1002/2016EF000514.

14. P. D. A. Kraaijenbrink, « Impact of a Global Temperature Rise of 1.5 Degrees Celsius on Asia's Glaciers », *Nature 549*, septembre 2017, pp. 257-60, https://doi.org/10.1038/nature23878.

15. Mark Lynas, *Six degrés – Que va-t-il se passer ?*, Dunod, 2008.

16. Christoph Marty *et al.*, « How Much Can We Save ? Impact of Different Emission Scenarios on Future Snow Cover in the Alps », *The Cryosphere*, 2017.

17. Convention-cadre des Nations unies sur les changements climatiques, « Climate Change : Impacts, Vulnerabilities and Adaptation in Developing Countries », New York, 2007, p. 5, https://unfccc.int/resource/docs/publications/impacts.pdf.

18. Charles Fant *et al.*, « Projections of Water Stress Based on an Ensemble of Socioeconomic Growth and Climate Change Scenarios : A Case Study in Asia », *PLOS One 11*, nº 3, mars 2016, https://doi.org/10.1371/journal. pone.0150633.

19. Banque mondiale, « Bientôt à sec ? Changement climatique, eau et économie », Washington, D.C., 2016, p. 6. https://openknowledge.worldbank.org/bitstream/handle/10986/23665/K8517sumFR.PDF ?sequence=13

20. Nations unies-eau, « Rapport mondial des Nations unies sur la mise en valeur des ressources en eau 2018 : les solutions fondées sur la nature pour la gestion de l'eau », Paris, 2018. https://unesdoc. unesco.org/ark :/48223/pf0000261466

21. Marcello Rossi, « Desert City Phoenix Mulls Ways to Quench Thirst of Sprawling Suburbs », *Thomson Reuters Foundation News*, 7 juin 2018, news. trust.org/item/20180607120002-7kwzq.

22. Edoardo Borgomeo, « Will London Run Out of Water ? », *The Conversation*, 24 mai 2018, https://theconversation.com/will-london-run-out-of-water-97107.

23. NITI Aayog, *Composite Water Management Index : A Tool for Water Management*, juin 2018, p. 15, www.niti.gov.in/writereaddata/files/document_publication/2018-05-18-Water-index -Report_vS6B.pdf.

24. Rina Saeed Khan, « Water Pressures Rise in Pakistan as Drought Meets a Growing Population », Reuters, 14 juin 2018. https://af.reuters.com/article/commoditiesNews/idAFL5N1T7502.

25. NASA Earth Observatory, « World of Change : Shrinking Aral Sea », https://earthobservatory. nasa.gov/WorldOfChange/AralSea.

26. NASA Earth Observatory, « Bolivia's Lake Poopó Disappears », 23 janvier 2016, https://earthobservatory.nasa.gov/images/87363/bolivias-lake-poopo-disappears.

27. Amir AghaKouchak *et al.*, « Aral Sea Syndrome Desiccates Lake Urmia : Call for Action », *Journal of Great Lakes Research 41*, nº 1, mars 2015, pp. 307-11, https://doi.org/10.1016/j. jglr.2014.12.007.

28. « Africa's Vanishing Lake Chad », *Africa Renewal*, avril 2012 www.un.org/africarenewal/magazine/april-2012/africa%E2%80%99s-vanishing-lake-chad.

29. Boqiang Qin *et al.*, « A Drinking Water Crisis in Lake Taihu, China : Linkage to Climatic Variability and Lake Management », *Environmental Management 45*, nº 1, janvier 2010, pp. 105-12, https://doi.org/10.1007/s00267-009-9393-6.

30. Jessica E. Tierney *et al.*, « Late-Twentieth-Century Warming in Lake Tanganyika Unprecedented Since AD 500 », *Nature Geoscience 3*, mai 2010, pp. 422-25, https://doi.org/10.1038/ngeo865. Voir aussi, par

exemple, Clea Broadhurst, « Global Warming Depletes Lake Tanganikya's Fish Stocks », RFI, 9 août 2016, http://en.rfi.fr/africa/20160809-global-warming-responsible-decline-fish-lake-tanganyika.

31. E. J. S. Emilson *et al.*, « Climate-Driven Shifts in Sediment Chemistry Enhance Methane Production in Northern Lakes », *Nature Communications 9*, n° 1 801, mai 2018, https://doi.org/10.1038/s41467-018-04236-2. Voir aussi David Bastviken *et al.*, « Methane Emissions from Lakes : Dependence of Lake Characteristics, Two Regional Assessments, and a Global Estimate », *Global Biogeochemical Cycles 18*, 2004, https://doi.org/10.1029/2004GB002238.

32. « Greenhouse Gas 'Feedback Loop' Discovered in Freshwater Lakes », Université de Cambridge, 4 mai 2018, www.cam.ac.uk/research/news/greenhouse-gas-feedback-loop-discovered-in-freshwater-lakes.

33. USGS Water Science School, « Groundwater Use in the United States », Institut d'études géologiques des États-Unis, 26 juin 2018, https://water.usgs.gov/edu/wugw.html.

34. Brian Clark Howard, « California Drought Spurs Groundwater Drilling Boom in Central Valley », *National Geographic*, 16 août 2016.

35. Kevin Wilcox, « Aquifers Depleted in Colorado River Basin », *Civil Engineering*, 5 août 2014, www.asce.org/magazine/20140805-aquifers-depleted-in-colorado-river-basin.

36. Sandra Postel, « Drought Hastens Groundwater Depletion in the Texas Panhandle », *National Geographic*, 24 juillet 2014.

37. Université d'État du Kansas, « Study Forecasts Future Water Levels of Crucial Agricultural Aquifer », *K-State News*, 26 août 2013, www.k-state.edu/media/newsreleases/aug13/groundwater82613.html. Voir aussi David R. Steward *et al.*, « Tapping Unsustainable Groundwater Stores for Agricultural Production in the High Plains Aquifer of Kansas, Projections to 2110 » *Proceedings of the National Academy of Sciences of the United States of America 110*, n° 37, septembre 2013, pp. E3477–86, https://doi.org/10.1073/pnas.1220351110.

38. NITI Aayog, *Composite Water Management Index*, p. 22, www.niti.gov.in/writereaddata/files/document_publication/2018-05-18-Water-index-Report_vS6B.pdf.

39. Le Cap, « Day Zero : When Is It, What Is It, and How Can We Avoid It ? », 15 novembre 2017.

40. Adam Welz, « Letter from a Bed in Cape Town », *Sierra*, 12 février 2018, www.sierraclub.org/sierra/letter-bed-cape-town-drought-day-zero.

41. Mark Milligan, « Glad You Asked : Does Utah Really Use More Water than Any Other State ? », Utah Geological Survey, https://geology.utah.gov/map-pub/survey-notes/glad-you-asked/does-utah-use-more-water.

42. UNESCO, *L'Eau, une responsabilité partagée*, Paris, 2006, http://www.unesco.org/new/fr/natural-sciences/environment/water/wwap/wwdr/wwdr2-2006.

43. Stephen Leahy, « Trop ou trop peu : l'ironie de la crise mondiale de l'eau », *National Geographic*, 22 mars 2018.

44. Public Policy Institute for California, « Water Use in California », juillet 2016, www.ppic.org/publication/water-use-in-california.

45. Jon Gerberg, « A Megacity Without Water : São Paulo's Drought », *Time*, 13 octobre 2015.

46. Simon Romero, « Taps Start to Run Dry in Brazil's Largest City », *The New York Times*, 16 février 2015.

47. Graham Keeley, « Barcelona Forced to Import Emergency Water », *The Guardian*, 14 mai 2008.

48. « Recent Rainfall, Drought and Southern Australia's Long-Term Rainfall Decline », Bureau de météorologie du gouvernement australien, avril 2015, www.bom.gov.au/climate/updates/articles/a010-southern-rainfall-decline.shtml.

49. Albert I. J. M. van Dijk *et al.*, « The Millennium Drought in Southeast Australia (2001–2009) : Natural and Human Causes and Implications for Water Resources, Ecosystems, Economy, and Society », *Water Resources Research 49*, février 2013, pp. 1040-57, http://doi.org/10.1002/wrcr.20123.

50. « Managing Water for the Environment During Drought : Lessons from Victoria, Australia, Technical Appendices », Public Policy Institute of California, San Francisco, juin 2016, p. 8, www.ppic.org/content/pubs/other/0616JMR_appendix.pdf.

51. Michael Safi, « Washing Is a Privilege : Life on the Frontline of India's Water Crisis », *The Guardian*, 21 juin 2018. Voir aussi Maria Abi-Habib et Hari Kumar, « Deadly Tensions Rise as India's Water Supply Runs Dangerously Low », *The New York Times*, 17 juin 2018.

52. Mesfin M. Mekonnen et Arjen Y. Hoekstra, « Four Billion People Facing Severe Water Scarcity », *Science Advances 2*, n° 2, février 2016, https://doi.org/10.1126/sciadv.1500323.

53. Banque mondiale, « Bientôt à sec ? » p. 5.

54. *Ibid.*, p. 6.

55. *Ibid.*, p. 13.

56. « Water Conflict », Pacific Institute : The World's Water, mai 2018, www.worldwater.org/water-conflict.

57. Comité international de la Croix-Rouge, « Health Crisis in Yemen », www.icrc.org/en/where-we-work/middle-east/yemen/health-crisis-yemen.

Des océans à l'agonie

1. Carson avait à peine trente ans à la sortie de son essai *The Atlantic*, elle travaillait encore pour le Fisheries Bureau of the U.S. Fish and Wildlife Service en tant que biologiste.

2. National Ocean Service, « How Much Water Is in the Ocean ? », National Oceanic and Atmospheric Administration, 25 juin 2018, https://oceanservice.noaa.gov/facts/oceanwater.html.

3. « Availability and Consumption of Fish », Organisation mondiale de la santé, www.who.int/nutrition/topics/3 _foodconsumption/en/index5.html.

4. Malin L. Pinsky *et al.*, « Preparing Ocean Governance for Species on the Move », *Science 360*, n° 6 394, juin 2018, pp. 1189-91, https://doi.org/10.1126/science. aat2360.

5. Kendall R. Jones *et al.*, « The Location and Protection Status of Earth's Diminishing Marine Wilderness », *Current Biology 28*, n° 15, août 2018, pp. 2506-12, https://doi.org/10.1016/j. cub.2018.06.010.

6. Sigrid Lind *et al.*, « Arctic Warming Hotspot in the Northern Barents Sea Linked to Declining Sea-Ice Import », *Nature Climate Change 8*, juin 2018, pp. 634-39, https://doi.org/10.1038/s41558-018-0205-y.

7. Rob Monroe, « How Much CO_2 Can the Oceans Take Up ? », Institut océanographique SCRIPPS, 13 juillet 2013, https://scripps.ucsd.edu/programs/keelingcurve/2013/07/03/how-much-co2-can-the-oceans-take-up.

8. Peter J. Gleckler *et al.*, « Industrial Era Global Ocean Heat Uptake Doubles in Recent Decades », *Nature Climate Change 6*, janvier 2016, pp. 394-98, https://doi.org/10.1038/nclimate2915.

9. *Ibid.*

10. Autorité gouvernementale du parc marin de la Grande Barrière en Australie, « Managing the Reef ».

11. Robinson Meyer, « Since 2016, Half of All Coral in the Great Barrier Reef Has Died », *The Atlantic*, avril 2018.

12. Michon Scott et Rebecca Lindsey, « Unprecedented three Years of Global Coral Bleaching, 2014–2017 », Climate.gov, 1 août 2018, www.climate.gov/news-features/understanding-climate/unprecedented-3-years-global-coral-bleaching-2014%E2%80%932017.

13. C. C. Baldwin *et al.*, « Below the Mesophotic », *Scientific Reports 8*, n° 4 920, mars 2018, https://doi.org/10.1038/s41598-018-23067-1.

14. Lauretta Burke *et al.*, « Récifs coralliens en péril revisités », World Resources Institute, Washington, D. C., 2011, p. 6, https://wriorg.s3.amazonaws.com/s3fs-public/pdf/reefs_at_risk_revisited.pdf.

15. Ocean Portal Team, « Corals and Coral Reefs », *Smithsonian*, avril 2018, https://ocean.si.edu/ocean-life/invertebrates/corals-and-coral-reefs.

16. « Coral Ecosystems », Agence américaine d'observation océanique et atmosphérique, www.noaa.gov/resource-collections/coral-ecosystems.

17. Michael W. Beck *et al.*, « The Global Flood Protection Savings Provided by Coral Reefs », *Nature Communications 9*, n° 2 186, juin 2018, https://doi.org/10.1038/s41467-018-04568-z.

18. Kate Madin, « Ocean Acidication : A Risky Shell Game », *Oceanus Magazine*, 4 décembre 2009, www.whoi.edu/oceanus/feature/ocean-acidication-a-risky-shell-game.

19. Cosima Porteus *et al.*, « Near-Future CO_2 Levels Impair the Olfactory System of Marine Fish », *Nature Climate Change 8*, 23 juillet 2018.

20. Graham Edgar et Trevor J. Ward, « Australian Commercial Fish Populations Drop by a ird over Ten Years », *The Conversation*, 6 juin 2018, https://theconversation.com/australian-commercial-fish-populations-drop-by-a-third-over-ten-years-97689.

21. Jurriaan M. De Vos *et al.*, « Estimating the Normal Background Rate of Species Extinction », *Conservation Biology*, 26 août 2014.

22. A. H. Altieri et K. B. Gedan, « Climate Change and Dead Zones », *Global Change Biology*, 10 novembre 2014, https://doi.org/10.1111/gcb.12754

23. « SOS : Is Climate Change Suffocating Our Seas ? », Fondation nationale pour la science, www.nsf.gov/news/special_reports/deadzones/climatechange.jsp.

24. Bastien Y. Queste *et al.*, « Physical Controls on Oxygen Distribution and Denitrification Potential in the North West Arabian Sea », *Geophysical Research Letters 45*, n° 9, mai 2018. Voir aussi « Growing "Dead Zone" Conrmed by Underwater Robots », press release, Université d'East Anglia, 27 avril 2018, www.uea.ac.uk/about/-/growing-dead-zone-conrmed-by-underwater-robots-in-the-gulf-of-oman.

25. Peter Brannen, « A Foreboding Similarity in Today's Oceans and a 94-Million-Year-Old Catastrophe », *The Atlantic*, 12 janvier 2018. Voir aussi Dana Nuccitelli, « Burning Coal May Have Caused Earth's Worst Mass Extinction », *The Guardian*, 12 mars 2018.

26. National Ocean Service, « Currents : the Global Conveyor Belt », National Oceanic and Atmospheric Administration, https://oceanservice.noaa.gov/education/tutorial_currents/05conveyor2.html.

27. Stefan Rahmstorf *et al.*, « Exceptional Twentieth-Century Slowdown in Atlantic Ocean Overturning Circulation », *Nature Climate Change*, mai 2015, https://doi.org/10.1038/nclimate2554.

28. *Ibid.*

29. L. Caesar *et al.*, « Observed Fingerprint of a Weakening Atlantic Ocean Overturning Circulation », *Nature 556*, avril 2018, pp. 191-96, https://doi.org/10.1038/s41586-018-0006-5 ; David J. R. Thornalley *et al.*, « Anomalously weak Labrador Sea convection and Atlantic overturning during the past 150 years », *Nature 556*, avril 2018, pp. 227-30, https://doi.org/10.1038/s41586-018-0007-4.

30. Joseph Romm, « Dangerous Climate Tipping Point Is "About a Century Ahead of Schedule" Warns Scientist », *Think Progress*, 12 avril 2018.

Un air irrespirable

1. Joseph Romm, *Climate Change : What Everyone Needs to Know*, New York, Oxford University Press, 2016, p. 113.

2. *Ibid.*, p. 114.

3. Ploy Achakulwisut *et al.*, « Drought Sensitivity in Fine Dust in the U.S. Southwest », *Environmental Research Letters 13*, mai 2018, https://doi.org/10.1088/1748-9326/aabf20.

4. G. G. Pfister *et al.*, « Projections of Future Summertime Ozone over the U.S. », *Journal of Geophysical Research Atmospheres 119*, n° 9, mai 2014, pp. 5 559-82, https://doi.org/10.1002/2013JD020932.

5. Joseph Romm, *Climate Change*, p. 105.

6. DARA, *Climate Vulnerability Monitor : A Guide to the Cold Calculus of a Hot Planet*, 2e éd., Madrid, 2012, p. 17, https://daraint.org/wp-content/uploads/2012/10/CVM2-Low.pdf. James Hanse a lui-même fait cette comparaison dans de nombreux lieux, et entre autres dans une interview que j'ai faite, publiée dans *New York* : « Climate Scientist James Hansen : "the Planet Could Become Ungovernable" », 12 juillet 2017.

7. Xin Zhang *et al.*, « The Impact of Exposure to Air Pollution on Cognitive Performance », *Proceedings of the National Academy of Sciences 155*, n° 37, septembre 2018, pp. 9193-97, https://doi.org/10.1073/pnas.1809474115. Le coauteur de cet article, Xi Chen a adressé un long commentaire à plusieurs organes de presse dont *The Guardian*, concernant le texte de Damian Carrington et Lily Kuo, « Air Pollution Causes "Huge" Reduction in Intelligence, Study Reveals », 27 août 2018.

8. Joshua Goodman *et al.*, « Heat and Learning », National Bureau of Economic Research working paper n° 24 639, mai 2018, https://doi.org/10.3386/w24639.

9. Anna Oudin *et al.*, « Association Between Neighbourhood Air Pollution Concentrations and Dispensed Medication for Psychiatric Disorders in

a Large Longitudinal Cohort of Swedish Children and Adolescents », *BMJ Open 6*, n° 6, juin 2016, https://doi.org/ 10.1136/bmjopen-2015-010004.

10. Hong Chen *et al.*, « Living near Major Roads and the Incidence of Dementia, Parkinson's Disease, and Multiple Sclerosis : A Population-Based Cohort Study », *The Lancet 389*, n° 10 070, février 2017, pp. 718-26, https://doi.org/10.1016/S0140-6736(16)32399-6.

11. Adam Isen *et al.*, « Every Breath You Take – Every Dollar You'll Make : The Long-Term Consequences of the Clean Air Act of 1970 », National Bureau of Economic Research working paper n° 19 858, septembre 2015, https://doi.org/10.3386/w19858.

12. Janet Currie et W. Reed Walker, « Traffic Congestion and Infant Health : Evidence from E-ZPass », National Bureau of Economic Research working paper n° 15 413, avril 2012, https://doi.org/10.3386/w15413.

13. Yufci Zou *et al.*, « Arctic Sca Icc, Eurasia Snow, and Extremc Winter Haze in China », *Science Advances 3*, n° 3, mars 2017, https://doi.org/10.1126/sciadv.1602751.

14. Steve LeVine, « Pollution Score : Beijing 993, New York 19 », *Quartz*, 14 janvier 2013, https://qz.com/43298/pollution-score-beijing-993-new-york-19.

15. Lijian Han *et al.*, « Multicontaminant Air Pollution in Chinese Cities », *Bulletin de l'Organisation mondiale de la santé 96*, février 2018, pp. 233-42E, http://dx.doi.org/10.2471/BLT.17.195560 ; Fred Pearce, « How a "Toxic Cocktail" Is Posing a Troubling Health Risk in China's Cities », *Yale Environment 360*, 17 avril 2018, https://e360.yale.edu/features/how-a-toxic-cocktail-is-posing-a-troubling-health-risk-in-chinese-cities.

16. Jun Liu *et al.*, « Estimating Adult Mortality Attributable to PM2.5 Exposure in China with Assimilated PM2.5 Concentrations Based on a Ground Monitoring Network », *Science of the Total Environment 568*, octobre 2016, pp. 1 253-62, https://doi.org/10.1016/j. scitotenv.2016.05.165.

17. Michelle Robertson, « It's Not Just Fog Turning the Sky Gray : SF Air Quality Is ree Times Worse than Beijing », *SF Gate*, 23 août 2018.

18. En août 2018, la mairie a twitté : « Aujourd'hui la qualité de l'air a été déclarée très mauvaise pour tous. Restez chez vous, limitez vos déplacements au travail et essayez de ne pas prendre la voiture. »

19. Rachel Feltman, « Air Pollution in Delhi Is Literally off the Charts », *Popular Science*, 8 novembre 2016.

20. Richard A. Muller et Elizabeth A. Muller, « Air Pollution and Cigarette Equivalence », *Berkeley Earth*, http://berkeleyearth.org/air-pollution-and-cigarette-equivalence.

21. Durgesh Nandan Jha, « Pollution Causing Arthritis to Flare Up, 20 % Rise in Patients at Hospitals », *The Times of India*, 11 novembre 2017.

22. « Blinding Smog Causes 24-Vehicle Pile-up on Expressway near Delhi », *NDTV*, 8 novembre 2017.

23. Catherine Ngai, Jamie Freed et Henning Gloystein, « United Resumes Newark-Delhi Flights After Halt Due to Poor Air Quality », Reuters, 12 novembre 2017, https://www.reuters.com/article/us-airlines-india-pollution/united-resumes-newark-delhi-flights-after-halt-due-to-poor-air-quality-idUSKBN1DC142 ? il = 0.

24. Benjamin D. Horne *et al.*, « Short-Term Elevation of Fine Particulate Matter Air Pollution and Acute Lower Respiratory Infection », *American Journal of Respiratory and Critical Care Medicine 198*, n° 6, septembre 2018, https://doi.org/10.1164/rccm.201709-1883OC.

25. Pamela Das et Richard Horton, « Pollution, Health, and the Planet : Time for Decisive Action », *The Lancet 391*, n° 10 119, octobre 2017, pp. 407-8, https://doi.org/10.1016/S0140-6736(17)32588-6.

26. Kuam Ken Lee *et al.*, « Air Pollution and Stroke », *Journal of Stroke 20*, n° 1, janvier 2018, pp. 2-11, https://doi.org/10.5853/jos.2017.02894.

27. R. D. Brook *et al.*, « Particulate Matter Air Pollution and Cardiovascular Disease : An Update to the Scientific Statement from the American Heart Association », *Circulation 121*, n° 21, juin 2010, pp. 2 331-78, https://doi.org/10.1161/CIR.0b013e3181dbece1.

28. Kate Kelland et Stephanie Nebehay, « Air Pollution a Leading Cause of Cancer – U.N. Agency », Reuters, 17 octobre 2013, www.reuters.com/article/us-cancer-pollution/air-pollution-a-leading-cause-of-cancer-u-n-agency-idUSBRE99G0BB20131017.

29. Michael Guarnieri et John R. Balmes, « Outdoor Air Pollution and Asthma », *The Lancet 383*, n° 9 928, mai 2014, https://doi.org/10.1016/S0140-6736(14)60617-6.

30. Jessica Glenza, « Millions of Premature Births Could Be Linked to Air Pollution, Study Finds », *The Guardian*, 16 février 2017.

31. Nicole Wetsman, « Air Pollution Might Be the New Lead », *Popular Science*, 5 avril 2018.

32. Oddvar Myhre *et al.*, « Early Life Exposure to Air Pollution Particulate Matter (PM) as Risk Factor for Attention De cit/Hyperactivity Disorder (ADHD) : Need for Novel Strategies for Mechanisms and Causalities », *Toxicology and Applied Pharmacology 354*, septembre 2018, pp. 196-214, https://doi.org/10.1016/j. taap.2018.03.015.

33. Raanan Raz *et al.*, « Autism Spectrum Disorder and Particulate Matter Air Pollution Before, During, and After Pregnancy : A Nested Case-Control Analysis Within the Nurses' Health Study II Cohort », *Environmental Health Perspectives 123*, n° 3, mars 2015, pp. 264-70, https://doi.org/10.1289/ehp.1408133.

34. Sam Brockmeyer et Amedeo D'Angiulli, « How Air Pollution Alters Brain Development the Role of Neuroinflammation », *Translational Neuroscience 7*, mars 2016, pp. 24-30, https://doi.org/10.1515/tnsci-2016-0005.

35. Frederica Perera *et al.*, « Shorter Telomere Length in Cord Blood Associated with Prenatal Air Pollution Exposure : Benefits of Intervention », *Environment International 113*, avril 2018, pp. 335-40, https://doi.org/10.10 16/j. envint.2018.01.005.

36. Organisation mondiale de la santé, « WHO Global Urban Ambient Air Pollution Database », 2016, www.who.int/phe/health_topics/outdoorair/databases/cities/en.

37. Health Effects Institute, « State of Global Air 2018 : A Special Report on Global Exposure to Air Pollution and Its Disease Burden », Boston, 2018, p. 3, www.stateofglobalair.org/sites/default/les/soga-2018-report.pdf.

38. Aaron J. Cohen *et al.*, « Estimates and 25-Year Trends of the Global Burden of Disease Attributable to Ambient Air Pollution : An Analysis of Data from the Global Burden of Diseases Study 2015 », *The Lancet 389*, n° 10 082, mai 2017, pp. 1 907-18, https://doi.org/10.1016/S0140-6736(17)30505-6.

39. Pamela Das et Richard Horton, « Pollution, Health, and the Planet », https://doi.org/10.1016/S0140-6736(17)32588-6.

40. Le *Smithsonian* préfère l'appellation de « *trash soup* » – littéralement « soupe d'ordures ».

41. Imogen E. Napper et Richard C. Thompson, « Release of Synthetic Microplastic Fibres from Domestic Washing Machines : Effects of Fabric Type and Washing Conditions », *Marine Pollution Bulletin 112*, n°s 1–2, novembre 2016, pp. 39-45, http://dx.doi.org/10.1016/j.marpolbul.2016.09.025.

42. Kat Kerlin, « Plastic for Dinner : A Quarter of Fish Sold at Markets Contain Human-Made Debris », UC Davis, 24 septembre 2015, www.ucdavis.edu/news/plastic-dinner-quarter-fish-sold-markets-contain-human-made-debris.

43. Lisbeth Van Cauwenberghe et Colin R. Janssen, « Microplastics in Bivalves Cultured for Human Consumption », *Environmental Pollution 193*, octobre 2014, pp. 65-70, https://doi.org/10.1016/j. envpol.2014.06.010.

44. Alina M. Wieczorek *et al.*, « fréquence des microplastiques dans les poissons mésopélagiques de l'Atlantique Nord-Ouest », *Frontiers in Marine Science*, 19 février 2018, https://doi.org/10.3389/fmars.2018.00039.

45. Jiana Lee *et al.*, « Microplastics in Mussels Sampled from Coastal Waters and Supermarkets in the United Kingdom », *Environmental Pollu-*

tion 241, octobre 2018, pp. 35-44, https://doi.org/10.1016/j.envpol. 2018.05.038.

46. Matthew S. Savoca *et al.*, « Odours from Marine Plastic Debris Induce Food Search Behaviours in a Forage Fish », *Proceedings of the Royal Society B Biological Sciences 284*, n° 1 860, août 2017, https://doi.org/10.1098/ rspb.2017.1000.

47. Amanda L. Dawson *et al.*, « Turning Microplastics into Nanoplastics rough Digestive Fragmentation by Antarctic Krill », *Nature Communications 9*, n° 1 001, mars 2018, https://doi.org/10.1038/s41467-018-03465-9.

48. Courtney Humphries, « Freshwater's Macro Microplastic Problem », *Nova*, 11 mai 2017, www.pbs.org/wgbh/nova/article/freshwater-microplastics.

49. Cookson, « The Problem with Plastic ».

50. Ali Karami *et al.*, « The Presence of Microplastics in Commercial Salts from Different Countries », *Scientific Reports* 7, n° 46 173, avril 2017, https://doi.org/10.1038/srep46173.

51. 5 Gyres : Science to Solutions, « Take Action : Microbeads », www.5gyres.org/microbeads.

52. Johnny Gasperi *et al.*, « Microplastics in Air : Are We Breathing It In ? », *Current Opinion in Environmental Science and Health 1*, février 2018, pp. 1-5, https://doi.org/10.1016/j.coesh.2017.10.002.

53. Dan Morrison et Christopher Tyree, « Invisibles : The Plastic Inside Us », *Orb*, 2017, https://orbmedia.org/ stories/Invisibles_plastics.

54. Forum économique mondial, *The New Plastics Economy : Rethinking the Future of Plastics*, Cologny, Suisse, janvier 2016, p. 10.

55. Sarah-Jeanne Royer *et al.*, « Production of Methane and Ethylene from Plastic in the Environment », *PLOS One 13*, n° 8, août 2018, https://doi.org/10.1371/journal. pone.0200574.

56. B. H. Samset *et al.*, « Climate Impacts from a Removal of Anthropogenic Aerosol Emissions », *Geophysical Research Letters 45*, n° 2, janvier 2018, pp. 1 020-29, https://doi.org/10.1002/2017GL076079.

57. B. H. Samset, « Climate Impacts from a Removal », https://doi.org/ 10.1002/2017GL076079.

58. P. J. Crutzen, « Albedo Enhancement by Stratospheric Sulfur Injections : A Contribution to Resolve a Policy Dilemma ? », *Climatic Change 77*, 2006, pp. 211-19, https://doi.org/10.1007/s10584-006-9101-y.

59. Eric Holthaus, « Devil's Bargain », *Grist*, 8 février 2018, https://grist. org/article/geoengineering-climate-change-air-pollution-save-planet.

60. C'est l'estimation du nombre de morts liées à la pollution de l'air d'après l'Organisation mondiale de la santé.

61. Sebastian D. Eastham *et al.*, « Quantifying the Impact of Sulfate Geoengineering on Mortality from Air Quality and UV-B Exposure », *Atmospheric Environment 187*, août 2018, pp. 424-34, https://doi.org/10.1016/j. atmosenv.2018.05.047.

62. Christopher H. Trisos *et al.*, « Potentially Dangerous Consequences for Biodiversity of Solar Geoengineering Implementation and Termination », *Nature Ecology and Evolution 2*, janvier 2018, pp. 472-82, https://doi.org/10.1038/s41559-017-0431-0.

63. Jonathan Proctor *et al.*, « Estimating Global Agricultural Effects of Geoengineering Using Volcanic Eruptions », *Nature 560*, août 2018, pp. 480-83, https://doi.org/10.1038/s41586-018-0417-3.

Les pestes du réchauffement

1. Jasmin Fox-Skelly, « There Are Diseases Hidden in Ice, and they Are Waking Up », BBC, 4 mai 2017, www.bbc.com/earth/story/20170504-there-are-diseases-hidden-in-ice-and-they-are-waking-up.

2. « NASA Finds Life at "Extremes" », NASA, 24 février 2005, www.nasa.gov/vision/earth/livingthings/extremophile1.html.

3. Kay D. Bidle *et al.*, « Fossil Genes and Microbes in the Oldest Ice on Earth », *Proceedings of the National Academies of Science 104*, n° 33, août 2007, pp. 13 455-60, https://doi.org/10.1073/pnas.0702196104.

4. Jordan Pearson, « Meet the Scientist Who Injected Himself with 3.5 Million-Year-Old Bacteria », *Motherboard*, 9 décembre 2015, https://motherboard.vice.com/en_us/article/yp3gg7/meet-the-scientist-who-injected-himself-with-35-million-year-old-bacteria.

5. Mike McRae, « A Tiny Worm Frozen in Siberian Permafrost for 42,000 Years Was Just Brought Back to Life », *Science Alert*, 27 juillet 2018, www.sciencealert.com/40-000-year-old-nematodes-revived-siberian-permafrost.

6. Jeffery K. Taubenberger *et al.*, « Discovery and Characterization of the 1918 Pandemic Influenza Virus in Historical Context », *Antiviral Therapy 12*, 2007, pp. 581-91.

7. Centres pour le contrôle et la prévention des maladies « Remembering the 1918 Influenza Pandemic », www.cdc.gov/features/1918 – u-pandemic/index.html ; Jeffery K. Taubenberger et David Morens, « 1918 Influenza : The Mother of All Pandemics », *Emerging Infectious Diseases 12*, n° 1, janvier 2006, pp. 15-22, https://dx. doi.org/10.3201/eid1201.050979.

8. Bureau du recensement des États-Unis, « Historical Estimates of World Population », www.census.gov/data/tables/time-series/demo/international-programs/historical-est-worldpop.html.

9. « Experts Warn of Rate of Born-Again Smallpox from Old Siberian Graveyards », *The Siberian Times*, 12 août 2016, https://siberiantimes.com/science/opinion/features/f0249-experts-warn-of-threat-of-born-again-smallpox-from-old-siberian-graveyards.

10. Jasmin Fox-Skelly, « There Are Diseases Hidden in Ice ».

11. Robinson Meyer, « The Zombie Diseases of Climate Change », *The Atlantic*, 6 novembre 2017.

12. Michaeleen Doucleff, « Anthrax Outbreak in Russia Ought to Be Result of Awing Permafrost », *NPR*, 3 août 2016, www.npr.org/sections/goatsandsoda/2016/08/03/488400947/anthrax-outbreak-in-russia-thought-to-be-result-of-thawing-permafrost.

13. Organisation mondiale de la santé, « Fièvre jaune – Brésil », 9 mars 2018, https://www.who.int/csr/don/11-february-2019-yellow-fever-brazil/fr/.

14. *Ibid.*

15. Shasta Darlington et Donald G. McNeil Jr., « Yellow Fever Circles Brazil's Huge Cities », *The New York Times*, 8 mars 2018.

16. Organisation mondiale de la santé, « Number of Malaria Deaths », www.who.int/gho/malaria/epidemic/deaths. Voir aussi centres pour le contrôle et la prévention des maladies, « Epidemiology », www.cdc.gov/dengue/epidemiology/index.html

17. « Zika Microcephaly Linked to Single Mutation », *Nature*, 3 octobre 2017, www.nature.com/articles/d41586-017-04093-x.

18. Ling Yuan *et al.*, « A Single Mutation in the prM Protein of Zika Virus Contributes to Fetal Microcephaly », *Science 358*, n° 6 365, novembre 2017, pp. 933-36, https://doi.org/10.1126/science. aam7120.

19. Declan Butler, « Brazil Asks Whether Zika Acts Alone to Cause Birth Defects », *Nature*, 25 juillet 2016, www.nature.com/news/brazil-asks-whether-zika-acts-alone-to-cause-birth-defects-1.20309.

20. World Bank Group's Climate Change and Development Series, « Shock Waves : Managing the Impacts of Climate Change on Poverty », Washington, D. C., 2016, p. 119, https://openknowledge. worldbank.org/bitstream/handle/10986/22787/9781464806735.pdf.

21. Mary Beth Pfeiffer, *Lyme : The First Epidemic of Climate Change*, Washington, D. C. Island Press, 2018, pp. 3-13.

22. Centres pour le contrôle et la prévention des maladies, « Lyme and Other Tickborne Diseases », www.cdc.gov/media/dpk/diseases-and-conditions/lyme-disease/index.html.

23. Centres pour le contrôle et la prévention des maladies, « Illnesses from Mosquito, Tick, and Flea Bites Increasing in the U.S. », 1er mai 2018, www.cdc.gov/media/releases/2018/p0501-vs-vector-borne.html.

24. Avichai Scher et Lauren Dunn, « "Citizen Scientists" Take On Growing Reat of Tick-Borne Diseases », *NBC News*, 12 juillet 2018, www.nbcnews.com/health/health-news/citizen-scientists-take-growing-threat-tick-borne-diseases-n890996.

25. Center for Biological Diversity, « Saving the Midwestern Moose », www.biologicaldiversity.org/species/mammals/midwestern_moose/index.html.

26. Katie Burton, « Climate-Change Triggered Ticks Causing Rise in "Ghost Moose" », *Geographical*, 27 novembre 2018, http://geographical.co.uk/nature/wildlife/item/3008-ghost-moose.

27. Dennis Carroll *et al.*, « The Global Virome Project », *Science 359*, n° 6 378, février 2018, pp. 872-74, https://doi.org/10.1126/science. aap7463.

28. Nathan Collins, « Stanford Study Indicates at More than 99 Percent of the Microbes Inside Us Are Unknown to Science », *Stanford News*, 22 août 2017, https://news.stanford.edu/2017/08/22/nearly-microbes-inside-us-unknown-science.

29. Ed Yong, « Why Did Two-thirds of These Weird Antelope Suddenly Drop Dead ? », *The Atlantic*, 17 janvier 2018.

30. Richard A. Kock *et al.*, « Saigas on the Brink : Multidisciplinary Analysis of the Factors Influencing Mass Mortality Events », *Science Advances 4*, n° 1, janvier 2018, https://doi.org/10.1126/sciadv. aao2314.

L'effondrement de l'économie

1. Eric Hobsbawm, *L'Ère des révolutions, 1789-1848*, éditions Fayard, Collection « Pluriel », Paris, 2011.

2. Solomon Hsiang *et al.*, « Estimating Economic Damage from Climate Change in the United States », *Science 356*, n° 6 345, juin 2017, 1362-69, https://doi.org/10.1126/science. aal4369.

3. Marshall Burke *et al.*, « Global Non-Linear Effect of Temperature on Economic Production », *Nature 527*, octobre 2015, pp. 235-39, https://doi.org/10.1038/nature15725.

4. Marshall Burke, « Economic Impact of Climate Change on the World », http://web.stanford.edu/~mburke/climate/map.php.

5. Thomas Stoerk *et al.*, « Recommendations for Improving the Treatment of Risk and Uncertainty in Economic Estimates of Climate Impacts in the Sixth Intergovernmental Panel on Climate Change Assessment Report », *Review of Environmental Economics and Policy 12*, n° 2, août 2018, pp. 371-76, https://doi.org/10.1093/reep/rey005.

6. Banque mondiale, « Croissance du PIB (% annuel) » https://donnees.banquemondiale.org/indicateur/NY. GDP. MKTP. KD. ZG.

7. Marshall Burke, « Economic Impact of Climate Change », http://web.stanford.edu/~mburke/climate/map.php.

8. Katharine Ricke *et al.*, « Country-Level Social Cost of Carbon », *Nature Climate Change 8*, septembre 2018, pp. 895-900, http://doi.org/10.1038/s41558-018-0282-y.

9. Banque mondiale, « South Asia's Hotspots : Impacts of Temperature and Precipitation Changes on Living Standards », Washington, D. C., 2018, p. 11.

10. World Bank Group's Climate Change and Development Series, « Shock Waves : Managing the Impacts of Climate Change on Poverty », Washington, D. C., 2016, p. 11, https://openknowledge.worldbank.org/bitstream/handle/10986/22787/9781464806735.pdf.

11. Union of Concerned Scientists, « Underwater : Rising Seas, Chronic Floods, and the Implications for U.S. Coastal Real Estate », Cambridge, MA, 2018, p. 5, www.ucsusa.org/global-warming/global-warming-impacts/sea-level-rise-chronic-oods-and-us-coastal-real-estate-implications.

12. Union of Concerned Scientists, « New Study Finds 251,000 New Jersey Homes Worth $107 Billion Will Be at Risk from Tidal Flooding », 18 juin 2018, www.ucsusa.org/press/2018/new-study-finds-251000-new-jersey-homes-worth-107-billion-will-be-risk-tidal-ooding#.W-o1FehKg2x.

13. Zach Wichter, « Too Hot to Fly ? Climate Change May Take a Toll on Flying », *The New York Times*, 20 juin 2017.

14. Dirk Notz et Julienne Stroeve, « Observed Arctic Sea-Ice Loss Directly Follows Anthropogenic CO_2 Emission », *Science 354*, n° 6 313, novembre 2016, pp. 747-50, https://doi.org/10.1126/science. aag2345.

15. Olav Vilnes *et al.*, « From Finland to Switzerland – Firms Cut Output Amid Heatwave », *Montel News*, 27 juillet 2018, www.montelnews.com/en/story/from-finland-to-switzerland-rms-cut-output-amid-heatwave/921390.

16. Jim Yardley et Gardiner Harris, « Second Day of Power Failures Cripples Wide Swath of India », *The New York Times*, 31 juillet 2012.

17. Marshall Burke, « Global Non-Linear Effect of Temperature », https://doi.org/10.1038/nature15725 ; interview de l'auteur avec Marshall Burke.

18. Banque mondiale, « South Asia's Hotspots ».

19. Solomon M. Hsiang, « Estimating Economic Damage from Climate Change », https://doi.org/10.1126/science. aal4369.

20. Zhengtao Zhang *et al.*, « Analysis of the Economic Ripple effect of the United States on the World Due to Future Climate Change », *Earth's*

Future 6, n° 6, juin 2018, pp. 828-40, https://doi.org/10.1029/2018EF000839.

21. The New Climate Economy, « Unlocking the Inclusive Growth Story of the 21st Century : Accelerating Climate Action in Urgent Times », Washington, D. C., *The New Climate Economy*, septembre 2018, p. 8, https://newclimateeconomy.report/2018.

22. Marshall Burke *et al.*, « Large Potential Reduction in Economic Damages Under U.N. Mitigation Targets », *Nature 557*, mai 2018, pp. 549-53, https://doi.org/10.1038/ s41586-018-0071-9.

Conflit climatique

1. Solomon M. Hsiang *et al.*, « Quantifying the Influence of Climate on Human Conflict », *Science 341*, n° 6 151, septembre 2013, https://doi.org/10.1126/science.1235367.

2. Tamma A. Carleton et Solomon M. Hsiang, « Social and Economic Impacts of Climate », *Science 353*, n° 6 304, septembre 2016, http://doi.org/10.1126/science.aad9837.

3. Marshall B. Burke *et al.*, « Warming Increases the Risk of Civil War in Africa », *Proceedings of the National Academy of Sciences 106*, n° 49, décembre 2009, pp. 20 670-74, https://doi.org/10.1073/pnas.0907998106. Cela représenterait une augmentation de 54 %.

4. Union of Concerned Scientists, « The U.S. Military on the Front Lines of Rising Seas », Cambridge, MA, 2016, www.ucsusa.org/global-warming/science-and-impacts/impacts/sea-level-rise-flooding-us-military-bases#.W-pKUuhKg2x.

5. Curt D. Storlazzi *et al.*, « Most Atolls Will Be Uninhabitable by the Mid-21st Century Because of Sea-Level Rise Exacerbating Wave-Driven Flooding », *Science Advances 4*, n° 4, avril 2018, https://doi.org/10.1126/sciadv. aap9741.

6. Kim Wall, Coleen Jose et Jan Henrik Hinzel, « The Poison and the Tomb : One Family's Journey to Their Contaminated Home », *Mashable*, 25 février 2018.

7. Katharina Nett et Lukas Rüttinger, « Insurgency, Terrorism and Organised Crime in a Warming Climate : Analysing the Links Between Climate Change and Non-State Armed Groups », Climate Diplomacy, Berlin, Adelphi, octobre 2016.

8. Carl-Friedrich Schleussner *et al.*, « Armed-Conflict Risks Enhanced by Climate-Related Disasters in Ethnically Fractionalized Countries », *Proceedings of the National Academy of Sciences 113*, n° 33, août 2016, pp. 9216-21, https://doi.org/10.1073/pnas.1601611113.

9. Verisk Maplecroft, « Climate Change and Environmental Risk Atlas 2015 », Bath, Royaume-Uni, octobre 2014, www.maplecroft.com/portfolio/new-analysis/2014/10/29/climate-change-and-lack-food-security-multiply-risksconflict-and-civil-unrest-32-countries-maplecroft.

10. Christian Parenti, *Tropic of Chaos : Climate Change and the New Geography of Violence*, New York, Nation Books, 2011.

11. Rafael Reuveny, « Climate Change – Induced Migration and Violent Conflict », *Political Geography 26*, n° 6, août 2007, pp. 656-73, https://doi.org/10.1016/j. polgeo.2007.05.001.

12. Adrian Edwards, « 68,5 millions de personnes déracinées, un chiffre record aux conséquences massives sur les pays en développement », UNHCR : l'Agence des Nations unies pour les réfugiés, 19 juin 2018, https://www.unhcr.org/fr/news/stories/2018/6/5b27bfe1a/685-millions-personnes-deracinees-chiffre-record-consequences-massives.html.

13. William Wan, « Ancient Egypt's Rulers Mishandled Climate Disasters. Then the People Revolted », *The Washington Post*, 17 octobre 2017, H. M. Cullen *et al.*, « Climate Change and the Collapse of the Akkadian Empire : Evidence from the Deep Sea », *Geology 28*, n° 4, avril 2000, pp. 379-82 ; Kyle Harper, « How Climate Change and Disease Helped the Fall of Rome », *Aeon*, 15 décembre 2017, https://aeon.co/ideas/how-climate-change-and-disease-helped-the-fall-of-rome.

14. Center for Climate and Security, « Epicenters of Climate and Security : The New Geostrategic Landscape of the Anthropocene », Washington, D. C., juin 2017, pp. 12-17, https://climateandsecurity. files. wordpress. com/2017/06/1_eroding-sovereignty.pdf.

15. Pour lire le point de vue de Pinker sur les améliorations du monde, voir *Better Angels of Our Nature* : *Why Violence Has Declined*, New York, Viking, 2012 ; pour son argument sur la raison pour laquelle nous ne pouvons apprécier ce progrès, voir *Enlightenment Now : The Case for Reason, Science, Humanism, and Progress*, New York, Viking, 2018.

16. Leah H. Schinasi et Ghassan B. Hamra, « A Time Series Analysis of Associations Between Daily Temperature and Crime Events in Philadelphia, Pennsylvania », *Journal of Urban Health 94*, n° 6, décembre 2017, pp. 892-900, http://dx.doi.org/10.1007/s11524-017-0181-y.

17. Patrick Baylis, « Temperature and Temperament : Evidence from a Billion Tweets », Energy Institute at Haas working paper, novembre 2015, https://ei.haas.berkeley.edu/research/papers/WP265.pdf.

18. Richard P. Larrick *et al.*, « Temper, Temperature, and Temptation », *Psychological Sciences 22*, n° 4, février 2011, pp. 423-28, http://dx.doi.org/10.1177/0956797611399292.

19. Douglas T. Kenrick *et al.*, « Ambient Temperature and Horn Honking : A Field Study of the Heat/Aggression Relationship », *Environment and Behavior*, mars 1986, https://doi.org/ 10.1177/0013916586182002.

20. Aldert Vrij *et al.*, « Aggression of Police Officers as a Function of Temperature : An Experiment with the Fire Arms Training System », *Journal of Community and Applied Social Psychology 4*, n° 5, décembre 1994, pp. 365-70, https://doi.org/10.1002/casp.2450040505.

21. Matthew Ranson, « Crime, Weather, and Climate Change », *Journal of Environmental Economics and Management 67*, n° 3, mai 2014, pp. 274-302, https://doi.org/10.1016/j. jeem.2013.11.008.

22. Jackson G. Lu *et al.*, « Polluted Morality : Air Pollution Predicts Criminal Activity and Unethical Behavior », *Psychological Science 29*, n° 3, février 2018, pp. 340-55, https://doi.org/10.1177/0956797617735807.

23. Katharina Nett et Lukas Rüttinger, « Insurgency, Terrorism and Organised Crime », p. 37.

24. *Ibid.*, p. 39.

25. Daron Acemoglu, Giuseppe De Feo, et Giacomo De Luca, « Weak States : Causes and Consequences of the Sicilian Mafia », VOX CEPR Policy Portal, 2 mars 2018, https://voxeu.org/article/causes-and-consequences-sicilian-mafia.

26. Katharina Nett et Lukas Rüttinger, « Insurgency, Terrorism and Organised Crime », p. 35.

27. UNICEF, *Hidden in Plain Sight : A Statistical Analysis of Violence Against Children*, New York, Fonds des Nations unies pour l'enfance, 2014, p. 35, http://files.unice.org/publications/files/Hidden_in_plain_sight_statistical_analysis_EN_3_Sept_2014.pdf.

28. Pablo Imbach *et al.*, « Coupling of Pollination Services and Coffee Suitability from Climate Change », *Proceedings of the National Academy of Sciences 114*, n° 39, septembre 2017, pp. 10 438-42, https://doi.org/10.1073/pnas.1617940114 ; Martina K. Linnenluecke *et al.*, « Implications of Climate Change for the Sugarcane Industry », *WIREs Climate Change 9*, n° 1, janvier – février 2018, https://doi.org/10.1002/wcc.498.

Les « systèmes »

1. « In Photos : Climate Change, Disasters and Displacement », Haut Commissariat des Nations unies pour les réfugiés, 1er janvier 2015, www.unhcr.org/en-us/climate-change-and-disasters.html.

2. Emily Schmall et Frank Bajak, « FEMA Sees Trailers Only as Last Resort After Harvey, Irma », Associated Press, 10 septembre 2017, https://apnews.com/7716fb84835b48808839fbc888e96fb7.

3. Greg Allen, « Lessons from Hurricane Irma : When to Evacuate and When to Shelter in Place », *NPR*, 1er juin 2018, www.npr.org/2018/06/01/615293318/lessons-from-hurricane-irma-when-to-evacuate-and-when-to-shelter-in-place.

4. Andrew D. King et Luke J. Harrington, « The Inequality of Climate Change from 1.5 to 2 °C of Global Warming », *Geophysical Research Letters 45*, n° 10, mai 2018, pp. 5030-33, https://doi.org/10.1029/2018GL078430.

5. *Ibid.*

6. Katinka X. Ruthrof *et al.*, « Subcontinental Heat Wave Triggers Terrestrial and Marine, Multi-Taxa Responses », *Scientific Reports 8*, août 2018, p. 13 094, https://doi.org/10.1038/s41598-018-31236-5.

7. Parlement d'Australie, « Implications of Climate Change for Australia's National Security, Final Report, Chapter 2 », www.aph.gov.au/Parliamentary_Business/Committees/Senate/Foreign_Affairs_Defence_and_Trade/Nationalsecurity/Final%20Report/c02 ; Ben Doherty, « Climate Change an "Existential Security Risk" to Australia, Senate Inquiry Says », *The Guardian*, 17 mai 2018.

8. Banque mondiale, *Groundswell : se préparer aux migrations climatiques internes*, Washington, D. C., 2018.

9. Organisation internationale pour les migrants, « Migration, Environment and Climate Change : Assessing the Evidence », Nations unies, Genève, 2009, p. 43.

10. Frank C. Curriero *et al.*, « The Association Between Extreme Precipitation and Waterborne Disease Outbreaks in the United States, 1948–1994 », *American Journal of Public Health 91*, n° 8, août 2001, https://doi.org/10.2105/AJPH.91.8.1194.

11. William R. Mac Kenzie *et al.*, « A Massive Outbreak in Milwaukee of Cryptosporidium Infection Transmitted Through the Public Water Supply », *The New England Journal of Medicine 331*, juillet 1994, pp. 161-67, https://doi.org/10.1056/NEJM199407213310304.

12. Thuan Q. Thai et Evangelos M. Falaris, « Child Schooling, Child Health, and Rainfall Shocks : Evidence from Rural Vietnam », Max Planck Institute working paper, septembre 2011, www.demogr.mpg.de/papers/working/wp-2011-011.pdf.

13. Santosh Kumar, Ramona Molitor et Sebastian Vollmer, « Children of Drought : Rainfall Shocks and Early Child Health in Rural India », working paper, 2014 ; et Santosh Kumar et Sebastian Vollmer, « Drought and Early Childhood Health in Rural India », *Population and Development Review*, 2016.

14. R. K. Phalkey *et al.*, « Systematic Review of Current Efforts to Quantify the Impacts of Climate Change on Undernutrition », *Proceedings of*

the National Academy of Sciences 112, n° 33, août 2015, pp. E4522-29, https://doi.org/10.1073/pnas.1409769112 ; Charmian M. Bennett et Sharon Friel, « Impacts of Climate Change on Inequities in Child Health », *Children 1*, n° 3, décembre 2014, pp. 461–73, https://doi.org/10.3390/children1030461 ; Iffat Ghani *et al.*, « Climate Change and Its Impact on Nutritional Status and Health of Children », *British Journal of Applied Science and Technology 21*, n° 2, 2017, pp. 1-15, https://doi.org/10.9734/BJAST/2017/33276 ; Kristina Reinhardt et Jessica Fanzo, « Addressing Chronic Malnutrition Through Multi-Sectoral, Sustainable Approaches », *Frontiers in Nutrition 1*, n° 13, août 2014, https://doi.org/10.3389/fnut.2014.00013.

15. Ram Fishman *et al.*, « Long-Term Impacts of High Temperatures on Economic Productivity », George Washington University Institute for International Economic Policy working paper, octobre 2015, https://econpapers. repec.org/paper/gwiwpaper/2015-18.htm.

16. Adam Isen *et al.*, « Relationship Between Season of Birth, Temperature Exposure, and Later Life Well-Being », *Proceedings of the National Academy of Sciences 114*, n° 51, décembre 2017, pp. 13 447-52, https://doi.org/10.1073/pnas.1702436114.

17. C. R. Jung *et al.*, « Ozone, Particulate Matter, and Newly-Diagnosed Alzheimer's Disease », *Journal of Alzheimer's Disease 44*, n° 2, 2015, pp. 573-84, https://doi.org/10.3233/JAD-140855.

18. Emily Underwood, « The Polluted Brain », *Science 355*, n° 6 323, janvier 2017, pp. 342-45, https://doi.org/10.1126/science.355.6323.342.

19. Damian Carrington, « Want to Fight Climate Change ? Have Fewer Children », *The Guardian*, 12 juillet 2017.

20. Maggie Astor, « No Children Because of Climate Change ? Some People Are Considering It », *The New York Times*, 5 février 2018.

21. Janna Trombley *et al.*, « Climate Change and Mental Health », *American Journal of Nursing 117*, n° 4, avril 2017, pp. 44-52, https://doi.org/10.1097/01.NAJ.0000515232.51795.fa.

22. M. Reacher *et al.*, « Health Impacts of Flooding in Lewes », *Communicable Disease and Public Health* 7, no. 1, mars 2004, pp. 39–46.

23. Mary Alice Mills *et al.*, « Trauma and Stress Response Among Hurricane Katrina Evacuees », *American Journal of Public Health 97*, avril 2007, pp. S116-23, https://doi.org/10.2105/AJPH.2006.086678.

24. Grant N. Marshall *et al.*, « Psychiatric Disorders Among Adults Seeking Emergency Disaster Assistance After a Wildland-Urban Interface Fire », *Psychiatric Services 58*, n° 4, avril 2007, pp. 509-14, https://doi.org/10.1176/ps.2007.58.4.509.

25. Kevin J. Doyle et Lise Van Susteren, The Psychological Effects of Global Warming on the United States : And Why the U.S. Mental Health

Care System Is Not Adequately Prepared, Merrifield, VA : National Wildlife Federation, 2012, p. 19, www.nwf.org/~/media/PDFs/Global-Warming/Reports/Psych_Effects_Climate_Change_Full_3_23.ashx.

26. Madeleine Thomas, « Climate Depression Is Real, Just Ask a Scientist », *Grist*, 28 octobre 2014, https://grist.org/climate-energy/climate-depression-is-for-real-just-ask-a-scientist.

27. Jordan Rosenfeld, « Facing Down "Environmental Grief" », *Scientific American*, 21 juillet 2016.

28. Ernesto Caffo et Carlotta Belaise, « Violence and Trauma : Evidence-Based Assessment and Intervention in Children and Adolescents : A Systematic Review », dans *The Mental Health of Children and Adolescents : An Area of Global Neglect*, éd. Helmut Rehmschmidt et al., West Sussex, Angleterre, Wiley, 2007, p. 141.

29. « PTSD : A Growing Epidemic », *NIH MedlinePlus 4*, n° 1, 2009, pp. 10-14, https://medlineplus.gov/magazine/issues/winter09/articles/winter09pg10-14.html.

30. Armen K. Goenjian *et al.*, « Posttraumatic Stress and Depressive Reactions Among Nicaraguan Adolescents After Hurricane Mitch », *American Journal of Psychiatry 158*, n° 5, mai 2001, pp. 788-94, https://doi.org/10.1176/appi. ajp.158.5.788.

31. Haris Majeed et Jonathan Lee, « The Impact of Climate Change on Youth Depression and Mental Health », *The Lancet 1*, n° 3, 2017, pp. E94-95, https://doi.org/10.1016/S2542-5196(17)30045-1.

32. S. Vida, « Relationship Between Ambient Temperature and Humidity and Visits to Mental Health Emergency Departments in Quebec », *Psychiatric Services 63*, n° 11, novembre 2012, pp. 1 150-53, https://doi.org/10.1176/appi. ps.201100485.

33. Alana Hansen *et al.*, « The Effect of Heat Waves on Mental Health in a Temperate Australian City », *Environmental Health Perspectives 116*, n° 10, octobre 2008, pp. 1 369-75, https://doi.org/10.1289/ehp.11339.

34. Roni Shiloh *et al.*, « A Significant Correlation Between Ward Temperature and the Severity of Symptoms in Schizophrenia Inpatients : A Longitudinal Study », *European Neuropsychopharmacology 17*, n°s 6-7, mai-juin 2007, pp. 478-82, https://doi.org/10.1016/j.euroneuro.2006.12.001.

35. Alana Hansen, « The Effect of Heat Waves on Mental Health », https://doi.org/10.1289/ehp.11339.

36. Marshall Burke *et al.*, « Higher Temperatures Increase Suicide Rates in the United States and Mexico », *Nature Climate Change 8*, juillet 2018, pp. 723-29, https://doi.org/10.1038/s41558-018-0222-x.

37. Tamma Carleton, « Crop-Damaging Temperatures Increase Suicide Rates in India », *Proceedings of the National Academy of the Sciences 114*, n° 33, août 2017, pp. 8 746-51, https://doi.org/10.1073/pnas.1701354114.

III. Le kaléidoscope climatique

L'art du récit

1. Une des bonnes enquêtes académiques sur ce sujet est celle de E. Ann Kaplan, *Climate Trauma : Foreseeing the Future in Dystopian Film and Fiction*, New Brunswick, NJ, Rutgers University Press, 2015.

2. Le genre a réellement pris de la vitesse avec *La Machine à explorer le temps*, qui a trouvé une place naturellement dans le cinéma post-apocalyptique, e.g., *Le Monde, la chair et le diable* et *Le Jour d'après*.

3. Voir https://twitter.com/KateAronoff/status/1035022145565470725.

4. Voir en particulier Jean-Francois Lyotard, *La Condition postmoderne*, Paris, Les Éditions de Minuit, 1979.

5. On trouve de formidables informations à ce sujet dans l'ouvrage de Morris Dickstein, *Dancing in the Dark : A Cultural History of the Great Depression*, New York, W. W. Norton, 2009.

6. Ce livre de Amitav Ghosh (Chicago : University of Chicago Press, 2016) a été publié avec ce sous-titre frappant : *Le changement climatique et l'impensable*.

7. Ce terme s'est répandu seulement ces dix dernières années, mais des exemples de ce genre – comme des récits d'anticipation amenés par les conditions climatiques – peuvent être trouvés : de J. G. Ballard (*Le Vent de nulle part*, *Le Monde englouti*, *Sécheresse*), à H. G. Wells (*La Machine à explorer le temps*) et Jules Verne (*Sans dessus dessous*). En d'autres termes, on peut y voir un genre aussi vieux que la science-fiction elle-même dont il tire son nom. La trilogie de Margaret Atwood *MaddAddam* (initiée avec *Le Dernier Homme* et *Le Temps du déluge*) peut sans aucun doute en faire partie, de même que *Solaire* d'Ian McEwan. Tous ces textes mettent à l'épreuve la thèse de Ghosh, dans la mesure où ces romans, motivés par une réflexion sur le climat, possèdent une architecture plus ou moins similaire à celle traditionnelle du roman bourgeois. *La Route* de Cormac McCarthy est d'un autre acabit – une épopée climatique. Mais ceux qui, aujourd'hui, font la promotion de la cli-fi en tant que genre semblent vouloir exprimer davantage – par exemple la *Trilogie martienne* de Kim Stanley et, plus tard, *New York 2140*. Bien avant, *Le Monde englouti* de J. G. Ballard en est un exemple magnifique.

8. Ghosh s'intéresse ici à la definition très étroite du roman archétypal, qui met en avant des histoires du héros et de son parcours dans le système bourgeois émergent. Bien qu'il évoque la guerre froide et les attentats du

11 Septembre comme exemples d'histoires du monde réel qui ont inspiré des romans de cette tradition, on ne peut pas dire que les meilleurs romans ou films qui traitent de la guerre froide sont ceux qui placent leurs personnages précisément dans le cadre du monde en 1989, comme un papillon épinglé à un tableau. Et ceux qui ont approché le sujet des attentats sont pour la plupart mauvais, bien qu'une génération entière, en particulier sa moitié masculine, semble appelée à mener des actions littéraires à ce sujet. « Si le 11 Septembre était inévitable », écrit Martin Amis dans *Le Deuxième Avion*, ses pensées sur le sort de l'imagination à l'ère de la terreur, « alors je suis bien content qu'il se soit produit de mon vivant. ». Le réchauffement climatique n'a pas amené Martin Amis à se voir comme George Orwell, autant que je sache, bien que cela ait engendré un petit genre en soi, celui du deuil, le fatalisme, quasi poétique, lamentation écologique écrite à la première personne – dont on trouve l'exemple chez Roy Scranton avec *Learning to Die in the Anthropocene* et *We're Doomed. Now What ?* – qui peuvent être considérés comme les histoires sur le changement climatique qui s'approchent le plus de la clarté morale et de la mythification de soi d'Orwell.

9. C'est l'un des « conflits narratifs » les plus récurrents. Les autres exemples vont de *Robinson Crusoé* à *L'Odyssée de Pi*.

10. Oxfam, « Inégalités extrêmes et émissions de CO_2 », 2 décembre 2015, https://www-cdn.oxfam.org/s3fs-public/file_attachments/mb-extreme-carbon-inequality-021215-fr.pdf.

11. C'est un argument omniprésent, en partie parce qu'il est très persuasif, mais qui a été employé avec un flair tout particulier chez Naomi Klein dans *Tout peut changer* et *Le Choc des utopies* ; de même dans *After Nature*, de Jedediah Purdy, et étonnament peut-être plus encore dans ses essais et échanges publiés dans le magazine *Dissent*. Et c'est aussi bien sûr le cas d'Andreas Malm, dans *Fossil Capital*.

12. L'Histoire n'est pas un meilleur guide, l'industrialisation de gauche pendant les plans quinquennaux sous Staline ou le Grand bond en avant de Mao, ou même la politique de Hugo Chavez au Venezuela offrent une approche bien plus sensible que tout ce qui s'est passé en Occident.

13. Les ouvrages sur les comportements malhonnêtes des sociétés pétrolières sont nombreux, mais deux d'entre eux permettent une bonne entrée en matière : Naomi Oreskes et Erik M. Conway avec *Les Marchands de doutes*, Éditions Le Pommier, 2010, et Michael E. Mann et Tom Toles, *The Madhouse Effect*, New York, Columbia University Press, 2016.

14. Peter Kareiva et Valerie Carranza, « Existential Risk Due to Ecosystem Collapse : Nature Strikes Back », *Futures*, septembre 2018.

15. Selon le GIEC, le chiffre est de 35 %. Voir GIEC, *Contribution of Working Group III to the Fifth Assessment Report of the Intergovernmental Panel on Climate Change*, Genève, 2014.

16. Claire Poole, « The World's Largest Oil and Gas Companies 2018 : Royal Dutch Shell Surpasses Exxon as Top Dog », *Forbes*, 6 juin 2018.

17. Selon le *World Resources Institute*, le chiffre était de 14,36 % en 2017. Voir Johannes Friedrich, Mengpin Ge et Andrew Pickens, « This Interactive Chart Explains World's Top Ten Emitters, and How They've Changed », *World Resources Institute*, 11 avril 2017, www.wri.org/blog/2017/04/interactive-chart-explains-worlds-top-10-emitters-and-how-theyve-changed.

18. En 1980, le critique d'art John Berger appelait les zoos modernes « l'épitaphe d'une relation qui remonte à l'apparition de l'homme sur Terre ».

19. E. O. Wilson prédit cela dans le *New York Times* op-ed, « The Eight Million Species We Don't Know », publié le 3 mars 2018 – ce qui fait écho, en termes de concept, à son livre publié en 2016 intitulé *Half-Earth : Our Planet's Fight for Life,* New York, W. W. Norton, 2016. Selon le *Living Planet report* en 2018, préparé par le *World Wildlife Fund* et la *Zoological Society of London*, la faune mondiale a déjà decliné à ce point – de 60 % depuis 1970.

20. J'ai écrit un long article dans un magazine sur ce phénomène, intitulé « The Anxiety of Bees », *New York*, 17 juin 2015.

21. L'étude de 2017 a été publiée dans *PLOS One* sous le titre « More than 75 Percent Decline over 27 Years in Total Flying Insect Biomass in Protected Areas ». En 2018, une étude menée sur les populations d'insectes dans les forêts tropicales de Puerto Rico était encore plus alarmiste – en effet, un autre chercheur a parlé de résultats « hyperalarmants ». Le nombre d'insectes dans cette région a été divisé par six. (Bradford Lister et Andres Garcia, « Climate-Driven Declines in Arthropod Abundance Restructure a Rainforest Food Web," *Proceedings of the National Academy of Sciences*, 30 octobre 2018.)

22. « The Super Bowl of Beekeeping », *The New York Times Magazine*, 15 août 2018, de Jamie Lowe en est sans doute l'exemple le plus récent. « La fable des abeilles », à l'origine, détenait une signification bien différente : ce poème écrit par Bernard Mandeville en 1705 arguait que les démonstrations publiques de vertu étaient invariablement hypocrites, et que le monde serait meilleur, finalement, si les êtres les plus vils s'adonnaient à leurs propres « vices ». Que le poème soit devenu la pierre angulaire de la pensée du libre-échange, mais aussi une des influences majeures d'Adam Smith, est d'autant plus remarquable puisque sa popularité remonte à l'éclatement de la bulle financière en 1720.

23. « Si la géoingénierie fonctionnait, qui aurait la main sur le thermostat ? » se demande Alan Robock dans *Science*, en 2008. « Comment le monde parviendrait-il à se mettre d'accord sur un climat optimal ? » Dix ans plus tard, son élève, Ben Kravitz écrit, sur le blog du programme de géo-ingénierie d'Harvard – Harvard possède en effet un programme et le blog qui

va avec – « Il est possible d'atteindre simultanément de multiples objectifs dans le système climatique. »

24. Jakub Nowosad *et al.*, « Global Assessment and Mapping of Changes in Mesoscale Landscapes : 1992-2015 », *International Journal of Applied Earth Observation and Geoinformation*, octobre 2018.

25. Yinon M. Bar-On *et al.*, « The Biomass Distribution on Earth », *Proceedings of the National Academy of the Sciences*, juin 2018.

26. Brooke Jarvis, « The Insect Apocalypse Is Here », *The New York Times Magazine*, 27 novembre 2018.

27. J. E. Hansen, « Scientific Reticence and Sea Level Rise », *Environmental Research Letters 2*, mai 2007.

28. Daniel A. Chapman *et al.*, « Reassessing Emotion in Climate Change Communication », *Nature Climate Change*, novembre 2017, pp. 850-52.

29. GIEC, *Global Warming of 1,5 °C : An IPCC Special Report on the Impacts of Global Warming of 1,5 °C Above Pre-Industrial Levels and Related Global Greenhouse Gas Emission Pathways, in the Context of Strengthening the Global Response to the Threat of Climate Change, Sustainable Development, and Efforts to Eradicate Poverty*, Incheon, Corée, 2018. www.ipcc.ch/report/sr15.

Le capitalisme de crise

1. Le meilleur livre d'introduction sur l'économie comportementale et ses enseignements par rapport à nos biais cognitifs est celui du prix Nobel Daniel Kahneman, *Système 1, Système 2 : les deux vitesses de la pensée*, Flammarion, 2012.

2. C'est pourquoi le théoricien Timothy Morton parle du changement climatique comme d'un *hyperobjet*. Si le terme est utile pour indiquer l'étendue du réchauffement climatique et pour illustrer notre inhabilité à mesurer son échelle, plus vous plongez dans l'analyse de Morton, moins le texte vous éclaire. Dans *Hyperobjects : Philosophy and Ecology After the End of the World* (Minneapolis, University of Minnesota Press, 2013), il nomme cinq caractéristiques : les « hyperobjets » sont 1) *viscous* (visqueux), c'est-à-dire qu'ils s'accrochent comme de l'huile à tout objet ou idée qu'ils rencontrent ; 2) *molten* (en fusion), c'est-à-dire si grands qu'ils défient notre appréhension du temps et de l'espace ; 3 *nonlocal* (non locaux), c'est-à-dire répartis d'une façon qui empêche de saisir leur étendue par une perspective unique ; 4) *phased* (à phases) c'est-à-dire que nous ne comprenons pas leurs aspects dimensionnels, comme nous ne pourrions pas comprendre un objet à cinq dimensions s'il passait dans un espace tridimensionnel ; et 5) *interobjective* (interobjectifs) c'est-à-dire qu'ils se connectent à des objets et des systèmes divergents. *Viscous*, *nonlocal*, et *interobjective*, cela est certain. Mais ces éléments font du

réchauffement climatique un phénomène que nous avons déjà rencontré, ou que – comme le capitalisme, par exemple – nous comprenons assez bien. Pour ce qui est des autres caractéristiques… Si le changement climatique dépasse notre entendement de l'espace et du temps, c'est uniquement parce que nous avons une idée étroite, appauvrie de l'espace et du temps puisque le réchauffement se manifeste dans l'atmosphère de notre planète, que ses causes ne sont pas inexplicables et ont été prédites méticuleusement ces dernières décennies. Nous avons échoué à traiter ce problème, pendant ces mêmes décennies, cela ne veut pas dire que nous ne pouvons comprendre ces phénomènes. Le dire semble n'être en réalité qu'une bonne excuse.

3. Jameson a écrit cela dans « Future City », publié dans *New Left Review* en mai-juin 2003.

4. Les degrés d'intensité varient bien évidemment, mais on peut trouver des formes de cet argument du « capitalisme fossile » chez Vaclav Smil dans *Energy and Civilization*, ainsi que dans l'ouvrage d'Andreas Malm, *Fossil Capital* et l'article de Jason Moore, *Capitalism in the Web of Life*.

5. Moore soulève cette question dans *Capitalism in the Web of Life*, et cela est discuté plus longuement par Benjamin Kunkel dans « The Capitalocene », *London Review of Books*, 2 mars 2017.

6. Naomi Klein, *La Stratégie du choc. La montée d'un capitalisme du désastre*, Actes Sud, 2008.

7. Naomi Klein, *Le Choc des utopies. Porto Rico contre les capitalistes du désastre*, Lux Québec, 2019.

8. Cela vient de Solomon Hsiang et Trevor Houser : « Don't Let Puerto Rico Fall into an Economic Abyss », *The New York Times*, 29 septembre 2017.

9. Selon l'Agence internationale de l'énergie, les émissions globales en 2017 s'élevaient à 32,5 gigatonnes, soit 22,4 de plus qu'en 1990. Bien évidemment, il est important de rappeler que les gouvernements socialistes ou de centre gauche n'émettent pas vraiment moins que les gouvernements capitalistes à l'excès. Cela suggère qu'il serait trompeur de décrire les émissions comme étant le résultat du capitalisme en soi, ou des intérêts importants et puissants des systèmes capitalistes. Au contraire, cela pourrait refléter le pouvoir universel du confort matériel, un avantage que nous avons tendance à estimer uniquement à court terme.

10. Ce document de Jonathan D. Ostry, Prakash Loungani et Davide Furceri a été publié en juin 2016.

11. Romer a publié « The Trouble with Macroeconomics » sur son propre site Internet le 14 septembre 2016.

12. Le lauréat du prix Nobel a publié de nombreux textes au sujet de la taxe carbone et donne l'étude la plus claire du niveau de taxe qu'il estime

être optimal dans : « Integrated Assessment Models of Climate Change », National Bureau of Economic Research, 2017, https://www.nber.org/reporter/2017number3/nordhaus.html.

13. Adam B. Smith, « 2017 U.S. Billion-Dollar Weather and Climate Disasters : A Historic Year in Context », National Oceanic and Atmospheric Association, 8 janvier 2018.

14. « Risks Associated with Global Warming of 1.5 Degrees Celsius or 2 Degrees Celsius », Tyndall Centre for Climate Change Research, mai 2018.

15. Marshall Burke *et al.*, « Global Non-Linear Effect of Temperature on Economic Production », *Nature 527*, octobre 2015, pp. 235–39, https://doi.org/10.1038/nature15725.

16. « Negative Emissions Technologies : What Role in Meeting Paris Agreement Targets ? » European Academies' Science Advisory Council, février 2018.

17. Jason Hickel, « The Paris Agreement Is Deeply Flawed – It's Time for a New Deal », *Al Jazeera*, 16 mars 2018.

18. David Keith *et al.*, « A Process for Capturing CO_2 from the Atmosphere », *Joule*, 15 août 2018.

19. David Coady *et al.*, « How Large Are Global Fossil Fuel Subsidies ? », *World Development 91*, mars 2017, pp. 11-27.

20. David Rogers, « At $2.3 Trillion Cost, Trump Tax Cuts Leave Big Gap », *Politico*, 28 février 2018. D'autres estimations sont supérieures.

L'Église de la technologie

1. Il expose sa vision de manière plus précise dans une conférence donnée à New York en janvier 2016.

2. Ted Chiang, « Silicon Valley Is Turning into Its Own Worst Fear », BuzzFeed, 18 décembre 2017.

3. Nick Bostrom, « Analyzing Human Extinction Scenarios and Related Hazards », *Journal of Evolution and Technology 9*, mars 2002.

4. Dans « Survival of the Richest » (*Medium*, 5 juillet 2018), le futuriste Douglas Rushkoff décrit son expérience en tant qu'intervenant principal d'une conférence privée à laquelle étaient conviés les « super-riches » – ces patrons qui n'étaient pas des technologues mais des gestionnaires de fond.

Dans *Aventures chez les transhumanistes* (L'Échappée, 2018), Mark O'Connell retrouve la trace de cette impulsion dans la caste des Brahman de la Silicon Valley. Le livre s'ouvre sur une épigraphe de Don DeLillo : « C'est ça, la technologie. D'un côté, elle crée un désir d'immortalité. De l'autre, elle nous menace d'exctinction universelle. » Cette citation de *Bruit de fond*, plus précisement du collègue et acolyte du narrateur Murray Jay Siskind, qui est à la fois le faire-valoir du roman et son « explicateur ». Je n'ai jamais réussi à savoir à quel point il fallait prendre au sérieux les déclarations de Murray, mais celle-ci en particulier décrit assez clairement le pas de deux actuel de la tech : piquer une crise à propos des « risques existentiels » tout en cultivant des échappatoires privées à cette mortalité.

Pour Rushkoff, toutes ces facettes relèvent de la même impulsion, partagée dans l'ensemble par une classe de visionnaires, de personnes d'influence, d'investisseurs en capital risque pour qui l'avenir rêvé se reçoit sous forme de plans, conçus tout spécialement par les armées d'ingénieurs qu'ils commandent tels des fiefs impétueux – investissant dans des nouvelles formes de voyage espace-temps, dans le prolongement de la vie et dans la technologie d'aide à la vie après la mort.

5. Christina Nichol, « An Account of My Hut », *n+1*, printemps 2018. Nichol justifie son titre ainsi :

J'ai un jour lu un récit intitulé « Histoire de ma cabane de moine », de Kamo no Chômei, un ermite japonais du XIIe siècle. Il décrit comment, après avoir subi un incendie, un tremblement de terre puis un typhon à Kyoto il décide de se retirer de la société pour partir vivre dans une cabane.

Sept siècles plus tard, Basil Bunting, poète du Northumberland, écrivait à son tour sa propre version de l'histoire de Chômei :

Oh, aucune raison de se plaindre.
Bouddha dit : « Rien n'est bon dans ce monde. »
J'aime ma cabane…

Mais même si je voulais renoncer à la société, je ne pourrais pas me permettre une cabane en Californie.

6. Keynes a étendu sa prédiction – dont on a beaucoup, beaucoup parlé depuis – dans un essai publié, et cela a son importance, en 1930, juste après le krach boursier de 1929. John Maynard Keynes, « Economic Possibilities for Our Grandchildren », *Nation and Athenaeum*, 11 et 18 octobre 1930.

7. Cette expression apparaît pour la première fois chez Robert M. Solow dans « We'd Better Watch Out », une analyse de *Manufacturing Matters* de Stephen S. Cohen et John Zysman, *The New York Times Book Review*, 12 juillet 1987.

8. Alex Hern, « Bitcoin's Energy Usage Is Huge – We Can't Afford to Ignore It », *The Guardian*, 17 janvier 2018.

9. Bill McKibben, « Winning Is the Same as Losing », *Rolling Stone*, 1er décembre 2017.

10. Ce bon mot trouve son origine dans *The Economist* en 2003.

11. IDC, « Smartphone OS Market Share », www.idc.com/promo/smartphone-market-share/os.

12. David Murphy, « 2.4BN Smartphone Users in 2017, Says eMarketer », *Mobile Marketing*, 28 avril 2017, https://mobilemarketingmagazine.com/24bn-smartphone-users-in-2017-says-emarketer.

13. Ces chiffres proviennent de la présentation « Global Collective Effort », de Robbie Andrew, un directeur de recherche au Centre international de recherche sur le changement climatique, qu'il a publiée sur son site en mai 2018 (http://folk.uio.no/roberan/t/2C.shtml). Il s'appuie sur les chiffres mis en valeur par Michael R. Raupach *et al.* dans « Sharing a Quota on Cumulative Carbon Emissions », *Nature Climate Change*, septembre 2014.

14. « UN Secretary-General Antonio Guterres Calls for Climate Leadership, Outlines Expectations for Next Three Years », *UN Climate Change News*, 10 septembre 2018.

15. Jocelyn Timperley, « Q&A : Why Cement Emissions Matter for Climate Change », *Carbon Brief*, 13 septembre 2018, www.carbonbrief.org/qa-why-cement-emissions-matter-for-climate-change.

16. Ken Caldeira, « Climate Sensitivity Uncertainty and the Need for Energy Without CO_2 Emission », *Science 299*, mars 2003, pp. 2052-54.

17. James Temple, « At This Rate, It's Going to Take Nearly 400 Years to Transform the Energy System », *MIT Technology Review*, 14 mars 2018, www.technologyreview.com/s/610457/at-this-rate-its-going-to-take-nearly-400-years-to-transform-the-energy-system.

18. U.N. Information Service, « New Report on Health Effects Due to Radiation from the Chernobyl Accident », 28 février 2011, www.unis.unvienna.org/unis/en/pressrels/2011/unisinf398.html.

19. Organisation mondiale de la santé, « Tchernobyl : l'ampleur réelle de l'accident », 5 septembre 2005, www.who.int/mediacentre/news/releases/2005/pr38.

20. Nations unies, « Report of the United Nations Scientific Committee on the Effects of Atomic Radiation", mai 2013, p. 11, www.unscear.org/docs/GAreports/A-68-46_e_V1385727.pdf.

21. Lisa Friedman, « Cost of New E.P.A. Coal Rules : Up to 1,400 More Deaths a Year », *The New York Times*, 21 août 2018.

22. Pamela Das et Richard Horton, « Pollution, Health, and the Planet : Time for Decisive Action », *The Lancet 391*, n° 10 119, octobre 2017, pp. 407-8, https://doi.org/10.1016/S0140-6736(17)32588-6.

23. James Conca, « Why Aren't Renewables Decreasing Germany's Carbon Emissions ? » *Forbes*, 10 octobre 2017.

24. Andreas Malm, *The Progress of This Storm : Nature and Society in a Warming World*, Londres, Verso, 2018.

25. Ce sont les paroles de sa chanson *Tunnel Vision.*

Politique de la consommation

1. Annie Correal, « What Drove a Man to Set Himself on Fire in Brooklyn ? », *The New York Times*, 28 mai 2018.

2. Pour un compte-rendu détaillé de cette lettre, voir Theodore Parisienne *et al.*, « Famed Gay Rights Lawyer Sets Himself on Fire at Prospect Park in Protest Suicide Against Fossil Fuels », *New York Daily News*, 14 avril 2018.

3. Les citoyens qui, par des donations philanthropiques en faveur de la recherche médicale, des bourses universitaires, des musées et des magazines littéraires, pourraient commencer petit à petit à faire pareil, en achetant de la compensation carbone ou en investissant dans des fonds de captage de carbone (en effet, certains États progressistes peuvent investir les bénéfices des taxes carbones dans la CCS et la BECCS). Les scientifiques progressistes vont appliquer la thérapie génique sur le changement climatique, comme ils ont déjà commencé à le faire sur les mammouths laineux – dont ils espèrent, une fois revenus à la vie, pouvoir restaurer les prairies des steppes eurasiennes, et empêcher la libération de méthane depuis le permafrost – et feront probablement la même chose avec les moustiques, en espérant éradiquer les maladies transmises par ces derniers. Peut-être un milliardaire solitaire tentera-t-il de rafraîchir la terre, tout seul, en dispersant du soufre autour de l'équateur à bord d'un avion privé, sur le modèle de Bill Gates et de ses moustiquaires.

4. Thomas Piketty, *Le Capital au XXIe siècle*, Seuil, 2013.

5. Le fondateur du magazine hipster sur la cuisine, *Modern Farmer* est connu en 2018 pour le lancement de « Goop for climate change ».

6. Alexis Temkin, « Breakfast with a Dose of Roundup ? », Environmental Working Group Children's Health Initiative, 15 août 2018, www.ewg.org/childrenshealth/glyphosateincereal.

7. « Pendant un incendie, les masques antipoussière sont insuffisants ! » a averti le National Weather Service sur Facebook.

8. La description la plus poignante de ce phénomène peut être lue dans l'ouvrage d'Anand Giridharadas, *Winners Take All : The Elite Charade of Changing the World*, New York, Knopf, 2018.

9. Cette histoire est rapportée par Tim Rogan dans *The Moral Economists*, Princeton, NJ, Princeton University Press, 2018 ; voir également l'analyse de Tehila Sasson, publiée dans *Dissent* sous le titre « The Gospel of Wealth », le 22 août 2018.

10. Stephen Metcalf, entre autres, a écrit mémorablement sur ce phénomène dans sa brève histoire du néolibéralisme, « Neoliberalism : The Idea That Swallowed the World », *The Guardian*, 18 août 2017.

11. Geoff Mann et Joel Wainwright, *Climate Leviathan : A Political Theory of Our Planetary Future*, Londres, Verso, 2018.

12. Katharine Ricke et al., « Country-Level Social Cost of Carbon », *Nature Climate Change 8*, septembre 2018, pp. 895-900.

13. L'analyse la plus intéressante de cette initiative est peut-être celle de Bruno Maçães dans *Belt and Road : A Chinese World Order*, Londres, Hurst, 2018. L'initiative « pourrait également promouvoir la dégradation environnementale » a récemment soutenu un groupe de scientifiques. Fernando Ascensão *et al.*, « Environmental Challenges for the Belt and Road Initiative », *Nature Sustainability*, mai 2018.

14. Harald Welzer, *Climate Wars : What People Will Be Killed For in the 21st Century*, Cambridge, Polity, 2012.

15. Selon le journaliste du *Washington Post* Hamza Shaban, c'est arrivé trois fois en seulement deux mois au printemps 2018 ; « Facial Recognition Cameras in China Snag Man Who Allegedly Stole $17,000 Worth of Potatoes », 22 mai 2018.

16. Stephen Chen, « China Takes Surveillance to New Heights with Flock of Robotic Doves, but Do They Come in Peace ? » *South China Morning Post*, 24 juin 2018.

L'Histoire après le progrès

1. L'ère industrielle n'a pas seulement inventé la promesse de croissance mais également l'idée d'une histoire qui envisage le passé comme récit de la progression de l'homme – et suggère, par conséquent, que l'avenir le sera aussi. Cette foi dans le progrès trouve ses fondements au sein de la population, nul n'a ainsi pu ignorer les bouleversements de la vie quotidienne à l'époque victorienne. Elle a également un fondement intellectuel, proposé par Hegel et Comte, à différents moments du XIXe siècle : l'idée d'une histoire qui aurait une forme, qui évoluerait, vers la lumière, quelle qu'elle soit. Ce postulat était bien compris par les lecteurs contemporains comme Darwin ou Spencer, mais aussi par les visiteurs de l'exposition du Crystal Palace, la première exposition universelle dans laquelle les nations étaient implicitement en compétition pour exhiber leur développement selon l'idée que la technologie apporterait un avenir brillant pour tous.

Lorsque Jacob Burckhardt écrivait *La Civilisation de la Renaissance en Italie*, qui découpait l'histoire en trois éléments – l'Antiquité suivie du haut Moyen Âge puis de l'ère moderne –, il se considérait en opposition à Hegel et Comte et produisit pourtant des travaux qui divisaient explicitement le passé en une intrigue discontinue. Cela montre à quel point cette idée d'histoire progressiste était déjà installée à cette période de changements sociaux, économiques et culturels ; même les triomphalistes occidentaux étaient enclins à voir l'histoire comme une avancée. Marx en est le meilleur exemple avec son hegelisme réinventé et sa forme qui ressemble beaucoup au tableau mural tenace expliquant l'histoire de Sébastien Adams – étonnamment motivée par l'évangélisme chrétien – de 1871. En 1920, H. G. Wells publie sa version influente, *Esquisse de l'histoire universelle*, dans laquelle il déclare que « l'histoire de l'humanité », qu'il retrace en quarante chapitres de « La Terre dans l'espace et le temps » à « La Prochaine étape de l'Histoire », « est une histoire de tentatives plus ou moins aveugles pour concevoir un but commun dont se satisferaient tous les humains ». Des millions d'exemplaires ont été vendus, l'ouvrage a été traduit en plus d'une dizaine de langues. Il assombrit presque tous les projets de vision populaire, et, à long terme de l'histoire, qui ont été entrepris depuis, de *Civilisation* de Kenneth Clark à *De l'inégalité parmi les sociétés* de Jared Diamond.

2. Que ce genre de sceptisime total ait pu faire gagner une audience admirative à Harari, parmi les éminents avatars du progrès technocratique est l'une des curiosités de l'ère des TED Talks. Mais le scepticisme flatte, en particulier ceux enclins par leur sens de l'accomplissement à contempler les plus grands gestes de l'histoire. En vous invitant à observer cette histoire, Harari semble vous en faire sortir ou vous amener au-delà. C'est ainsi qu'il partage les souches de son ADN de conférencier, non seulement avec Diamond mais également avec Joseph Campbell et même Jordan Peterson. Dans son livre suivant, *Homo Deus*, Harari soutient un nouveau mythe contemporain, même s'il ne le reconnaît pas vraiment comme tel – faisant valoir son argument de l'arrivée à court terme d'une intelligence artificielle superpuissante qui ferait de « l'humanité », telle que nous la connaissons, quelque chose d'obsolète.

3. Les restes humains de cette époque mis au jour restituent clairement l'histoire de la lutte humaine ; les personnes étaient plus petites, plus souvent malades et mouraient plus jeunes que leurs prédecesseurs. La taille moyenne est passée d'1,55 mètres à 1,53 pour les hommes et de 1,54 mètres à 1,52 mètres pour les femmes. Les communautés sédentaires étaient plus vulnérables aux maladies infectieuses mais également à l'obésité et aux maladies cardiaques. C'est pourquoi l'argumentation du critique John Lanchester n'est pas tant, comme il l'avait désignée, contre la civilisation que contre le simple fait de cultiver.

4. Jared Diamond, « The Worst Mistake in the History of the Human Race », *Discover*, mai 1987.

5. Yuval Noah Harari, « Does Trump's Rise Mean Liberalism's End ? » *The New Yorker*, 7 octobre 2016.

6. C'est la croyance selon laquelle, périodiquement, le cosmos était entièrement détruit, dans un mouvement appelé « Grande Année », puis recréé. Le processus pouvait ensuite reprendre. Platon préférait l'expression « Année Parfaite », au cours de laquelle les étoiles retournaient à leurs positions initiales.

7. Bien que certains comptes-rendus évoquent sur un cycle une douzaine de phases voire plus, le philosophe chinois Mencius n'en dénombre que trois (hausse, stagnation, déclin).

8. Nietzche évoque l'idée, pour la première fois dans *Le Gai Savoir* (1882), que tout est lié et se répète éternellement, comme une forme de pensée expérimentale. Mais il y retournait encore et encore, souvent en décrivant cela comme quelque chose plus que comme une loi de l'univers – ce qui est assez semblable à la manière dont le percevaient les anciens Égyptiens, Indiens et les stoïciens grecs.

9. Arthur M. Schlesinger, *The Cycles of American History*, New York, Houghton Mifflin, 1986.

10. Dans son livre datant de 1987, Kennedy propose un modèle relativement simple d'histoire de la croissance des grandes puissances, une croissance alimentée par des ressources naturelles qui mènent à un déclin précipité par une armée qui va trop loin.

11. L'objet principal de ce texte est qu'alors que nous percevons que la « nature », comme entité distincte de « société », a disparu, en réalité le réchauffement climatique la fait revenir afin de se venger.

L'éthique à la fin du monde

1. McLemore, dont la panique pourrait avoir été causée en partie par un empoisonnement au mercure, s'inquiétait de la fonte de la glace arctique, de la sécheresse et du ralentissement du radiateur thermique.

2. Richard Heinberg, « Surviving S-Town », Post Carbon Institute, 7 avril 2017.

3. Le livre de Thomas s'appelle *Inheritors of the Earth : How Nature Is Thriving in an Age of Extinction*, New York, Public Affairs, 2017. Il ne s'agit pas d'une célébration de ce qu'il appelle l'âge de l'exctinction, mais il nous invite, plus modestement, à envisager non seulement les impacts les plus cruels du réchauffement mais aussi ses aspects positifs, productifs. Cet optimisme anticonformiste fait écho à Michael Shellenberger et Ted Nordhaus, dans leur *Break Through : Why We Can't Leave Saving the Planet to Environmentalists* et *Love Your Monsters : Postenvironmentalism and the Anthropocene* ; mais aussi aux universitaires canadiens, suédois et sud-africains, à l'origine du travail collaboratif « Bright Spots », qui, malgré une inquiétude considérable à propos des effets sur le réchauffement climatique, tiennent néanmoins une liste des développements environnementaux positifs en lesquels ils croient, qui défend les causes qu'ils appellent « le bon Anthropocène ».

4. Joan Didion délivra entre autres ces lignes, dans lesquelles elle encastre son essai, « Slouching Towards Bethlehem » : « Tout s'effondre ; le centre ne tient pas / l'anarchie pure est lâchée sur le monde. »

5. Le programme est aussi contenu soigneusement dans le célèbre poème de Jeffers, « Carmel Point » :

Il nous faut décentrer notre esprit de nous-mêmes
Inhumaniser un peu nos perspectives, et devenir confiants
Comme le rocher et l'océan qui nous ont engendrés.

6. En effet le manifeste continue, « la civilisation humaine est une construction intensement fragile », expliquant que nous sommes dans une forme de déni par rapport à cette fragilité – notre vie quotidienne dépend de ce refus de fragilité, peut-être autant qu'elle dépend du refus de notre mortalité. C'est ce qu'a voulu dire le philosophe Samuel Scheffler quand il suggérait que dans ce monde agnostique, le rôle autrefois joué par l'au-delà, celui d'inciter les humains à adopter un comportement éthique et moral, à l'organiser, ce rôle revient désormais en partie à la conviction que le monde continuera de tourner après notre mort. En d'autres termes, l'idée selon laquelle la vie n'est pas juste digne d'être vécue, mais digne d'être bien vécue, suggère-t-il, « serait davantage menacée par la perspective de la disparition de l'humanité que par celle de notre propre mort ». Ainsi, comme Charles Mann résume Scheffler, en considérant que le paradoxe éthique de l'action humaine sur le changement climatique : « Croire que la vie humaine va se poursuivre après notre mort est un des fondements de la société. »

7. Dans le manifeste, Dark Mountain souligne ce qu'ils appellent « les huit principes de l'incivilisation », une sorte de lettre de mission pour leur mouvement qui va d'un principe et de perceptions généraux à une déclaration ciblée d'intention. « Nous rejetons la foi qui voudrait que les crises convergentes de notre temps puissent être réduites à une série de "problèmes" appelant des "solutions" technologiques ou politiques », la liste commence, et bien qu'ils renoncent à ce genre de solutions, ils n'abandonnent pas entièrement la réponse.

8. Paul Kingsnorth, « Dark Ecology », *Orion*, novembre-décembre 2012.

9. On peut y voir comment des penseurs assez radicaux à propos de l'environnement et de nos obligations à son égard, de Jedediah Purdy à Naomi Klein, se concentrent attentivement sur la question de l'action politique. Dans son ouvrage, *After Nature : A Politics for the Anthropocene* (Cambridge, MA. : Harvard University Press, 2015), Purdy construit une politique concrète et entière en dehors de l'intuition incontestable selon laquelle la conquête totale et finale de la planète par les hommes est marquée par la dégradation. Il argue aussi que la fin de cette longue ère d'abondance naturelle exige une approche plus démocratique des politiques environnementales, des actions et des lois – même quand, ou surtout peut-être pour cette raison, toute modification du cap actuel semble infrastructurellement presque impossible. Voir également son échange de 2017 avec Katrina Forrester et publié dans *Dissent*.

10. Que cette analogie soit aussi fréquente est désolante puisqu'elle atténue l'impression voulue : la mobilisation sans précédent dans l'histoire des alliés n'a jamais été répétée. Nous n'avons pas battu les nazis grâce au changement d'un taux d'imposition ; n'en déplaise aux partisans d'une taxe sur le climat qui voudraient y voir un remède unique. La Seconde Guerre mondiale représentait aussi la conscription, la nationalisation des industries et le rationnement généralisé. Si vous pouvez imaginer un taux d'imposition sur le carbone qui produirait le même effet en seulement trois décennies, votre imagination est bien meilleure que la mienne.

11. Wendy Lynne Lee, *Eco-Nihilism : The Philosophical Geopolitics of the Climate Change Apocalypse*, Lanham, MD, Lexington, 2017.

12. Parker a utilisé cette expression pour expliquer sa décision de démissionner du Nouveau Parti démocrate canadien après que son president a soutenu l'idée d'une subvention du gaz naturel.

13. Dans un essai intitulé *Love Your Monsters*, Latour développe une complainte sur la responsabilité environementale, à partir de la parabole de Mary Shelley, elle débute par un plaidoyer romantique pour nous inciter à voir clairement ce que nous avons fait – en écrivant que « Tout comme nous avons oublié que Frankenstein était l'homme, pas le monstre, nous avons oublié le véritable péché de Frankenstein ».

On trouve la même idée de responsabilité chez la théoricienne féministe derrière le pionnier *Cyborg Manifesto* (1985), Donna Haraway, dont l'ouvrage le plus récent s'intitule *Staying with the Trouble*, sous-titré *Making Kin in the Chthulucene*, Durham, NC : Duke University Press, 2016 –, en relation au monstre, à la malveillance cosmique et multifacettes de H. P Lovecraft : Chthulu.

14. Sam Kriss et Ellie Mae O'Hagan, « Tropical Depressions », *The Baffler 36* (Septembre 2017).

15. Voir la declaration de Powers à Everett Hamner du *Los Angeles Review of Books* (7 avril 2018) sous le titre « Here's to Unsuicide ».

IV. Le principe anthropique

1. Eunice Foote, « Circumstances Affecting the Heat of the Sun's Rays », *The American Journal of Science and Arts 22*, n° 46, novembre 1856. Cette étude, dans laquelle Foote décrit les effets du dioxyde de carbone sur la température globale, a été présentée pour la première fois à une assemblée des associations américaines pour le progrès de la science, en 1856, où elle a été lue par un collègue, Joseph Henry. John Tyndall a publié son travail quelques années plus tard, en 1859.

2. En 1985, Los Alamos a publié une histoire de la conversation : voir Eric M. Jones, « Where Is Everybody ? : An Account of Fermi's Question », www.osti.gov/servlets/purl/5746675.

3. Peut-être que la meilleure illustration demeure celle de la BD web *A Timeline of Earth's Average Temperature*, 12 septembre 2016. https://xkcd.com/1732/

4. Hanson a été le premier à publier son opinion sur ce sujet dans une enquête en 1998, dont la dernière ligne était de mauvais augure : « Si l'on ne parvient pas à trouver le Grand Filtre dans notre passé, il est à craindre que nous le croisions à l'avenir. » Robert Hanson, « The Great Filter – Are We Almost Past It ? », 15 septembre 1998, http://mason.gmu.edu/~rhanson/greatfilter.html.

5. Cela vient du compte-rendu réalisé par Archibald MacLeish, publié à la une du *New York Times* le 25 décembre 1968 – le jour suivant, *Apollo 8* orbitait autour de la Lune – sous le titre « *Riders on Earth Together, Brothers in Eternal Cold* ». MacLeish avançait l'idée selon laquelle lorsque nous aurions observé notre planète de loin, notre perception de notre place dans l'univers s'en trouverait changée.

6. Drake envisageait cette équation comme préliminaire et provisoire, une liste de facteurs qui influenceraient la probabilité de trouver une intelligence extraterrestre, un schéma qu'il avait établi pour préparer une petite conférence sur le sujet en 1960. En 2003, Drake a raconté cette histoire dans *Astrobiology Magazine* dans un article sous-titré « The Drake Equation Revisited », 29 septembre 2003.

7. Dyson a été le premier à proposer un rapport en 1960, « Search for Artificial Stellar Sources of Infrared Radiation », *Science 131*, n° 3414, juin 1960, pp. 1 667-68. Quoiqu'un tel concept semblât avoir déjà existé dès 1937 dans le roman de science-fiction *Star Maker* d'Olaf Stapledon.

8. Adam Frank, *Light of the Stars : Alien Worlds and the Fate of the Earth*, New York, W. W. Norton, 2018.

9. La phrase rappelle aussi celle d'Aldo Leopold, « Thinking like a mountain », dont la première apparaît dans son *Sand County Almanac* en 1937, et concerne le titre d'un très bon essai méditatif de Jedediah Purdy sur la nature et le changement de nos relations avec le monde naturel dans *n+1* en 2017.

10. Gavin A. Schmidt, « The Silurian Hypothesis : Would It Be Possible to Detect an Industrial Civilization in the Geological Record ? », *International Journal of Astrobiology*, 16 avril 2018, https://doi.org/10.1017/S1473550418000095.

11. Notamment l'effort porté par Anders Sandberg's *et al.* dans « Dissolving the Fermi Paradox », Future of Humanity Institute, université d'Oxford, 6 juin 2018, https://arxiv.org/pdf/1806.02404.pdf.

12. Un compte-rendu de cela – y compris le fait que Oppenheimer a d'abord cité la ligne vingt ans après l'événement – paraît dans l'ouvrage

suivant, Kai Bird et Martin J. Sherwin, *American Prometheus : The Triumph and Tragedy of J. Robert Oppenheimer*, New York, Vintage, 2006.

13. Frank Oppenheimer raconte son histoire dans un documentaire de 1981, *The Day After Trinity*, produit par Jon H. Else.

14. Connor Nolan *et al.*, « Past and Future Global Transformation of Terrestrial Ecosystems Under Climate Change », *Science 361*, n° 6405, août 2018, pp. 920-23.

15. Son article « The Quest for Gaia » a été publié pour la première fois dans *New Scientist* en 1975 et, après des années, Lovelock est devenu de moins en moins optimiste. En 2005, il publie *Gaia : Medicine for an Ailing Planet*, en 2006 *The Revenge of Gaia*, et en 2009 *The Vanishing Face of Gaia*. Il a également préconisé la géo-ingénierie comme dernier recours pour arrêter le changement climatique.

16. Buckminster Fuller a popularisé cette expression, mais elle est apparue un siècle plus tôt, en 1879, dans *Progress and Poverty* de Henry George – résumé plus tard dans un passage de *Le Quai de Wigan* de George Orwell.

Table

Composition réalisée
par Rosa Beaumont

Imprimé en France par CPI
en octobre 2019

FSC
www.fsc.org
MIXTE
Papier issu de
sources responsables
FSC® C003309

L'Éditeur de cet ouvrage s'engage
pour la préservation de son environnement
t utilise du papier issu de forêts gérées de manière responsable.

N° d'édition : 59324/01
N° d'impression : 154691